Spitzbergen

Nordpolarmeer

Skandinavien

Sibirien

EUROPA

ASIEN

Südeuropa

Nordafrika

Arabien

Indischer
Subkontinent

Pazifischer Ozean

AFRIKA

Malaysia

Ostafrika

Indonesien

AUSTRALIEN

Südliches Afrika

Indischer Ozean

ANTARKTIS

Das große
StädteReiseBuch
100 Traumziele für vier Jahreszeiten

Klaus Viedebantt
Jochen Müsssig
Barbara Rusch
Götz Lachmann
Susanne Wess
ThomasWinzker
u. a.

BRUCKMANN

Inhalt

Metropolen erleben – Feste feiern

Zur schönsten Zeit am richtigen Ort

»Stadtluft macht frei« – , so lautet ein populärer Slogan, dessen Bedeutung längst vergessen ist. Der mittelalterliche Rechtsgrundsatz garantierte Leibeigenen, die ihren Herren entkommen waren und »Jahr und Tag« in einer Stadt gelebt hatten, die Freiheit. Vor einigen Jahren warb ein Reiseveranstalter mit der Parole »Stadtluft macht sorgenfrei« für sein Städtereisen-Angebot. Das galt vermutlich auch für den Erfinder der Werbezeile, denn seit zwei, drei Jahrzehnten haben sich organisierte Städtereisen als starkes Wachstumssegment im Reisemarkt etabliert.

Meist sind es Kurzreisen, die aber prall gefüllt sind mit Programm, mit Tickets vor allem für die Abende beim Musical, bei der Oper oder bei tourenden Popstars. Vieles von dem lässt sich auch ohne professionelle Hilfe organisieren, und in Kombination mit Flügen der Billigflieger kann so ein Kurztrip auch deutlich preiswerter kommen. Nicht zuletzt die Budget Airlines haben zum Erfolg der »City Tours« erheblich beigetragen. Für die Offerten aus den Reisekatalogen sprechen hingegen die Bequemlichkeit und die Sicherheit, aus dem Kartenkontingent der Veranstalter noch einen Platz in eigentlich ausverkauften Häusern wie etwa der Semperoper in Dresden oder beim einzigen Netrebko-Konzert in Reichweite zu ergattern.

Wobei der Begriff »Reichweite« bei Städtereisen sehr dehnbar ist. Klar, die Distanzen im eigenen Land werden damit immer abgedeckt. Auch die Reisen in die Metropolen unserer unmittelbaren Nachbarn fallen in der Fachsprache der Flieger unter Kurzstrecken – selbst von Hamburg nach Marseille sind es nur zwei Stunden. Doch auch längere Flüge, etwa Berlin–Lissabon (drei Stunden) oder Langstreckentrips wie Frankfurt–Dubai (sechs Stunden)

sind im Angebot. Wochenendreisen nach New York (ca. acht bis neun Stunden auf dem Hinflug), vor allem als vorweihnachtliche Shopping-Ausflüge, haben der Reisebranche sogar ein eigenständiges Marktsegment beschert.

Nach New York vielleicht, aber nach San Francisco, Singapur oder gar Auckland wird kaum jemand für einen kurzen Städtetrip jetten. Dennoch bilden auch auf längeren Fernreisen die großen Städte verlockende Attraktionen. Dies gilt insbesondere für Ziele, die bei allen einschlägigen Umfragen zur »schönsten Stadt der Welt« auf den vorderen Plätzen landen, beispielsweise Sydney oder Rio de Janeiro. Wohl kaum eine Australien- oder Brasilienreise lässt – zumindest bei der ersten Visite im Land – diese Glanzlichter aus. Das chinesische Hongkong oder das westkanadische Vancouver gehören in dieselbe Kategorie.

Die »schönsten Städte der Welt« sind, selbst wenn viele reiseerfahrene Zeitgenossen ihre Wertung abgeben, ein subjektives Urteil, das sich auch schnell ändern kann. So haben beispielsweise die Leser des großen amerikanischen Reisemagazins »Travel + Leisure« 2010 Bangkok zur globalen Schönheitskönigin gekürt. Auch Mitteleuropäer würden Thailands Hauptstadt angesichts ihrer goldfunkelnden Tempel vielleicht unter den ersten Zehn platzieren, aber andere würden wohl auch auf die gravierenden Umweltprobleme der 12-Millionen-Metropole verweisen – natürlich abgesehen von der unvorhersehbaren Flutkatastrophe, die Bangkok 2011 verwüstete.

Bezeichnenderweise wird der Rang großer Städte auf der Urlauber-Hitliste oft von global bekannten Bauwerken mitbestimmt, die zu Wahrzeichen avanciert sind. In diesem Zusammenhang ist nicht nur an die großen Kathedralen, Paläste und wohlproportionierten Plätze im Stadtbild zu denken, sondern auch an Zweckbauten, selbst wenn diese ihrem eigentlichen Zweck kaum noch dienen. Amsterdams Grachten, die als Transport- und Verkehrswege entstanden, sind hierfür das vielleicht bekannteste Beispiel. Am Rand der Kanäle entstand sogar eine eigene Architektur: schmale, relativ hohe Häuser, deren Giebel dezent vom Wohlstand der Hausherren kündeten, und typische Brücken, die dank van Gogh sogar zu Ikonen der hohen Kunst wurden. In Hamburg sind es der Hafenrand an den Landungsbrücken und die einstigen Gewürz- und Kaffeelager der Speicherstadt, in Mailand die feinen Passagen, in Hongkong, New York und Sydney sogar profane Nahverkehrsmittel: die Hafenfähren. Und Moskaus U-Bahn ist gleicher-

maßen Massentransporter wie prunkvolle staatliche Selbstdarstellung mit den Stationen als kommunistische Paläste für die werktätigen Massen.

Natürlich kann man die attraktivsten Stadtreiseziele auch individuell ganz anders sortieren. Junge Leute werden eher auf der Suche nach der »hippsten City« sein, ein Kriterium, das allerdings schneller Abnutzung anheimfallen kann. Berlin, das sich nach dem Mauerfall zu einem der globalen Favoriten ent-

↑ Zahlreiche Hausboote liegen auf der Prinsengracht in Jordaan. Blick von der Westerkerk, Amsterdam.

wickelte, hat gute Chancen, länger auf der Hitliste zu verbleiben. Ob jedoch Reykjavik, seit etwa 2000 ebenfalls hoch im Kurs als Party-Destination, mehr als eine Szene-Generation überlebt, bleibt abzuwarten. Und manche »coolen Hotspots« schaffen es ohnehin nicht, über eine größere Region hinaus angesagt zu sein, so wie etwa das mosambikanische Maputo, dessen Strahlkraft im südlichen Afrika wirkt. Aber das ist ja auch eine Leistung.

Für dauerhaftes Renommee sorgt hingegen ein breites und qualitativ hochstehendes kulturelles Angebot. Am leichtesten hat es auf diesem Feld naturgemäß die Musik, für die es kaum Sprachgrenzen gibt. Ob Beethoven oder Paul McCartney, Giacomo Puccini oder Andrew Lloyd Webber, Enrico Morricone (»Spiel mir das Lied vom Tod«) oder James Last alias Hans Last (»Biscaya«) – sie alle sind Wegzeichen großstädtischer Kultur. Ähnliches gilt selbstverständlich für das Ballett, wenngleich in dieser Disziplin die Zahl derer, die für eine spezielle Inszenierung weite Reisen auf sich nimmt, wohl geringer ist. Bei allen darstellenden Künsten, die sich vom Drama bis zur Dichterlesung überwiegend über die Sprache vermitteln, prägen die Sprachräume meist auch die Reiseräume. Anders sieht es wieder aus mit bildenden

↑ Menschen in historischen Kostümen ziehen beim »Ommegang« auf Stelzen durch Brüssel.

Künsten wie der Malerei, deren Sprache auch ohne Worte auskommt.

Große Museen in den Metropolen haben aus diesem Kulturreise-Boom längst Konsequenzen gezogen. Sie entwickeln Ausstellungen, die Zehntausende Besucher anziehen, auch und gerade von jenseits der eigenen Landesgrenzen. »Blockbuster« nennt das Museumsgewerbe solche Ereignisse, bei denen der Einlass mit Zeitfenstern für jedes Ticket organisiert wird und nächtliche Öffnungszeiten dem Andrang gerecht werden sollen. Der Begriff stammt aus der Kinowelt, wo er für kommerziell überaus erfolgreiche Filme steht, ursprünglich nannte man so jedoch besonders sprengkräftige Fliegerbomben. Blockbuster sind mittlerweile über Jahre im Voraus geplante Ereignisse, bei denen allein die Versicherungssummen für Leihgaben häufig im sechs- bis siebenstelligen Bereich liegen.

Solche Ausstellungen sind oft Teil einer kommunalen Strategie, um dem Stadttourismus besonderen Schub zu geben. Nicht alle Städte nutzen aber ihr Potenzial, wie die Beraterfirma Roland Berger 2011 ermittelte. Sie durchleuchtete den Städtetourismus in Europas Hauptstädten und fand heraus, dass nur

↑ Goldfiguren im Museum für ägyptische Kunst, Kairo.

ein Drittel der Kommunen Strategiepläne hat und nutzt. Dazu zählen auch die drei Metropolen mit den meisten Übernachtungen pro Jahr: London (48,7 Millionen), Paris (35,8) und Berlin (20,8). Die britische und die französische Hauptstadt verzeichnen zudem die durchschnittlich höchsten Übernachtungspreise in der Alten Welt, und das bei sehr guten Belegungsquoten. Diesbezüglich hat Berlin Nachholbedarf: Zu viele Herbergen führen dort zu niedrigen Übernachtungspreisen bei dennoch schwacher Auslastung.

Ein Eckpfeiler solcher Strategien sind nicht nur in Europa Großveranstaltungen, die im Jahres- oder Zweijahres-Rhythmus stattfinden. Sie ziehen nicht nur zusätzliche Besucher an, sondern prägen auch

das Image einer Stadt weit über ihren Wirkungskreis hinaus. Das bekannteste Beispiel ist fraglos das Münchner Oktoberfest. Obwohl es endlos viele Nachahmer in aller Welt fand, hat das Original nichts von seiner Anziehungskraft verloren. Überaus erfreulich ist bei diesem Maßhalte-Festival zudem, dass seine Gründer es ohne entsprechende Absicht in die Nebensaison legten.

Große und oft auch traditionsreiche Veranstaltungen sind ein entscheidender Faktor im Städtetourismus, da allein solche Events Hunderte und Tausende von Touristen anziehen. Einige haben religiöse Hintergründe, wie der Karneval und die Osterfeierlichkeiten in katholischen Ländern oder hinduistische Festtage in Südostasien. Andere sind aus lokalen kulturellen Begebenheiten erwachsen, so etwa die Opernfestspiele in der römischen Arena von Verona, oder aus politischen Ereignissen, beispielsweise staatliche Unabhängigkeitstage. Aber auch Märkte mit einer langen Geschichte oder regelmäßige Sportveranstaltungen sind Anlässe, eine Stadt zu einem bestimmten Zeitpunkt zu besuchen. Dass deren Vielfalt kaum Grenzen kennt, zeigt schon allein die Auswahl in diesem Buch. Jede der hier porträtierten Städte wird aufgrund der Bedeutung dieser Veranstaltungen auch durch mindestens ein Fest charakterisiert.

100 Städte sind hier versammelt, die Auswahl erfolgte natürlich nach subjektiven Kriterien. Mancher wird die eine oder andere Metropole vermissen oder sich fragen, wie eine bestimmte Stadt zu der Ehre ihres Kurzporträts kam. Aber das haben wohl alle solche Zusammenstellungen gemein. Selbst unter den Autoren dieses Buches gab es unterschiedliche Favoriten – kein Wunder, ist doch das Angebot attraktiver Metropolen rings um den Globus groß und der persönliche Kriterienkatalog breit gefächert. So ist etwa schon die günstigste Reisezeit nicht immer eindeutig. Zwar lockt Sommersonne mehr als Winterfrost, doch können andere Maßstäbe individuell wichtiger sein – etwa das meist umfangreichere Kulturprogramm in den Winterwochen. Allgemein ist das Wetter bei Städtereisen ohnehin weniger bedeutsam, findet doch vieles unter den Dächern von Museen, Theatern, Konzertsälen etc. statt. Etwas anders ist die Lage in tropischen Städten, wo man eher nach Trocken- und Regenzeit unterscheidet. Da sich jedoch selbst in der Regenzeit die Niederschläge meist auf einige kräftige Schauer beschränken, stellt auch sie in großen Städten kein echtes Problem dar.

Städte werden im Allgemeinen nach Größe definiert, wobei Arnis als Deutschlands kleinste »Stadt«

weniger als 300 Bewohner zählt und sich selbst in den kleinsten unter den 200 größten Städten sieben bis acht Millionen Einwohner drängen. Doch wer reist schon allein ihrer Größe wegen in Zentren wie Zhenghou oder Wuxi in China, Nagpur in Indien oder Curitiba in Brasilien? Solche Städte, die in unserem Teil der Welt wohl kaum einer kennt, sind chancenlos im gut besetzten Feld anziehender Metropo-

↑ Bei der Thanksgiving Parade werden die amerikanischen Nationalfarben mit Stolz getragen.

len. So lagen denn auch 2010 an der Spitze der meistbesuchten Städte Paris (15,1 Millionen ausländische Besucher), London (14,6 Millionen) und New York (9,7 Millionen).

Den drei Städten ist vorauseilender Weltstadtruhm gemein – und eine vorzügliche Erreichbarkeit. Gerade diese zählen Reise-Experten zu den wichtigsten Voraussetzungen für einen erfolgreichen Städtetourismus. Mindestens ein naher Flughafen (möglichst auch mit Billigfluglinien), ein Bahnhof, in dem schnelle Fernzüge haltmachen, und – in Ländern mit entsprechendem Straßennetz – ein Autobahnanschluss müssen vorhanden sein. Sauberes Trinkwasser und generell gute Hygiene sind weitere bedeutende Standortvorteile im Buhlen um die Gunst der Touristen. Städte mit solch einer hochentwickelten Infrastruktur bieten in der Regel auch einen Vorteil gegenüber ländlichen Reisezielen: eine perfekte gesundheitliche Versorgung. Gut zu wissen, dass es sie gibt. Noch besser ist es, sie nicht zu benötigen. In diesem Sinne: schöne Städtereisen.

Klaus Viedebantt

Traumziel Hamburg 1

Die Schöne am Wasser

Seine Lage am Wasser hat Hamburgs Geschichte bestimmt und seinen Charakter geprägt. Die Elbe ist die Lebensader der Hansestadt, ihr Herz die Alster – und der Hafen bringt Impulse aus aller Welt. Hamburgs Stärke liegt darin, für jeden etwas bieten zu können. Die Schönheit der Stadt gründet auf dem unmittelbaren Nebeneinander absoluter Gegensätze. Von den strahlend weißen Jugendstilvillen am Harvestehuder Alsterufer lockt quasi gleich um die Ecke St. Paulis rote Meile, die Reeperbahn. Nur etwas westlich von der modernen, komplett am Reißbrett entworfenen HafenCity liegt die geschichtsträchtige einstige Fischersiedlung Altona. Nördlich der Elbe erstreckt sich das noble Treppenviertel Blankenese und südlich davon das von Werften und dem Airbus-Werk dominierte Finkenwerder. Und die Hamburger Altstadt zieht sie natürlich alle an: die kühlen Hanseaten aus Ottensen, die Altonaer Studenten, die Punks aus dem Schanzenviertel, die Millionäre aus ihren Elbvororten – und die Touristen aus aller Welt.

Auch beim Feiern hat die Stadt alle und jeden im Blick. Ein riesiges Geburtstagsfest schmeißt sie für ihren Hafen, der vor über 800 Jahren gegründet wurde. Am 7. Mai 1189 erhielt Hamburg die Zollfreiheit für den Elbverlauf von der Nordsee bis in die Stadt. Für Hamburg ein Privileg, für den Hafen die offizielle Geburtsstunde. Gefeiert wird der große Tag erst seit gut einem Vierteljahrhundert. Dafür aber richtig! Fast 1,5 Millionen Menschen amüsieren sich alljährlich am Wochenende nach dem 7. Mai beim Hamburger Hafengeburtstag auf der Hafenmeile. Entlang der Elbe tummeln sich zwischen der HafenCity und dem Museumshafen Övelgönne Schausteller, drängen sich Fisch- und Bierbuden, stehen Bühnen mit Live-Musik. Zu den Höhepunkten zählen die große Einlaufparade der Traditionsschiffe und Segeljachten, das altehrwürdige Schlepperballett und ein spektakuläres Feuerwerk am Wasser. Zum Sehen und Staunen findet hier jeder etwas. Ganz bestimmt!

Im Juli lösen dann die schrillen Jungs des Christopher Street Day die harten Rocker der Harley Days im Juni ab. Im August folgt ein elitär angehauchtes Weißes Dinner – ganz nach Pariser Vorbild – auf den Welt-Astra-Tag. Das Straßenfest mit Live-Bühnen lockt jedes Jahr rund 80 000 Bierfreunde zu den St. Pauli Landungsbrücken. Und im September bietet schließlich das Alstervergnügen mit Künstlern, Akrobaten, Clowns und Zauberern das Volksspektakel für jedes Alter und jeden Geschmack. Hamburg – Stadt am Wasser und Tor zur Welt – bringt sie alle zusammen!

Die beste Reisezeit

Schietwetter? Von wegen! In Hamburg gibt es kein schlechtes Wetter, höchstens unpassende Kleidung. Doch ehrlich gesagt genießt die Stadt mit rund 50 Nebeltagen im Jahr und feuchtem Klima nicht unbedingt den Ruf einer Schön-Wetter-Metropole. Die angenehmsten Temperaturen gibt es zwischen **Mai und September**, was wunderbar mit Hamburgs Veranstaltungskalender harmoniert. Wer Glück hat, bekommt sonnige 18 °C Tagesmittel (im Juli!). Im Winter kann es stürmisch werden, aber auch das hat seine Reize!

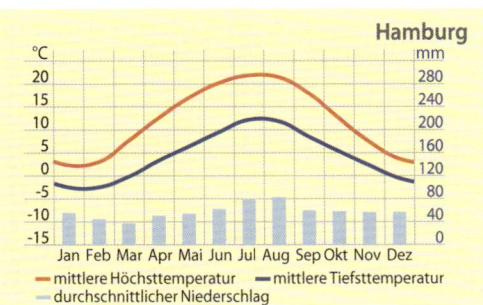

Die Highlights

 Hamburger Hafen – Deutschlands größten Seehafen sollten Sie auf jeden Fall bestaunen. Rundfahrten starten von den St. Pauli Landungsbrücken. Einen guten Überblick hat man von der Köhlbrandbrücke.

 HafenCity – der Stadtteil ist komplett von Fluss- und Kanalläufen durchzogen, samt denkmalgeschützter Speicherstadt und dem Megaprojekt Elbphilharmonie.

 Fischmarkt – für den sonntäglichen Markt lohnt es sich früh aufzustehen. Brieftauben, exotische Früchte und natürlich Fisch gehören zum Angebot der Marktschreier.

 Reeperbahn – die »sündigste Meile der Welt« ist kaum einen Kilometer lang, gehört aber absolut zum Hamburg-Pflichtprogramm!

 St. Michaelis – das Wahrzeichen der Hansestadt ist besser bekannt als »Hamburger Michel«. Die bedeutende Barockkirche ist dem Erzengel Michael geweiht.

 Blankenese – hier zu wohnen ist sicher nicht verkehrt. Ein Spaziergang entlang der Elbe mit Blick auf das noble Treppenviertel kann auch recht hübsch sein.

 Nationalpark Hamburgisches Wattenmeer – eine Elbfahrt von Hamburg entfernt und von der UNESCO zum Weltnaturerbe deklariert, ist er einen Ausflug wert.

Besondere Tipps

Für Entspannte: An einem lauen Sommerabend sollte man die Füße in den Sand stecken und ein kühles Astra trinken – an einer der gemütlichen Elbe-Strandbars.

Für Kreuzfahrer: Die günstigste Elbkreuzfahrt bietet der HVV: Einfach mit der Hafenfähre Linie 62 von den Landungsbrücken entlang des Övelgönner Ufers auf die andere Elbseite ins Alte Land fahren.

Für Musikfreunde: Im Reeperbahn-Theater Schmidts Tivoli wird der Kiez zum Musicalthema. »Heiße Ecke – das St. Pauli Musical« ist bunt, abwechslungsreich und vor allem »kiezig«!

Info: www.hamburg.de

← Blick von den Landungsbrücken auf die Elbe
← Das Rathaus von den Alsterarkaden aus
← Fischereihafen und Bürokomplex Docklands
↑ Die Speicherstadt

Traumziel Amsterdam 2

Das entspannte Venedig des Nordens

Frühjahr und Niederlande, dabei denkt jeder an Tulpenblüte und Fahrradfahren. Und wirklich ist eine Radtour durch Amsterdam die schönste Art der Stadtbesichtigung. Die einzigen Steigungen sind die unzähligen Brückenauffahrten, denn gut 100 Grachten durchziehen den Stadtkern des »Venedig des Nordens«. Ganz landestypisch strampelt der Besucher gemütlich die malerischen Kanäle entlang mit dem Fiets, dem schönen schwarzen Hollandrad. Shopaholics steuern die Kalverstraat an, die noble P. C. Hoofstraat oder das wunderschöne Traditionskaufhaus »De Bijenkorf«, Kunstsinnige natürlich das Rijksmuseum und Kiffer die Coffee-Shops. Inmitten des sündigen Walletjes, des Viertels der »roten Laternen«, steht wie ein mahnender Zeigefinger die Oude Kerk. Von dort ist es nicht weit zum schwimmenden Bloemenmarkt auf der Singel. Weiter geht's zu Magere Brug und Begijnhof, zur Westerkerk und Alten Börse. Die Herengracht mit ihren denkmalgeschützten Häusern

entlangzuradeln ist ein Muss. Dort sollte man vielleicht auch mal absteigen, um einen Blick in einen der hinter den prachtvollen Fassaden versteckten Gärten zu erhaschen: Die Anlage dieser Gärten, von denen jeder exakt 51,50 Meter lang ist, bedeutete in der auf Pfählen ruhenden Stadt einen ungeheuren Luxus. Aber im Goldenen Zeitalter des 17. Jahrhunderts hatten die Amsterdamer Diamantschleifereien Hochbetrieb, sodass sich mancher Bürger jede Annehmlichkeit gönnen konnte.

An einem Tag im Jahr sollte man jedoch nicht durch Amsterdam radeln: Am Nationalfeiertag sind Straßen und Plätze heillos verstopft, und zwar von einer ziemlich auffälligen Volksmenge. Denn wer auch immer die »Koninginnenacht« in den Bars, Pubs und Clubs im Jordaan oder am Nieuwmarkt nicht bis in die Puppen durchgefeiert hat, der hat sich am Morgen des 30. April im Einheitslook mit orangefarbenen T-Shirts und Perücken gestylt, um den Geburtstag der Königin in der Farbe des Herrscherhauses der Oranier zu begehen. Auf den vielen »Pleinen« Amsterdams geht denn auch die Post ab, Hunderte Partyboote schippern auf den Grachten. An allen Ecken stehen Bühnen für Live-Bands, an den Marktbuden versorgen sich die Massen mit Frikandel, Friet Speciaal und Pannekoeken, aber auch – wie es der offenen niederländischen multikulturellen Gesellschaft entspricht – mit Kebab, Nasi und Bami. Im Rucksack stets mit dabei ist ein Sixpack mit Heineken. Am weitläufigen Museumplein erreicht der organisierte Partytrubel mit Paraden und einem Festivalprogramm auf der Mega-Stage den Siedepunkt. Funkelnd geht das Volksfest abends mit einem krachenden Feuerwerk zu Ende.

Die Highlights

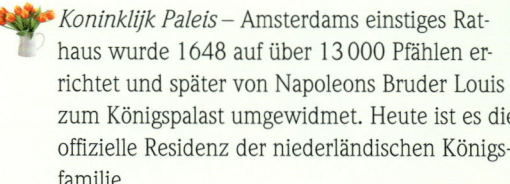

Koninklijk Paleis – Amsterdams einstiges Rathaus wurde 1648 auf über 13 000 Pfählen errichtet und später von Napoleons Bruder Louis zum Königspalast umgewidmet. Heute ist es die offizielle Residenz der niederländischen Königsfamilie.

Heren-, Keizer- und Prinsengracht – Sie durchziehen als Hauptkanäle die Innenstadt von Amsterdam, flankiert von Häusern aus dem 17. Jahrhundert.

Vondelpark – Die grüne Lunge der Stadt ist nur fünf Gehminuten vom Leidseplein entfernt.

Albert-Cuip-Markt – Der Markt im angesagten Szeneviertel de Pijp gilt als der größte Markt Europas. Nur am Sonntag haben die Lebensmittelstände, darunter viele mit exotischen Waren, geschlossen.

Rijksmuseum – Das weltberühmte Museum besitzt Meisterwerke der holländischen Malerei, darunter Rembrandts »Nachtwache«.

Westerkerk – Ihr Turm, der »lange Jan«, ist in Holland berühmter als die Kirche selbst. Hier fand Rembrandt seine letzte Ruhestätte.

Artis – Der Zoo »Natura Artis Magistra« ist ein sensationeller Publikumsmagnet mit Regenwald, Savanne und Einblicken in die Welt homosexueller Tiere.

Die beste Reisezeit

Amsterdam hat ein gemäßigt-maritimes Klima mit milden Wintern und kühlen Sommern. Wer seinen Besuch mit einem Bade- oder Segelurlaub verbinden möchte, wird die Sommermonate wählen. Am ersten Wochenende im **August** feiert Amsterdam zudem das »Gay Pride Festival« mit über einer halben Million Besuchern. Von **März** bis **Mitte Mai** bewundern Hunderttausende im Garten-Mekka Keukenhof die leuchtend bunte Blütenpracht von Tulpen, Hyazinthen und Narzissen.

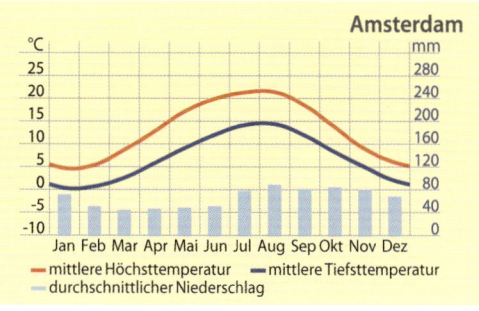

Besondere Tipps

Für Genießer: Hervorragenden *Hollandse Kaas* bietet der Kaashandel Wout Arxhoek in der Damstraat. Die klassische Einkaufs-Käsefahrt geht nach Alkmaar.

Für Schnäppchenjäger: Beim »Vrijmarkt« am Koninginnedag darf jedermann überall seinen Kram verkaufen: Vintage-Klamotten, Vinylplatten, Omas Poffertjespfanne.

Für historisch Interessierte: »Das Tagebuch der Anne Frank« erzählt bewegend vom Leben des jüdischen Mädchens Anne Frank, das sich vor den Nazis verstecken musste. Die Adresse Prinsengracht 263 gehört für viele Besucher zum Pflichtprogramm.

Info: www.iamsterdam.com; www.bikecity.nl

← Voll besetztes Touristenboot auf der Keizersgracht
← Beleuchtete Brücke über die Neue Herengracht
← Blick von der Westerkerk Kirche auf Häuser in Jordaan
↑ Feier am »Koninginnetag«

Traumziel London 3

Millionenstadt an der Themse

In London können Reisende ihre »innere Prinzessin« oder ihren »inneren König« ausleben. Die Stadt ist nämlich ein einziges, mit aristokratischen Exponaten ausgestattetes Museum. Besucher flanieren vorbei an historischen Palais, in denen auch noch heute Herzöge, Grafen und Barone wohnen. Freilich kommt auch im Bezug auf den Adel das traditionelle englische Unterstatement zum Tragen. »Spencer House« nennt sich der Wohnsitz von Prinzessin Dianas Vorfahren schlicht und einfach. Dabei ist der heute der Öffentlichkeit zugängliche Stadtpalast der einzige seiner Art, der aus dem 18. Jahrhundert in seiner ganzen opulenten Pracht erhalten blieb. Als »Haus« würden wir im deutschsprachigen Raum ein Gebäude mit acht Prunkräumen wohl eher nicht bezeichnen. Sowohl blaublütige wie auch normal sterbliche Käufer bummeln gern durch die hübsch verglaste Piccadilly Arcade aus dem 19. Jahrhundert, in der sie sich Schuhe nach Maß anfertigen lassen können. Oder sie machen einen Abstecher zum Neffen der Queen, Viscount David Linley. Der Möbeldesigner fertigt in seinen Geschäften in Mayfair und Belgravia »Antiquitäten von morgen«. Wenn sie Glück haben, begegnen Reisende sogar einem echten Royal.

London ist jedoch auch eine hippe Stadt, in der Kunst und Mode eine große Rolle spielen. Über die zur Jahrtausendwende fertiggestellte Millennium Bridge wandern Besucher zum Riesenrad London Eye, von dem sie einen herrlichen Blick über die ganze Stadt genießen. Nicht weit davon entfernt fristete die Tate Modern bis 1982 ein tristes Dasein als ein marodes Elektrizitätswerk. Das Schweizer Architektenteam Herzog & de Meuron verwandelte es im Jahr 2000 in eines der interessantesten Museen moderner Kunst. Ein »Wow«-Erlebnis erwartet Besucher gleich beim Betreten der 3400 Quadratmeter großen Turbinenhalle. Die Kunstwerke in den Schauräumen sind nicht chronologisch, sondern intelligent nach Schwerpunkten geordnet: Der Bogen spannt sich vom Surrealismus zum Minimalismus, von abstrakter zur figürlichen Innovation. Gleich in der Nähe führt der Queen's Walk am Themseufer zum Globe Theatre, das zu neuem Leben erweckt wurde. Wie einst im Elisabethanischen Zeitalter ist der gesamte Parkettraum des strohbedeckten Theaters dem Stehpublikum vorbehalten. Wenn ein kecker Schauspieler einen Eimer voll Wasser durch die Gegend schleudert, bekommen es die Zuschauer auf den billigen Plätzen hautnah zu spüren. Deshalb reist man am besten im Frühsommer an, wenn die Klamotten schnell trocknen und in vielen Parks die Blumen blühen.

Die beste Reisezeit

Obwohl London als Regenloch verschrien ist, zeigt es sich im Frühsommer oft eher trocken. Ende *Mai* blühen bei der »Chelsea Flower Show« Abertausende Blumen in prächtigen Farben und im *Juni* liegen die Temperaturen schon bei rund 20 °C. Am zweiten Samstag im Juni kann man bei der Parade »Trooping the Colour« mit der Queen deren Geburtstag feiern. Hyde Park, Kensington Park und die Kew Gardens (UNESCO-Welterbe) laden dann ebenfalls zum Verweilen und Picknicken ein.

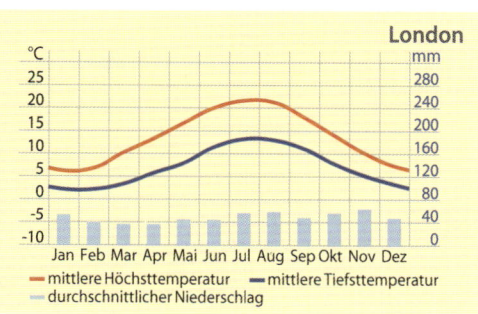

mittlere Höchsttemperatur — mittlere Tiefsttemperatur — durchschnittlicher Niederschlag

Die Highlights

Tower – Die ehemalige Festung (UNESCO-Welterbe) beherbergt die Kronjuwelen. Die berühmte Tower Bridge führt von dort zu Norman Fosters hochmoderner City Hall (Rathaus).

Westminster Abbey – Britische Monarchen werden in dieser Kirche gekrönt und bestattet. In der Nähe stehen die Houses of Parliament und Big Ben sowie die St. Margaret's Church. Alle Gebäude gehören zum UNESCO-Welterbe.

Buckingham Palace – Er ist zwar nicht so schön wie Hampton Court vor den Toren Londons, dafür erspäht man vielleicht in der Queen's Gallery einen echten Royal.

British Museum – Es beherbergt über sechs Millionen Artefakte, darunter eine fantastische Sammlung antiker Kunst.

Trafalgar Square – Hier sieht man die Statue von Lord Nelson sowie die National Gallery mit über 2300 Gemälden vom 13. bis zum 19. Jhdt.

Greenwich Park – Zusammen mit dem Queen's House, National Maritime Museum und dem berühmten Observatorium gehört auch der schöne Park mit der herrlichen Aussicht zum UNESCO-Welterbe.

Tate Britain – Das Museum besitzt die weltweit größte Sammlung britischer Kunst. Ein Ableger ist die Tate Modern, das weltweit größte Museum für moderne Kunst.

Besondere Tipps

Für Snobs: Das perfekte Souvenir ist eine Plastiktasche von Harrod's – damit jeder weiß, dass man im Luxuskaufhaus geshoppt hat.

Für historisch Interessierte: Für die Familiengeschichte »Die Forsyte Saga« erhielt John Galsworthy im Jahr 1932 den Nobelpreis für Literatur. Ein guter Einblick in Londons Sozialgeschichte.

Für Genießer: Am Borough Market mit den vielen Gourmetwarenständen serviert »Monmouth Coffee« angeblich den besten Kaffee der Stadt.

Info: www.visitlondon.com

← Die Jubilee Bridge zwischen London Eye und House of Parliament

← Der Leadenhall Market im viktorianischen Stil

← Shoppen auf dem Portobello Road Market

↑ Wachsfiguren-Beatles in Madam Tussaud's Kabinett

Erst Paddy's Day, dann Bloomsday

Die Iren gelten als wortreich und trinkfreudig. Zwei Eigenschaften, die sich in der Kunst der Trinkspruch-Dichtung aufs Schönste vereinen, gerne auch verbunden mit der Bitte um höheren Beistand. Wozu hat man schließlich mit St. Patrick einen Nationalheiligen? Gerade am Nationalfeiertag, dem Patrick's Day, gilt dem Bischof manch frommer Schluck, etwa mit der Aufmunterung: »Schickt Paddy dich auf einen steinigen Weg, möge er dir gutes Schuhwerk geben.« Aber zum Ritual des 17. März gehören inselweit auch kleine oder größere Umzüge. In Dublin entstand vor einigen Jahren die Idee der zentralen Parade in der City. Nebenbei entwickelte sich eine fünfte Saison in der touristenarmen Jahreszeit. So erwuchs aus dem heiligen Tag ein mehrtägiges Festival mit Feuerwerk und reichem Programm.

Spötter wie George Bernhard Shaw und Oscar Wilde hätten wohl eine Sottise für diese Entwicklung parat. Keine Überraschung in einem Land, das – umgerechnet pro Kopf – mehr Literatur-Nobelpreisträger vereint als jede andere Nation. Dieser literarische Reichtum fokussiert sich in der Hauptstadt Dublin mit seinem Schriftstellermuseum, mit Gedenkstätten für James Joyce & Co und mit dem beliebten »Literary Pub Crawl«, wobei es unter Führung rezitierender Schauspieler zu einigen Pubs mit Poeten-Tradition geht. Die Joyce-Jünger haben sich sogar ihren eigenen Feiertag geschaffen, den Bloomsday: Am 16. Juni wandeln sie wie einst der Held des Romans »Ulysses« durch Dublin, Kapitel für Kapitel, bisweilen gekleidet wie 1904, als Leopold Bloom seine urbane Odyssee unternahm.

Politik nimmt neben der Poesie einen weiten Raum ein in der Themenvielfalt Dubliner Thekengespräche, insbesondere der langjährige und oft chaotische Freiheitskampf der Iren gegen die britischen Kolonialherren. Das Kilmainham Gaol, einst Haftanstalt für politische Gefangene, heute ein Museum, zeugt ebenso von der Epoche wie die Kampfspuren des Osteraufstands 1916 an der Hauptpost (GPO) auf der O'Connell Street. Auch »The Spire«, die 123 Meter hohe Stahlnadel vor dem Prachtbau, ist indirekt ein Zeugnis des Kampfes gegen die Briten. Hier stand eine Nelson-Säule, bis sie von Revolutionären 1966 gesprengt wurde. Die Dubliner lieben aber ein anderes Denkmal: »Molly Malone« auf der südlichen Seite des Flusses Liffey. Die offenherzige Bronzedame und ihr Fischkarren entstammen einem Volkslied, das inzwischen weltweit gesungen wird – und nicht nur am St. Patrick's Day.

Die Highlights

 Ireland's Gold – Die Preziosen aus vorchristlicher Zeit gehören zu den Höhepunkten in der Sammlung des National Museum.

 Book of Kells – Es gilt als eines der schönsten Bücher der Welt. Ausgestellt ist es in der nicht minder attraktiven Bibliothek des Trinity College.

 Saint Patrick's Cathedral – Heute protestantisch, ist sie neben der Christ Church Cathedral die geschichtsträchtigste Kirche Dublins. Hier wirkte Jonathan Swift (»Gulliver's Reisen«)

 Guinness Storehouse – Das Firmenmuseum der Brauerei gehört zu den meistbesuchten Attraktionen, auch wegen des abschließenden Pint über den Dächern der Stadt.

 Dublinia – Der Museumspark schildert das Dublin der Wikinger und des Mittelalters. In der Ausstellung kann man Wikinger-Kleidung tragen oder Spiele der Ritterzeit erproben.

 Temple Bar – Der historische Stadtteil wurde vom Abriss gerettet und ist heute das populärste Kultur- und Kneipen-Quartier.

 Georgian Dublin – Das georgianische Dublin ist geprägt durch schlicht-elegante Architektur und bunte Türen (»Doors of Dublin«), etwa auf die Merrion Square Prunktüren.

Beste Reisezeit

»In Irland ist es *Sommer*, wenn der Regen wärmer wird.« So lästerte ein Hollywood-Boss, aber das nehmen die Iren nicht ernst. Schließlich leben sie auf einer Insel, die Frost kaum kennt. Selbst im Winter bleiben die Temperaturen meist im Plusbereich, dafür steigen im Sommer die Werte selten über die 20-Grad-Marke. Dass es viel regnet, räumen die Insulaner ein, die ständigen Winde vom Atlantik sorgen jedoch vor allem an der Westküste für schnell wechselndes Wetter. In Dublin ist es weniger stürmisch und regnerisch.

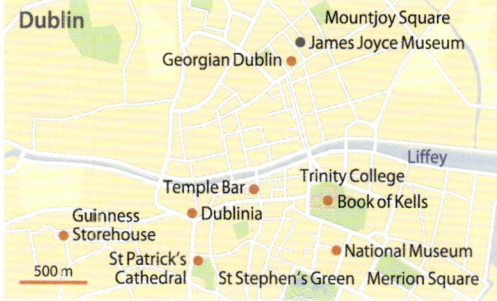

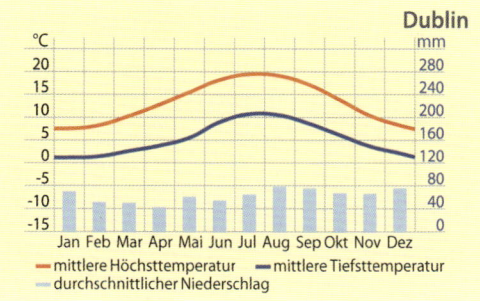

Besondere Tipps

Für Musikfans: Der Musical Pub Crawl entstand nach dem Vorbild des Literary Pub Crawl. Musiker führen informativ mit lockeren Sprüchen durch die Kneipenszene der traditionellen irischen Musik.

Für Sportler: Im Croke Park Stadium erlebt man Top-Teams beim Hurling und Gälic Football. Im Museum kann man die Sportarten an Bildschirmen selbst spielen.

Für Romantiker: Dublin ist umgeben von attraktiven Zielen für Tagestouren, etwa zur idyllischen Klosterruine Glendalough. Sie war einst von großer spiritueller Bedeutung.

Info: www.visitdublin.com

← Half-Penny-Bridge bei Nacht
← In der Stadt steht die Bronzestatue von James Joyce
← Die Bibliothek des Trinity Colleges, Dublin
↑ Parade zu St. Patrick's Day am 17. März

Traumziel Reykjavik 5

Rauchende Bucht zwischen Feuer und Eis

Islands Hauptstadt war lange Zeit bestenfalls für seine bunten Hausdächer und für seine nicht vorhandenen Schornsteine bekannt. Sie braucht nämlich keine rauchenden Kamine, weil dort üppig sprudelnde heiße Quellen Energie und Wärme liefern. Bevor man sich diese zahlreichen Quellen zunutze machte, stieg aus ihnen Dampf auf. Als der Wikinger Ingólfur hier um 870 die erste Siedlung anlegte, nannte er sie deshalb Reykjavik, wörtlich die »Rauchende Bucht«. Reykjavik wurde zur nördlichsten Hauptstadt der Welt – und zur Keimzelle der ältesten Demokratie nördlich der Alpen: Nur 40 Kilometer weiter im Nordosten kamen bereits um 930 an einem »Thingvellir« genannten Ort die freien Männer Islands zum ersten Althing zusammen. Bis 1798 traf sich diese Volksvertretung jedes Jahr um die Sommersonnwende für zwei Wochen,

um Recht und Gesetz zu verhandeln. Augenzwinkernd könnte man den Althing aber auch zur ältesten Volksvertretung Amerikas deklarieren, verläuft doch genau durch die weite Ebene von Thingvellir die Bruchlinie zwischen der amerikanischen und der eurasischen Platte. Deutlich kann man hier sehen, wie die Kontinente stetig Millimeter um Millimeter auseinanderdriften. Diese sogenannte Riftzone zieht sich mitten durch den Atlantik und ist für die Entstehung Islands verantwortlich. Ihr entspringen aber auch die vielen aktiven Vulkane der Insel, die teilweise unter mächtigen Gletschern verborgen sind und meist auch bleiben. Wenn sie jedoch ausbrechen, können die kilometerhoch aufsteigenden Aschewolken schon einmal Europas Luftverkehr lahmlegen.

Im von Feuer und Eis umgebenen Reykjavik sind auch Schneeschauer am ersten Sommertag nichts Außergewöhnliches. Das liegt allerdings am altisländischen Kalender, der nur Sommer und Winter kennt. Der Sommeranfang fällt deshalb stets in die zweite Aprilhälfte. Seit ewigen Zeiten wird der »Sumardagurinn Fyrsti« mit einem großen Fest und gegenseitigen Geschenken gefeiert. In Reykjavik zelebriert man ihn als Straßenfest mit Paraden und Umzügen, ganz egal, was den himmlischen Wettermachern gerade einfällt. Aber auf deren Wirken nehmen die Söhne und vor allem die Töchter der Wikinger ohnehin wenig Rücksicht, wenn sie am Wochenende auch bei winterlichen Minusgraden leicht geschürzt gegen Mitternacht in die Clubs strömen. Bei so viel Feierlaune ist es kein Wunder, dass Reykjavik seit einigen Jahren unter Europas Jugend als Party-Geheimtipp gilt.

Die beste Reisezeit

Island liegt direkt unterhalb des Polarkreises, doch fällt in Reykjavik selbst im Januar die Temperatur nicht weit unter den Nullpunkt. Da Ausläufer des warmen Golfstroms die Insel erreichen, sind zweistellige Minuswerte selten. Allerdings sind auch die Tagestemperaturen in den Sommermonaten mit 10 °C bis 14 °C eher mäßig. Schon 20 °C werden als statistischer Ausreißer verbucht. Das coole Reykjavik ist also angenehm kühl, wenn am 17. *Juni* der Nationalfeiertag mit Umzügen, Straßentheater und Musik gefeiert wird.

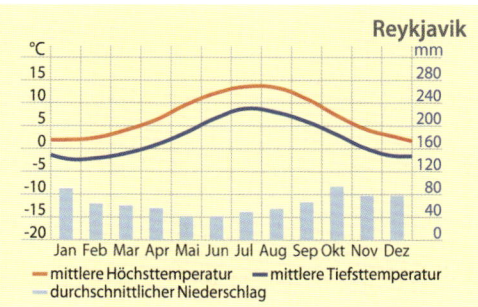

Die Highlights

 Hallgrímskirkja – Die Kirche erinnert in ihrer Form an Basaltsäulen und ist das Wahrzeichen der Stadt. Von ihrem 73 m hohen Turm hat man eine schöne Aussicht.

 Perlan – Die »Perle« ist eine Glaskuppel über riesigen Heißwasserspeichern. Einer der Tanks beherbergt ein Sagamuseum, die Kuppel ist mit Drehrestaurant, Café und Aussichtsdeck ausgestattet.

 Höfdi-Haus – In dem Haus von 1909 läuteten 1986 Michail Gorbatschow, Generalsekretär der Kommunistischen Partei der UdSSR, und US-Präsident Ronald Reagan das Ende des »Kalten Kriegs« ein.

 Rathaus – Der umstrittene moderne Bau am Tjörnin-See im Stadtzentrum ist wegen seiner großen Reliefkarte von Island ein Besuchermagnet.

 Nationalmuseum – Ebenfalls am Tjörnin-See präsentiert das Haus Islands Kunst, Handwerk und Geschichte.

 Harpa – Das 2011 eröffnete Konzerthaus und Konferenzzentrum beeindruckt mit seiner Glasfassade des Künstlers Olafur Eliasson.

 Blue Lagoon – In Islands bekanntestem Freibad ist das Wasser ganzjährig etwa 38 °C heiß. Es liegt zwischen der Stadt und dem Flughafen.

Besondere Tipps

Für Schnelle: Die Tagestour »Golden Circle« (300 km) führt zu Islands großen Attraktionen: Geysir Strokkur, Gullfoss-Wasserfall, Nationalpark Thingvellir und Geothermiekraftwerk Nesjavellir.

Für Tierfreunde: Einige Gestüte bieten Ausritte auf Island-Ponys. Bootstouren führen zu Walen und von Mai bis August zu Papageitauchern.

Für Friedliche: Der Imagine Peace Tower auf der Insel Videy ist eine Lichtplastik von Yoko Ono zum Gedenken an John Lennon. Einschaltzeiten unter www.imaginepeace.com.

Info: www.visitreykjavik.is; www.visiticeland.com

← Die Skólavöroustigur-Allee im Norden Reykjaviks
← Skulptur in Erinnerung an die Wikinger
← Der Warmwasserspeicher Perlan versorgt die Stadt
↑ Die Hallgríms Kirkja mit Aussichtsturm

Die Stadt mit der Treppe

Auf den ersten Blick zeigt sich Odessa als eine einst prächtige Stadt, die ihre Prunkfassaden nach Kriegsjahren und kommunistischer Mangelwirtschaft nun größtenteils wiederhergestellt hat. Hinter den Fassaden kann man aber immer noch unerfreuliche Überraschungen erleben. Die Denkmalschützer blicken deshalb auch hoffnungsvoll auf den wachsenden Tourismus als Verbündeten – die alte Architektur der Fürstenresidenzen und Verwaltungspaläste zählt zu den wichtigsten Sehenswürdigkeiten. Und für den wachsenden Markt der Schwarzmeer-Kreuzfahrten ist Odessa längst ein Pflichthafen. Entsprechend prominent ist der Liegeplatz für die Urlaubskreuzer im »Bahnhof des Meeres«, Morsky Voksal: Unmittelbar dahinter führt die berühmte »Potemkinsche Treppe« 192 Stufen hinauf zum Hochufer. Mit dem russischen Fürsten und angeblichen Erfinder der »Potemkinschen Dörfer« hat sie allerdings nur indirekt zu tun. Die Treppe spielt eine zentrale Rolle in dem Spielfilm »Panzerkreuzer Potemkin«, der für Cineasten zu den besten Filmen aller Zeiten gehört. Ihren heutigen Namen erhielt sie erst nach der Uraufführung des Meisterwerks im Jahr 1925.

Odessa wurde wegen seines Hafens oft umkämpft, gab sich aber dennoch meist als eine weltoffene Stadt, in der sich Menschen vieler Nationen und Religionen niederließen. Den Freiheitssinn und die Freundlichkeit der Odessiten rühmte unter anderem Alexander Puschkin in seiner Erzählung »Eugen Onegin«. Der russische Dichter war in den 1820er-Jahren aus der damaligen russischen Hauptstadt St. Petersburg verbannt und lebte zeitweise in Odessa. Ihren kosmopolitischen Charakter nimmt die Millionenstadt nach dem Ende der Sowjetunion allmählich wieder an, in der Ukraine rühmt man sie aber auch als »Hauptstadt des Humors«. Warum? Die Frage ist lachhaft, schließlich zelebriert die historische Hafenstadt auf der Krim alljährlich rund um den 1. April ihr Festival »Humorina«. Es entstand wohl in den 1970er-Jahren aus einer Reihe öffentlicher Aprilscherze. Heute ist die Humorina ein etabliertes Volksfest, zu dem sich viele verkleiden und mit Kind und Kegel die fröhliche Parade verfolgen. Längst gibt es auch Klagen über wachsende Kommerzialisierung und allzu heftigen Alkoholkonsum, aber das hat der rheinische Karneval bekanntlich auch ganz gut überlebt. Und da wohl jeder gerne eine »Hauptstadt des Humors« zur Freundin hat, lachen mit Odessa zahlreiche Bruder- und Partnerstädte in aller Welt – auch Regensburg und Wien gehören dazu.

Die Highlights

 Potemkin-Treppe – Sie ist an der unteren Stufe 21,5 m und oben 12,5 m breit. Durch diese Verjüngung wirkt die 30 m hohe Treppe höher.

 Opernhaus – Es wurde 1887 eröffnet. Seine Architekten waren die auf prächtige Musiktheater spezialisierten Wiener Fellner und Helmer.

 Primorsky Boulevard – Odessas schönste Straße verläuft auf Höhe der Potemkin-Treppe parallel zum Schwarzen Meer. Sie ist gesäumt von Häusern mit dekorreichen alten Fassaden.

 Richelieu-Denkmal – Es erinnert an den Franzosen und Zaren-General, der das moderne Odessa schuf. Das Denkmal für die Stadtgründerin Zarin Katharina II. steht nahe bei.

 Deribasovskaya – Odessas Flaniermeile ist von Cafés und Restaurants gesäumt. Auch die ornamentreiche »Odessa-Passage« liegt an der Straße.

 Laokoon-Gruppe – Die weltberühmte Plastik ziert das Archäologische Museum. Eine Leihgabe der Vatikanischen Museen? Nein, eine Kopie.

 »Katakomben« – Das insgesamt 2500 km lange Tunnellabyrinth, ehemalige Sandsteinminen, diente im Krieg den Partisanen als Versteck. Ein kleiner Teil ist Besuchern zugänglich.

Die beste Reisezeit

Wie alle Städte am Meer genießt Odessa ein relativ ausgeglichenes Klima. Im Winter fällt das Thermometer selten unter 5 °C minus, auch wenn statistisch 36 Frosttage im Jahr verzeichnet sind. Den Besuchern, die im Februar zur größten Weinmesse der Ukraine nach Odessa kommen, ist das nur recht. Im April ist es mit durchschnittlich 13 °C kühl, aber trocken – optimales Wetter für Stadtspaziergänge. Am wärmsten ist es von *Juni* bis Ende *September*, mit höchstens 27 °C wird es aber auch dann nicht zu heiß.

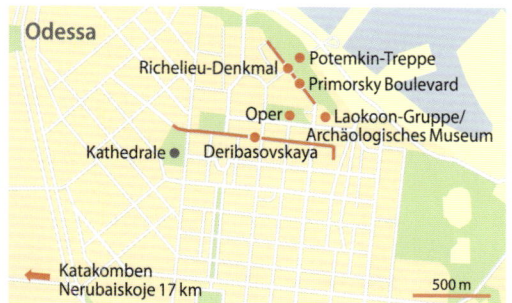

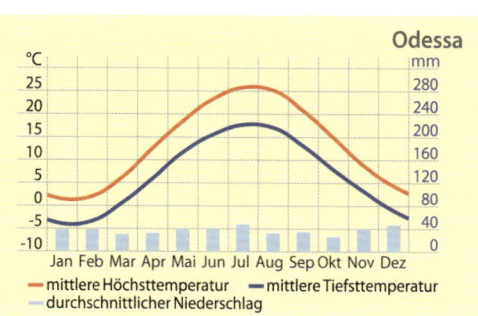

Odessa
- mittlere Höchsttemperatur
- mittlere Tiefsttemperatur
- durchschnittlicher Niederschlag

Besondere Tipps

Für Badenixen: Der Arkadia ist der schönste Strand der Stadt. Während der Badesaison finden dort auch viele Abendveranstaltungen statt.

Für den Gaumen: Eine ukrainische Spezialität sind Wareniki. Zu den Teigtaschen mit verschiedensten pikanten oder süßen Füllungen isst man traditionell »smetana« (Schmand). Der Schriftsteller Nikolaj Gogol erwähnt sie in seiner Geschichte »Die Nacht vor Weihnachten«.

Für Souvenirjäger: »Odessa-Wein« wird in mehreren Weindörfern nahe bei der Stadt produziert.

Info: www.odessatourism.in.ua

← Richelieu-Denkmal auf dem Primorski Boulevard
← Blick in das prächtige Theater von Odessa
← Die Passage errichtete 1898–1899 Lev Vlodek
← Ein Ukrainer in traditioneller Kosaken-Uniform
↑ Das Archäologische Museum

Traumziel Monaco 7

Der Fürst, die Reichen und die Schönen

Monaco hat in den letzten Jahrzehnten durch Landgewinnungen vor der Küste zugenommen, es bleibt aber der kleinste Staat der Welt nach dem Vatikan. Das Fürstentum misst nur gut zwei Quadratkilometer, auf denen jeweils 33 000 Menschen wohnen – mehr als im extrem dicht besiedelten Singapur und in jedem anderen Land der Welt. Der Zwergstaat lebt von seinem Spielcasino und seinem Ruf als Oase für steuerscheue Milliardäre. Für Arbeitsplätze sorgen jedoch die zahllosen (meist normal verdienenden) Touristen, die als Tagesausflügler am Hafen entlangbummeln, den Fürstenpalast fotografieren, einkaufen – von Ansichtskarten bis zu Preziosen mit sechsstelligem Preisschild – und ihre Euros im Automatencasino versenken. Zumindest können sie dann mit Fug und Recht behaupten, in Monte Carlo mitgezockt zu haben. Neben diesem berühmtesten Quartier des Stadtstaates lassen sich im winzigen Monaco auch relativ unbekannte Seiten entdecken, erstaunlich vielfältige Museen, Kirchen und historische Stätten.

So ahnt z. B. kaum jemand, dass der Palast unter anderem ein Museum mit Erinnerungsstücken an Napoleon unterhält. Wenig Beachtung findet trotz ihres schönen Meeresblicks auch die alte Festung Antoine, deren Amphitheater im Sommer bespielt wird.

Monaco ist also nicht nur große Operette mit der Fürstenfamilie in der Hauptrolle. An spektakulären Veranstaltungen mangelt es dem Ministaat am teuersten Saum des Mittelmeers trotzdem nicht. Der prall gefüllte Festkalender lockt die Reichen und Schönen aus aller Welt und in ihrem Kielwasser die Internationale der Paparazzi, sei es zum Zirkus-Festival, Tennis Masters, Rosen- oder Rot-Kreuz-Ball. Zur Rallye Monte Carlo im Januar strömen Prominente und Fußvolk ebenso zum Felsen an der Côte d'Azur wie zum Grand Prix im Mai. Für Martin Whitmarsh, Teamchef von McLaren-Mercedes, ist Monaco »eine einzigartige Rennstrecke«. Verständlich, schließlich hat dort kein anderer Konstrukteur öfter gewonnen als McLaren. Aber der Stadtkurs durch das kleine Fürstentum ist wirklich einmalig mit Tunnel, Haarnadelkurve und einer Piste entlang des Hafens, wo die Superreichen an Deck ihrer Superjachten die hochtourige Hatz bei Häppchen und Schampus verfolgen. Den Fahrern wird weit mehr abverlangt auf der 3340 Kilometer langen Strecke: Das traditionsreiche Rennen hat zwar keine hohe Durchschnittsgeschwindigkeit, gilt aber wegen seiner vielen Kurven als »nicht ungefährlich«. Damit sorgt der Grand Prix seit 1929 für Höchstspannung beim Publikum und jede Menge Kleingeld in der monegassischen Staatskasse.

Die beste Reisezeit

Die britische Upper Class entdeckte die Côte d'Azur Ende des 18. Jahrhunderts als Winterziel, später folgte der kontinentale (Geld-)Adel. Sie alle lockte das milde Klima mit durchschnittlichen Tagestemperaturen von 9 °C von Dezember bis Februar. Heute liegt die Hauptsaison im trockenen Sommer, wenn die Temperaturen um die 27 °C pendeln und das Mittelmeer sich auf 22 °C erwärmt. Der *Mai* lockt mit grüner Landschaft und warmen Temperaturen - ein wahrer Wonnemonat.

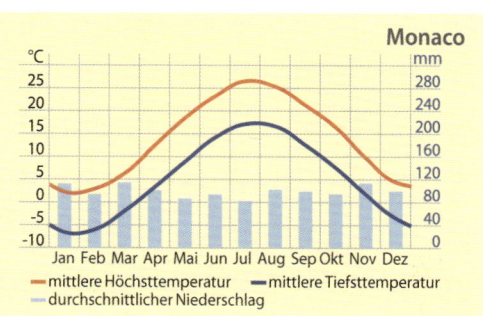

mittlere Höchsttemperatur — mittlere Tiefsttemperatur
durchschnittlicher Niederschlag

Die Highlights

Fürstenpalast – Die Prunkräume sind von April bis Oktober zu besichtigen. Ganzjährig findet der Wachwechsel der Garde vor dem Palast täglich um 11.55 Uhr statt.

Oper und Casino – Sie bilden ein prunkvolles Ensemble in Monte Carlo. Die Oper wurde von Charles Garnier errichtet und 1879 eröffnet.

Ozeanografisches Museum – Das Museum ist mit seiner meereskundlichen Sammlung und modernen Aquarien ein Besuchermagnet. Als Forschungsstätte genießt es Weltruhm.

Sainte-Dévote – Die Kirche ist Monacos Stadtpatronin geweiht. Dieser zu Ehren wird alljährlich am 26. Januar ein Fischerboot verbrannt.

Jardin Exotique – Der Botanische Garten liegt an einer Felsflanke und ist für seine Sukkulenten und Kakteen berühmt. Zum Park gehört eine tiefe Tropfsteinhöhle.

Oldtimer-Sammlung – Die Sammlung von Fürst Rainier III. zählt fast 100 Autos. Das Museum ist eine Hauptattraktion Monacos.

Èze Village – Das mittelalterliche Dorf liegt bereits in Frankreich auf einem 430 m hohen Felsen am Meer. Als malerisches Ausflugsziel ist es in der Hochsaison leider überlaufen.

Besondere Tipps

Für Musikfreunde: Seit 1959 konzertieren Monacos Philharmoniker an Sommerabenden im Innenhof des Fürstenpalastes, der 2011 der Hochzeit von Albert II. und Charlene Wittstock als attraktive Kulisse diente.

Für einen Einkaufsbummel: Den Kräutermarkt von Condamine vor den Markthallen an der Place D'Armes lieben Monegassen wie Touristen gleichermaßen.

Für Überflieger: Bis zu 50-mal täglich pendeln Hubschrauber zum Internationalen Flughafen von Nizza. Der 15-Minuten-Flug entlang der Küste ist ein touristisches Highlight.

Info: www.visitmonaco.com/de

← Blick über den Jachthafen
← Eine der vielen Luxusjachten im Hafen
← Einmal im Jahr treffen sich Formel-1-Begeisterte
↑ Sportliche Luxuskarossen vor dem Grand Casino

Traumziel Madrid 8

Große Kunst und ein Picknick unter Pinien

El Greco, Francisco de Goya, Tizian, Velázquez, Rubens, Picasso – wer sich für Malerei interessiert, muss nach Madrid. In dieser Stadt der Museen heißen die großartigen Kunsttempel Thyssen-Bornemisza, Centro de Arte Reina Sofía und natürlich Prado. Die Geschichte des spanischen Königshofs hat nicht nur dessen Sammlung ihren Stempel aufgedrückt, sondern auch der Stadt selbst. Zu sehen ist dies im Madrid de los Austrias, dem Habsburger-Viertel mit der berühmten Plaza Mayor und der Plaza de la Villa, dem ehemals königlichen Retiro-Park – und im Madrid de los Borbones. Das Madrid der Bourbonen findet seinen Höhepunkt im Palacio Real, dem Königspalast.

So berühmt wie seine Kunst und Architektur ist aber auch das Nachtleben von Madrid. Die Stadt entwickelte sich nach den lähmenden Jahren der Franco-Diktatur zur Partymetropole mit legendärem Ruf. Die Movida Madrileña, das damalige Lebensgefühl aus Musik, Kunst, Rausch und unbändigem Freiheitsdrang, ist längst Geschichte, doch die Lust zur großen Party ist geblieben. Aber auch wer es etwas ruhiger angehen möchte, kommt um das Frühjahr nicht herum, wenn Madrid im Mai ein Fest nach dem anderen feiert. Am 2. Mai bejubelt man den Aufstand von 1808, als die mutigen Hauptstädter gegen die Truppen Napoleons rebellierten. In der Folge führte der Widerstand zum spanischen Unabhängigkeitskrieg. Die Fiesta del Dos de Mayo dauert mehrere Tage, das Zentrum des Geschehens ist das Altstadtviertel Malasaña, wo Musikbühnen und viele Partys den Besucher erwarten. Am 15. Mai ehren die Madrider den Stadtpatron San Isidro. Vor diesem Festtag organisierten sie zuletzt auch die Museumsnacht, zu der Hunderttausende im Zentrum der höchstgelegenen Hauptstadt der Europäischen Union unterwegs sind. Zu San Isidoro werden zudem zwei Wochen lang die wichtigsten Corridas – Stierkämpfe – der Saison veranstaltet. Folkloristisch wird es schließlich bei der Wallfahrt zur Ermita de San Isidro. Rund um die Kapelle lässt man sich im Schatten der Pinien zum Picknick nieder. Viele haben historische Trachten angelegt. Das malerische Spektakel sieht noch genauso aus wie auf Francisco Goyas Bild »La Pradera de San Isidro«. Es hängt ebenso im Prado-Museum wie »Die Erschießung der Aufständischen«. Das weltberühmte und vielleicht erste Antikriegsgemälde der Welt stammt ebenfalls von Goya und erinnert an den Aufstand vom 2. Mai. Schließlich findet noch ein Festival mit internationalen Tanz-, Musik- und Theateraufführungen im Mai unter dem paradoxen Namen Festival de Otoño en primavera statt – »Herbstfestival im Frühling«.

Die Highlights

 Museo del Prado – Kunstliebhaber verbringen hier glückliche Stunden. Zu den 9000 Objekten gehören Meisterwerke von Dürer, Bosch, El Greco, Velázquez und Goya.

 Plaza Mayor – Früher urteilte hier das Inquisitionsgericht und Stierkämpfe wurden ausgetragen. Heute ist die friedliche wie monumentale Plaza fest in der Hand der Touristen.

 Palacio Real – Die 2000 Zimmer des Königspalastes sind unverschämt luxuriös mit Wandteppichen, Fresken, Gemälden und edlem Mobiliar ausgestattet.

 Retiro-Park – Ideal, um bei einer Rudertour auf dem Estanque, einer Ausstellung im Glaspalast oder einer Erfrischung an einem Pavillon neue Kräfte zu sammeln.

 Centro de Arte Reina Sofía – Die großen Namen heißen hier Dalí und Picasso. Picassos Monumentalgemälde »Guernica« im Saal 206.06 darf nie mehr bewegt werden.

 Rastro – Auf Madrids großem Flohmarkt zwischen Plaza Cascorro und Puerta de Toledo herrscht jeden Sonntag ein fürchterliches Gedränge. Taschendiebe, Sachensucher, Schnäppchenjäger – alle kommen hier auf ihre Kosten.

 Museo Thyssen-Bornemisza – Von Ghirlandaio bis Warhol präsentiert das Museum meisterhafte Malerei aus verschiedenen Epochen.

Die beste Reisezeit

¡Nueve meses de invierno, tres meses de inferno! – »Neun Monate Winter, drei Monate Hölle«, sagt ein beliebtes Sprichwort. Seine zentrale Lage inmitten der kastilischen Hochebene beschert Madrid ein kontinentales Klima. Im heißen Sommer kann das Thermometer auf über 40 °C klettern und nachts sinken die Temperaturen nicht unter 20 °C. Im Winter dagegen wird es frostig-frisch. Die besten Reisemonate sind **April** bis **Juni** sowie **September** und **Oktober**. Dann ist es bei 20 bis 25 °C angenehm warm.

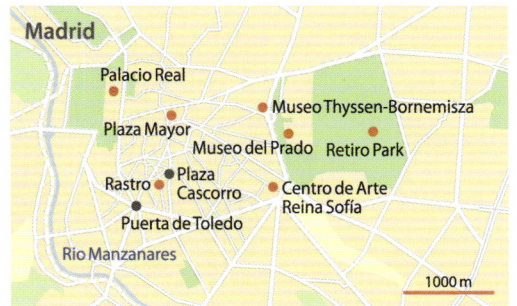

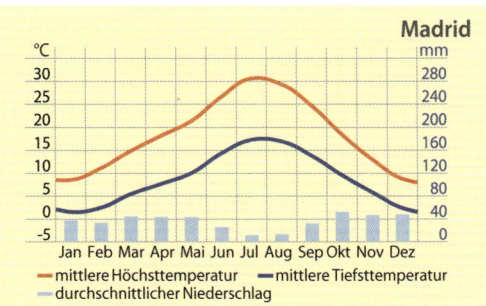

Besondere Tipps

Zur Stärkung: Weil Churros con Chocolate – heiße Schokolade mit frischem Schmalzgebäck – besonders gut nach einer durchfeierten Nacht schmecken, hat die Chocolatería de San Ginés rund um die Uhr geöffnet.

Zum Schlafen: Im malerischen La Latina-Viertel ist La Posada del León de Oro ein kleines feines Boutique-Hotel mit sehr guter Weintheke und Restaurant.

Zum Lesen: Rafael Chirbes beschreibt in der Romantrilogie »Der lange Marsch«, »Der Fall von Madrid« und »Alte Freunde« den gesellschaftlichen Wandel von der Diktatur Francos in die Postmoderne.

Info: www.esmadrid.com

← Blick auf den Königlichen Palast
← Umzug bei der Fiesta San Isidro
← Straßenfest vor dem Restaurant Madrono
↑ Spanische Spezialitäten im Restaurant La Torre des Oro

Traumziel Boston 9

Amerika für Fußgänger

»Patriot« ist ein inflationär gebrauchtes Wort in den amerikanischen Neuengland-Staaten und ihrer Metropole Boston. Kein Wunder: Hier begann der Unabhängigkeitskrieg gegen die britische Kolonialarmee, in den Vororten Lexington und Concorde fielen 1775 die ersten Schüsse. Die fast 150 Jahre zuvor gegründete Stadt spielte eine wichtige Rolle in dem Krieg und somit bei der Gründung der USA. Daran erinnert der Patriots' Day am 3. Montag im April, der in Boston mit Flaggenzeremonie und Parade sowie dem Nachstellen der ersten Gefechte und anderer historischer Szenen in entsprechenden Kostümen gefeiert wird. Zur Tagestradition gehört auch ein Heimspiel der Baseball-Profis der »Boston Red Sox«. Amerikanischer kann man einen Feiertag kaum zelebrieren.

Geschichte ist denn auch allgegenwärtig in Boston, von der Landung der »Pilgerväter« 1620 im nahen Plymouth bis zu den Kennedys, die es von armen irischen Einwanderern bis zur reichen und einflussreichen Politsippe brachten. Das – auch baulich attraktive – Kennedy-Museum legt davon Zeugnis ab. Die Stadt war und ist nicht nur ein Wirtschaftszentrum, sie erwarb sich schon früh wissenschaftlichen und kulturellen Ruhm. Harvard und andere Nobel-Unis belegen es ebenso wie das weltberühmte Symphony Orchestra oder die großen Sammlungen, vom Museum of Fine Arts und dem Isabella Gardner Museum mit seiner Kunst und seinem Garten über das Science Museum (Naturwissenschaften/Technik) bis zum Boston Museum mit dem Nachbau der historischen Tea Party-Schiffe. Etwas Besonderes ist die rund 800 Stücke umfassende Sammlung von präzisen Glasblumen im Harvard Museum of Natural History, die der sächsische Glaskünstler Leopold Blaschka mit seinem Sohn Rudolph zwischen 1887 und 1936 für die Amerikaner anfertigte.

Der Harvard Campus liegt in Cambridge gegenüber von Boston am Charles River, beide Stadtquartiere sind – untypisch für die USA – Fußgängerreviere, früher warb man sogar mit dieser »europäischen Eigenart«. Viertel wie das noble Backsteinquartier Beacon Hill beim Parlament von Massachusetts sind ebenso fürs Schlendern geeignet wie die Bürgersteige der Newbury Street mit ihren Shops und Cafés. Eher sportives Fortbewegen ist angesagt auf der Esplanade, einem Park am Charles River, in dem sich am 4. Juli Tausende versammeln, um den »Boston Pops« zu lauschen. Der Ableger der Symphoniker für leichte Klassik sorgt dafür, dass die Stadt auch am Nationalfeiertag mehr zu bieten hat als der Rest des Landes. Wie immer, sagen die Bostonians.

Die Highlights

 Der *Freedom Trail* ist ein rot markierter, 4 km langer Rundgang zu historischen Stätten, die meist mit Amerikas Unabhängigkeit verbunden sind.

 Der *Quincy Market* von 1826, einst ein Farmermarkt, ist heute ein Touristentreff mit Restaurants und Souvenirs nahe der ebenso historischen Faneuil Hall.

 Boston Common, der erste Stadtpark der USA, geht über in die Public Gardens mit einem kleinen See und schwanförmigen Booten, einem Wahrzeichen Bostons.

 Das *New England Aquarium* ist eines der populärsten Aquarien im Land. Besonders beliebt sind die Pinguine, die Haie, Rochen und die Seehunde.

 Das *Museum of Fine Arts* (1870) ist eines der größten Museen der USA. Die Sammlung umfasst alle Epochen und großen Namen, sie reicht bis zur Haute Couture.

 Der *Prudential Tower* birgt auf 213 m Höhe eine Aussichtsplattform mit einer Sicht von bis zu 130 km und u. a. ein Einwanderermuseum.

 Der *Uni-Campus von Harvard* steht jedermann offen. Beliebter Fotostopp: Das Denkmal der drei Lügen? Was ist das? Wird nicht verraten – kein Harvard ohne Forschung!

Beste Reisezeit

Bostons Klima ist wie gemacht für Städtereisen. Die besten Jahreszeiten sind Frühling und Herbst, wenn es weder feuchtwarm wie im Sommer noch nasskalt wie im Winter wird. Besonders beliebt ist die Zeit des **Indian Summer**, auch wenn die flammenden Farbspiele der Laubfärbung im Umland besser zu beobachten sind als in den Parks der City. Wer im späten Winter ankommt, der sollte einmal ins verschneite Umland fahren – zu »Sugaring-Partys«, wenn der süße Ahorn-Sirup aus den Stämmen gezapft wird.

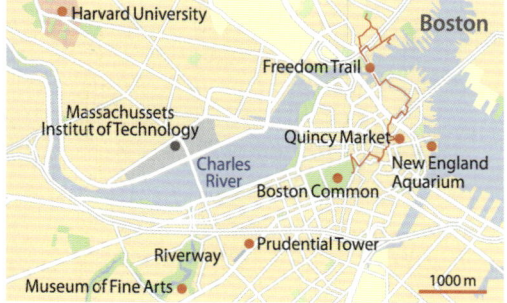

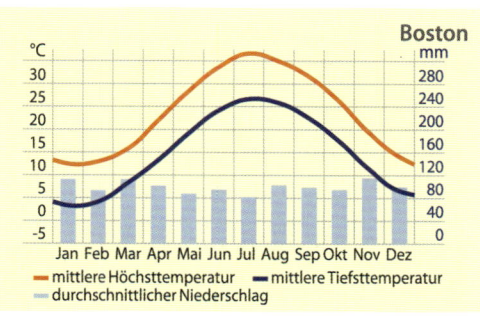

Besondere Tipps

Für Hexenmeister: Salem nördlich von Boston hat einen tollen historischen Hafen. Berühmt machte es aber die Hexenjagd 1692 – heute touristisches Markenzeichen.

Für Historiker: In Plymouth erreichten die Pilgerväter 1620 Amerika. Unbedingt sehen: die »Mayflower« und das museal nachgebaute Dorf »Plimoth Plantation«.

Für Reiche und Schöne: Wie ein Enterhaken ragt die Halbinsel Cape Cod in den Atlantik, gesäumt von populären Stränden, geadelt von den Kennedys und ihren Sommerhäusern, die vielleicht ein Museum werden sollen.

Info: www.cityofboston.gov/visitors

← Unterwegs auf dem Freedom Trail: vor der Park Street Church

← Ein lauschiges Gässchen auf dem Beacon Hill

← Die Massachusetts Bay sorgt für maritimes Flair

↑ Bei den Boston Red Sox im Fenway Park Stadion

Immer noch »The Big Easy«?

Seit ihrer Gründung durch die Franzosen 1718 prallen in der kosmopolitischen Stadt kreolische, afrikanische, indianische und europäische Kulturen aufeinander, vermischen sich und regen sich gegenseitig an. Dieser einzigartigen Melange verdankt die Stadt New Orleans ihre Leichtigkeit, die ihr den Beinamen »The Big Easy« einbrachte. Auch die Gumbo, Jambalaya und weitere köstliche Gerichte ihrer berühmten kreolischen Küche gehören dazu. Die gan-ze Welt verdankt der Stadt eine Musik, die Menschen rund um den Globus fasziniert und inspiriert: den Jazz. Seine Geburtsstätte ist der Congo Square im heutigen Louis Armstrong Park, wo sich im 18. und 19. Jahrhundert sonntags die Sklaven trafen. Hier musizierten sie und tanzten *Calinda* oder *Bamboula*. – In New Orleans lebt die Musik und lebt die Stadt von der Musik, daran haben auch die Zerstörungen des Hurrikans Kathrina und die Ölpest im Golf von Mexiko nur wenig geändert. In der Bourbon und Royal Street und den anderen Straßen des historischen Vergnügungsviertels French Quarter drängen sich nicht nur die schönen Kolonialhäuser mit den typischen schmiedeeisernen Balkonen, sondern auch die Musiker in den

Clubs, Bars und auf den Gehwegen. Lassen Sie es dabei nicht mit dem Flanieren bewenden: Tauchen Sie ein in die Musik und die Seele der Stadt! Noch besser können Sie das im historischen Nachbar- und Künstlerviertel Marigny, wo sich auch die Einheimischen treffen.

Eine Zeitlang gehörte New Orleans zu Spanien, 1803 fiel es an die USA. Nur wenige Meilen flussabwärts wurden 1815 in der letzten Schlacht des Britisch-Amerikanischen Krieges die Briten von General Jackson vertrieben. An den Sieg erinnern noch heute der populäre Song *Battle of New Orleans* und alljährlich im Januar auf dem Chalmette Battlefield ein Re-Enactment mit Kanonendonner, Pulverdampf und traditionellen Kostümen. Der phänomenale Karneval »Mardi Gras«, der alljährlich am 6. Januar eingeläutet wird, ist ein Erbe katholischer Kreolen und der verschiedenen Einwanderer. Die Voodoo-Religion, die in New Orleans ihre Anhänger zählt, brachten Westafrikaner mit, die im 18. und 19. Jahrhundert als Sklaven nach Amerika verschleppt wurden. Rund zwei Drittel von ihnen kamen über New Orleans ins Land. Im Karneval jedoch »brummt« die Stadt. Farbenprächtige Umzüge ziehen trompetend durch die Stadt. Lila steht für die Gerechtigkeit, Grün für den Glauben und Gold für die Kraft – so bestimmte es 1872 der »King of Carnival« der Karnevalsvereinigung Rex. Die Farben dominieren auch heute noch, bis am Aschermittwoch von Rio bis Köln alles vorbei ist und man auch in New Orleans die Kostüme bis zum nächsten Mardi Gras einmottet. Aber New Orleans hat den unschätzbaren Vorzug, ein Ganzjahresziel zu sein, und auch Partys steigen hier immer.

Die Highlights

 Das legendäre *French Quarter* ist touristisch, aber ein Muss. Am zentralen Jackson Square spielen stets Musiker.

 Der *French Market* zwischen St. Ann und Barracks Street war ein indianischer Handelsplatz und ist seit 1791 ein offizieller Markt. Heute werden hier vor allem Trödel und Antiquitäten verkauft.

 Das *Voodoo Museum* in der Dumaine Street informiert über die ursprünglich westafrikanische Religion und ihre Bedeutung für die Stadt.

 Im *Louis Armstrong Park* liegt der Congo Square und informiert der New Orleans Jazz National Historical Park über die Geschichte des Jazz.

 Den malerischen *St. Louis Cemetery No. 1* mit den Mausoleen kreolischer Adelsfamilien besucht man am besten im Rahmen einer »Geister- und Vampirtour«, wie sie einige Veranstalter anbieten.

 Im *Garden District* ist ein einmaliges Ensemble prächtiger Herrenhäuser aus dem 19. Jahrhundert zu bewundern. Am besten fährt man mit der historischen Tramlinie St Charles dorthin.

 Das *Louisiana State Museum* präsentiert Geschichte und Traditionen der Stadt in fünf herausragenden historischen Gebäuden: Cabildo, Presbytère, Alte US-Münze, Madame Johns Legacy und 1850 House.

Die beste Reisezeit

New Orleans liegt im subtropischen Süden der USA und gilt mit 1800 mm Niederschlag als deren regenreichste Metropole. In den Sommermonaten herrscht in der Stadt schwüle Hitze mit Temperaturen über 30 °C, Regengüsse und Gewitter sind häufig. Weniger Niederschläge und angenehme Temperaturen bringen Oktober und November. Im Januar und Februar wird es nachts bisweilen empfindlich kühl. Neben dem **Herbst** sind die beste Reisezeit die warmen Monate **April** und **Mai**, wenn auch die Magnolien blühen.

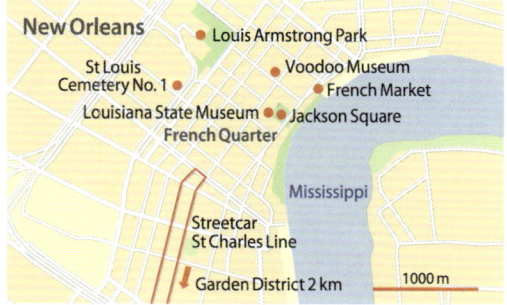

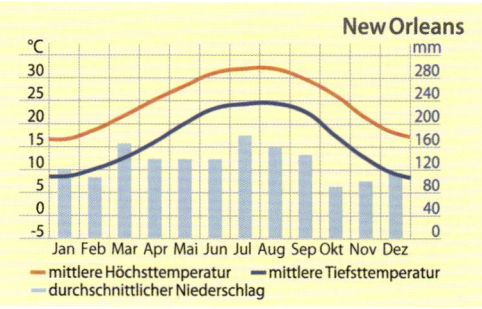

Besondere Tipps

Zum Hören: Nicht nur bekannt für Jazz – das berühmteste Karnevalslied ist »Iko Iko«, ursprünglich ein Spott- und Kampflied der rivalisierenden Gruppen der Mardi Gras Indians Krewe.

Zum Schauen: Ein spannender Einstieg ist der New-Orleans-Thriller »The Big Easy – Der große Leichtsinn« von Jim McBride über Korruption bei Polizei und Staatsanwaltschaft.

Zum Entspannen: Unbedingt lohnend ist ein Ausflug zu den beeindruckenden Plantagen an der sogenannten Plantation Alley.

Info: www.neworleansonline.com

← Auf der Bourbon Street im Französischen Viertel
← Legendär: Die Musiker der Preservation Hall Jazzband
← Bei der Karnevalsparade an Mardi Gras
↑ Blick über den Mississippi auf New Orleans

Amerikas Wespentaille

Eine ganze Kindergeneration weiß: »Oh, wie schön ist Panama!« Denn natürlich kennt sie Janoschs gleichnamiges Buch, das die literarische Fauna um die Tigerente bereicherte. Wenig später rückt im Erdkunde-Unterricht »Amerikas Wespentaille« in den Vordergrund. In dem schmalen Land zählt der 81,6 Kilometer lange Panamakanal zu den größten Bauwerken der Menschheit, und seine Geschichte bietet reichlich Stoff für saftige Romane: exotische Natur, technische Triumphe und Katastrophen, Prominenz, Eitelkeit, Betrug und Weltpolitik. Durch den Kanal ist die Hauptstadt des Landes, Panama City, etwas in den touristischen Schatten geraten. Zu Unrecht. Neben den Bankentürmen der Finanzmetropole an der Pazifikeinfahrt des Kanals blieb eine spanisch-karibisch inspirierte Altstadt erhalten. Zunehmend entdecken Kreuzfahrer und Öko-Touristen den Reiz der vom Urwald umschlossenen

Millionenstadt. Hauptattraktion bleibt aber das »achte Weltwunder« – der Kanal. Die vielbefahrene Verbindung von Atlantik und Pazifik wird derzeit ausgebaut, da ihre drei Schleusen längst zu klein sind für die neue Generation der Superschiffe. Seit 2007 sind die Bagger am Werk, um bis 2015 auf einigen neuen Streckenabschnitten breitere und längere Schleusen auszuheben. Ein Milliardenprojekt, das sich aber dennoch lohnen soll, schließlich sparen die Schiffe rund 10 000 Kilometer bei der Fahrt durch die maritime Querspange. Das lohnt sich selbst bei Gebühren von mehr als 300 000 US-Dollar für einen großen Containerfrachter. Weniger lohnend war allerdings 1928 die Passage von Richard Halliburton, der den Kanal in acht Tagen durchschwamm. Da Schwimmer aber nicht vorgesehen waren, ist der Amerikaner als »Wasserfahrzeug« klassifiziert worden und musste 36 Cents zahlen.

Der Panamakanal ist die gigantische Kulisse für einen weltweit einzigartigen Wettbewerb, der sich zutreffend »Ocean to Ocean Regatta« nennt. Im April geht es über drei Tage in Ruderbooten, Kajaks oder Paddelbooten durch den Kanal vom Atlantik in den Pazifik. Alles begann 1954, als ein Mitarbeiter der Kanalgesellschaft eine Gruppe von Pfadfindern auf einer Paddeltour zu Indianerdörfern an der Wasserstraße begleitete. Die Junioren veranstalteten Rennen in Einbäumen, daraus entstand die Idee des Kanal-Marathons (der heute durch zwei schnelle Wettfahrten über ein und zwei Kilometer ergänzt wird). Einst war das Langstreckenrennen nur Einheimischen vorbehalten, heute kann sich jedermann für einen Start anmelden.

Die Highlights

 Miraflores-Schleuse – Die riesige Anlage bei Panama City bietet Besucherterrassen und ein Info-Zentrum, in dem man den ganzen Kanal in wenigen Minuten virtuell passieren kann.

 Casco Viejo und *Panamá la Vieja* – In Panama Citys Altstadt (Casco Viejo) stehen viele historische und koloniale Bauten, darunter die Kathedrale und das Nationaltheater. Die Ruinen der ältesten spanischen Siedlung, Panamá la Vieja, zählen zum UNESCO-Welterbe.

 Metropolitan National Park – Zu dem 265 ha großen Park gehört ein kleiner Urwald mit Affen und Faultieren.

 Barro Colorado – Die tierreiche Insel im Gatun-See entstand beim Kanalbau. Die Forschungsstation steht Besuchern offen.

 Panama Canal Railway – Der Zug fährt 76,6 km meist parallel zum Kanal und bietet – teilweise in Oldtimer-Waggons – ein besonderes Kanalerlebnis.

 Canal Partial Transit – Die Bootstour führt durch zwei Schleusen und unter der Jahrhundertbrücke »Puente Centenario« zwischen Nord- und Südamerika hindurch.

 BioMuseo – Das Museum zur Artenvielfalt des Landes entsteht in Zusammenarbeit mit Forschern der Smithsonian Institution, Architekt ist Frank Gehry.

Die beste Reisezeit

Tropenklima prägt Panama City und den Kanal. Die gleichmäßigen, schwülen Temperaturen rangieren fast immer um 27 °C. Dabei setzt der ständige Wechsel von Saunabedingungen im Freien und eisigen Temperaturen in den klimatisierten Innenräumen mitteleuropäischen Besuchern ziemlich zu. Trockenzeit herrscht zwischen **Januar** und **April**, die meisten Sonnentage bekommt man bis März. Ansonsten regnet es häufig, besonders im Oktober und November. Der Nationalfeiertag am 3. November fällt also meist »ins Wasser«.

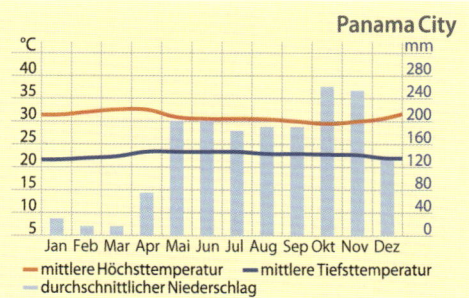

Besondere Tipps

Zum Grüßen: Auf der Centennial Bridge ist eine Webcam (www.pancanal.com) installiert. Kreuzfahrtpassagiere können dort bei Tagespassagen winken und Grüße per Handy austauschen.

Zum Mitbringen: Der berühmte Panama-Hut wird aus einem besonderen Stroh in Ecuador hergestellt. Seinen Namen verdankt er lediglich alten Zollvorschriften.

Zum Lesen: John le Carrés spannender Spionageroman »Der Schneider von Panama« spielt in Panama und wurde 2001 mit Pierce Brosnan verfilmt.

Info: www.visitpanama.com

← Blick auf die Skyline mit der Küstenavenida Balboa
← Architektur im Kolonialstil in der Altstadt, San Felipe
← Blick auf die Kirche Metropolitana und den Vorplatz
↑ Der Panamakanal – eine spannende Passage

Gauchos in der Großstadt

Gewiss, Uruguay ist – für südamerikanische Standards – ein kleines Land. Aber das ist nicht der Grund für die dichte Bebauung der Hauptstadt Montevideo. Diese hat vornehmlich historische und militärstrategische Gründe, schließlich wurde die Stadt 1726 als Armeeposten an der Mündung des Rio de la Plata gegründet. Verglichen mit dem großen Nachbarn jenseits des Rio de la Plata, mit Buenos Aires, ist Montevideo trotz seiner 1,4 Millionen Bewohner zudem eine Stadt mit – für Südamerika – gemächlichem Rhythmus. Das gilt insbesondere für die Altstadt, die nach langen Jahren der Vernachlässigung nun wieder ein lebendiges Quartier darstellt. Viele der schönen alten Fassaden sind wieder hergestellt, und in den Kneipen und Restaurants kehren immer mehr Touristen ein. Meist kommen sie aus Argentinien oder aus anderen süd-

amerikanischen Ländern. Besucher aus Übersee belassen es häufig bei der Stippvisite mit dem Kreuzfahrtschiff. Immer mehr Reedereien planen auf ihren Lateinamerikarouten einen Halt ein, auch weil Montevideo als eine der sichersten Großstädte Südamerikas gilt. Uruguays wichtigste Metropole ist zwar keine ausnehmend schöne, aber eine kulturell ungemein lebendige Stadt. In den deutschsprachigen Ländern ist sie weniger bekannt, sieht man ab von den Schlagzeilen, die 1939 die Selbstversenkung des deutschen Kriegsschiffs »Admiral Graf Spee« in der Mündung des Rio de la Plata machte. Heiterere Erinnerungen schuf 1950 die Komödie »Das Haus in Montevideo« von Curt Goetz, die heute noch gelegentlich aufgeführt wird. Und aus dem nachbarschaftlichen Streit, ob der Tango in Montevideo oder Buenos Aires entstand, halten wir uns lieber raus. Wissen wir doch: It takes two to tango.

Im urbanen Ambiente Montevideos treffen sich alljährlich im April in der Karwoche die Gauchos zu ihren wichtigsten Rodeos. Inzwischen sind die Hauptakteure aber längst nicht mehr die einfachen Viehhirten vom Land, sondern Profireiter aus ganz Südamerika, die in der »Semana Criolla« ihre faszinierenden Künste im Sattel demonstrieren. Rings um die Shows hat sich über Jahrzehnte ein Markt entwickelt, auf dem man sich perfekt für einen Hollywood-Western ausstaffieren könnte. Und wo gefeiert wird, dürfen die großen Grills nicht fehlen, auf denen mächtige Steaks und anderes vom Rind brutzeln. Dazu ein Glas des einheimischen trockenen Weißweins und das vorösterliche Vergnügen ist gesichert.

Die Highlights

 Ciudad Vieja – Die Altstadt bietet die meisten Sehenswürdigkeiten: Museen, Kirchen und Cafés. Die Uferstraße Rambla lädt ein zur Mateteepause.

 Iglesia Matriz – Die »Mutterkirche« im Zentrum der Altstadt wurde 1804 geweiht. In der Kathedrale sind viele berühmte Uruguayer beigesetzt.

 Teatro Solis – Die wichtigste Bühne des Landes steht in der Altstadt und wurde von der Mailänder Scala inspiriert. Mehrsprachige Führungen.

 Estadio Centenario – Das Stadion gilt als Geburtsort der Fußball-Weltmeisterschaft, hier wurde 1930 Uruguay erster Welt-Champion. Daran erinnert ein Museum.

 Jardin Botanico – In der grünen Oase der Stadt gedeihen über 600 verschiedene Pflanzenarten. Der 1902 angelegte Park zählt jährlich 250 000 Besucher.

 Palacio Legislativo – Das 1925 eingeweihte Parlament wurde von italienischen Architekten entworfen. Der fotogene Bau steht unter Denkmalschutz.

 Plaza Independencia – Auf dem Platz in der Altstadt steht das 17 m hohe Denkmal des Nationalhelden José Artigas. Sein Grab liegt unter dem Sockel.

Die beste Reisezeit

Montevideo liegt nahe dem 35. Grad südlicher Breite und direkt am Meer. Dadurch hat es ein mediterranes, durchaus gemäßigtes Klima. In den sonnigen Hochsommermonaten **Dezember** bis **Februar** klettern die Temperaturen auf 26 bis 28 °C – ideal für den Karneval, der mit bunten Umzügen begeistert gefeiert wird. Im April ist es mit durchschnittlich 22 °C angenehm warm. Im Winter sinkt das Thermometer selten unter 7 °C. Regen fällt während des ganzen Jahres relativ gleichmäßig zwischen fünf und sieben Tage im Monat.

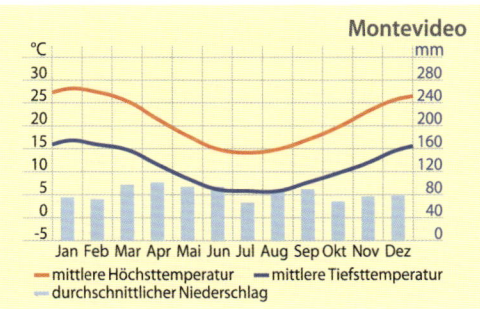

Besondere Tipps

Für Trödeljäger: Der sonntägliche Flohmarkt Feria de Tristán Narvaja lockt seit 1909 die Einheimischen und nun auch die Touristen an. Die Avenida Tristán Narvaja ist auch für ihre Buchhandlungen bekannt.

Für Badenixen: Zum Baden laden Strände am Rio de la Plata ein. Gut schwimmen kann man an der Playa Pocitos. Volleyballspieler finden hier schnell Anschluss.

Für Gaucho-Fans: Das Museo del Gaucho y de la Moneda informiert über Uruguays Cowboys und merkwürdigerweise über den Uruguay-Peso.

Info: www.turismo.gub.uy

← Das Artiga-Denkmal in der Halle des Postbüros
← Tollkühne Kunststücke während der Semana Criolla
← Blick auf das spektakuläre Palacio-Salvo-Gebäude
↑ Am 1. Februar finden bunte Paraden zum Auftakt des uruguayischen Karneval statt

Die Stadt mit dem Aloha-Spirit

Honolulu ist mit rund einer Million Einwohnern die einzige Großstadt im Hawaii-Archipel. Trotzdem klingt Honolulu und sein berühmtester Stadtteil Waikiki wie Musik in den Ohren. Auch weil Honolulu genauso locker wie der Aloha-Gruß ist, der gern mit einem Handzeichen verbunden wird: Daumen und kleiner Finger sind gespreizt, die mittleren Finger eingeknickt. So macht man dann mit dem Handgelenk drei, vier Drehbewegungen: ob bei einem Mai Tai auf der Terrasse des Pink Palace, dem Royal Hawaiian Hotel, bei einer Hula-Show oder beim Abhängen am Strand. In Honolulu vermengen sich ungezwungen etwas US-Festland-Atmosphäre mit viel Südseeflair. Es gibt T-Shirt und Aloha-Hemd, Pommes und Süßkartoffeln, Spaß und Tradition: Früh besucht man den einzigen Königs-palast auf US-amerikanischem Boden, nachmittags lernt man surfen …

Surfen macht ein großes Stück vom Leben in Honolulu aus. Im Radio wird der Surf zusammen mit dem Wetter angegeben, in Waikiki laufen die Beachboys mit ihren Brettern unterm Arm herum wie Geschäftsleute mit Aktentaschen anderswo. Und draußen reiten die Jungs die perfekte Welle.

Paoa Kahanamoku, den sie in Honolulu Duke nennen, gilt als der Vater des Sports. Schon Anfang des 20. Jahrhunderts surfte er mit einem 50 Kilogramm schweren Board aus Koa-Holz auf einer zehn Meter hohen Welle fast zwei Kilometer weit. Dafür wurde er mit einer Statue am Strand von Waikiki geehrt, die bis heute jeden Tag mit frischen Lei-Blütenkränzen geschmückt wird, genauso wie Kamehameha, der erste König von Hawaii, dessen Geburtstag an jedem 11. Juni gefeiert wird. Seine Statue am Königspalast ist dann übervoll mit Leis behängt.

Auch jeder Fremde am Flughafen von Honolulu bekommt ihn mit einem warmen »Aloha« um den Hals gelegt und jeder Hawaiianer schätzt ihn als individuelles Geschenk: Der Lei-Blütenkranz ist ein duftendes Zeichen der Gastfreundschaft zum einen und ein persönlich kreiertes Kunstwerk zum anderen. Wer einen Lei schenkt, gibt einen Teil von sich selbst, sagen die Hawaiianer. Seit 1927 hat der Lei seinen eigenen Feiertag, denn »May day is lei day in Hawaii«: Der Song von Ruth Hawk wird an jedem 1. Mai rauf und runter gespielt. Ausstellungen zeigen einmalige Lei-Kreationen, Mädchen tanzen mit ihren Blumen-Leis Hula, und die Jungs zupfen ihre Steel Guitar und tragen polierte Holzkugel-Leis.

Die Highlights

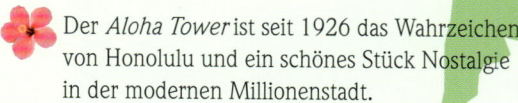 Der *Aloha Tower* ist seit 1926 das Wahrzeichen von Honolulu und ein schönes Stück Nostalgie in der modernen Millionenstadt.

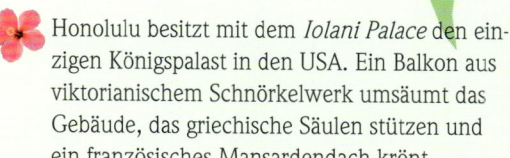 Honolulu besitzt mit dem *Iolani Palace* den einzigen Königspalast in den USA. Ein Balkon aus viktorianischem Schnörkelwerk umsäumt das Gebäude, das griechische Säulen stützen und ein französisches Mansardendach krönt.

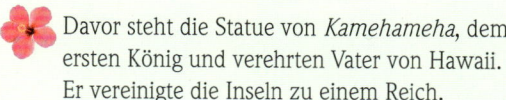 Davor steht die Statue von *Kamehameha*, dem ersten König und verehrten Vater von Hawaii. Er vereinigte die Inseln zu einem Reich.

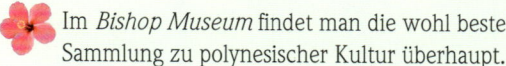 Im *Bishop Museum* findet man die wohl beste Sammlung zu polynesischer Kultur überhaupt.

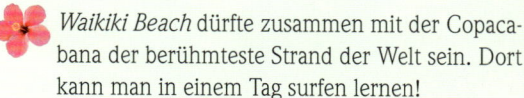 *Waikiki Beach* dürfte zusammen mit der Copacabana der berühmteste Strand der Welt sein. Dort kann man in einem Tag surfen lernen!

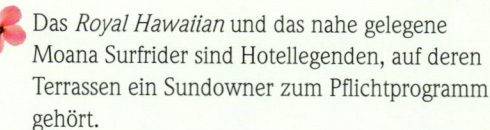 Das *Royal Hawaiian* und das nahe gelegene Moana Surfrider sind Hotellegenden, auf deren Terrassen ein Sundowner zum Pflichtprogramm gehört.

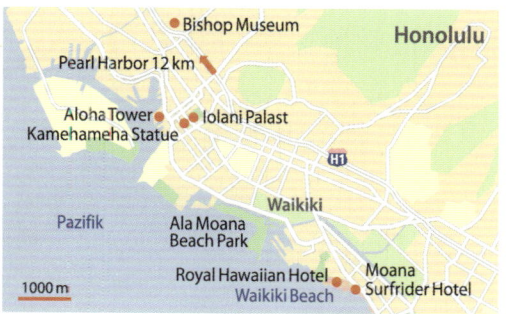 Der Angriff der Japaner auf *Pearl Harbor* provozierte den Eintritt der USA in den Zweiten Weltkrieg. Die zerstörte »Arizona« liegt bis heute als Mahnmal am Boden der Hafenbucht.

Die beste Reisezeit

Hauptsaison auf Hawaii ist – obwohl etwas feuchter als der Rest des Jahres – von Dezember bis April mit satten Zimmerpreisen, die dann rund ein Drittel höher sind als sonst. Deshalb sind **Mai** und **Juni**, aber auch **Oktober** und **November** nahezu ideal für einen Besuch. Für das Frühjahr spricht das Lei-Fest, für den Herbst der Ironman-Triathlon und dass man ab Oktober (bis März) Buckelwale sehen kann. Die Temperaturen liegen jahrein, jahraus zwischen 25 und 28 °C, im Pazifikwasser nur geringfügig niedriger.

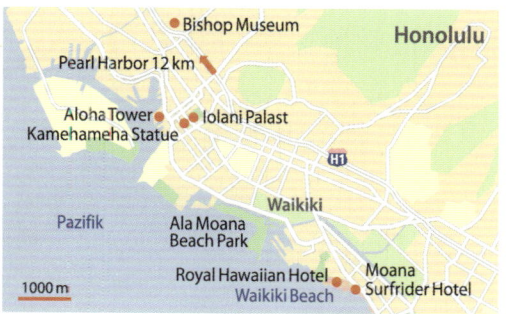

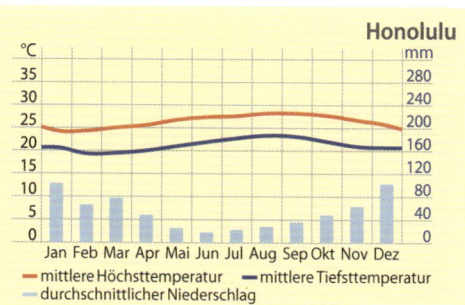

Besondere Tipps

Erleben: Ein Konzert der Royal Hawaiian Band, freitags um 12 Uhr im Park des Iolani Palace sogar kostenfrei.

Baden: Waikiki? Ja! Aber Lanikei, im Osten von Oahu bei Kailua und mit dem Taxi in 20 Minuten von Downtown erreichbar, dürfte der schönste Strand auf allen Hawaii-Inseln sein. Ein Pazifik-Palmen-Traum, der nur durch schmale Zugänge erreichbar ist.

Souvenir: Wichtigstes Mitbringsel aus Hawaii ist neben einem Aloha-Shirt eine Aloha-CD. »Aloha Oe« und »Blue Hawaii« sollten darauf nicht fehlen.

Info: www.gohawaii.com/de

← Waikiki Beach einer der berühmtesten Stränder der Welt

← Die Kamehameha-Statue vor dem Königspalast

← Polynesische Outrigger Boote am Waikiki Beach

↑ Hula-Tänzerinnen feiern den Lei Day am 1. Mai

Traumziel Kairo 14

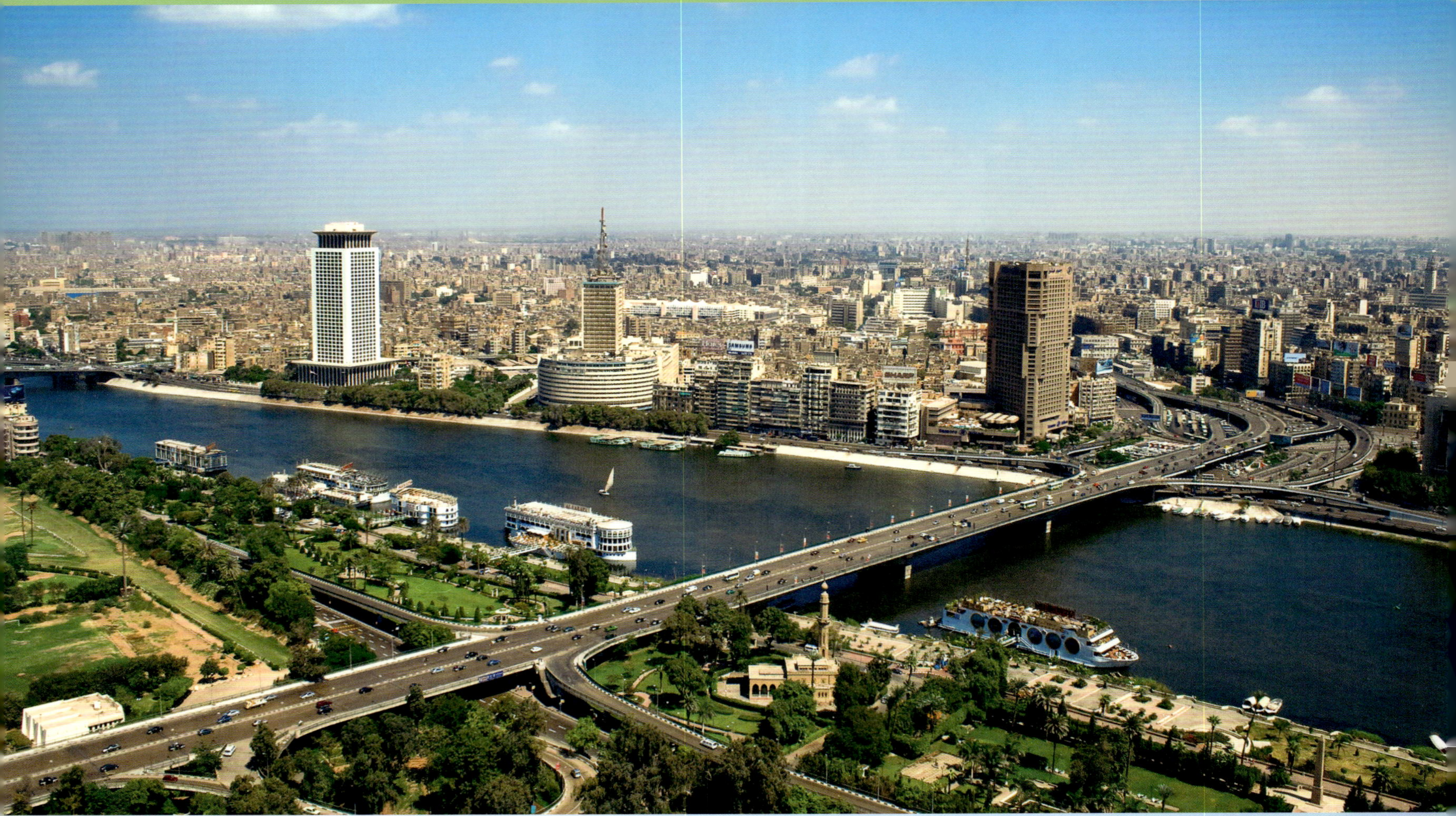

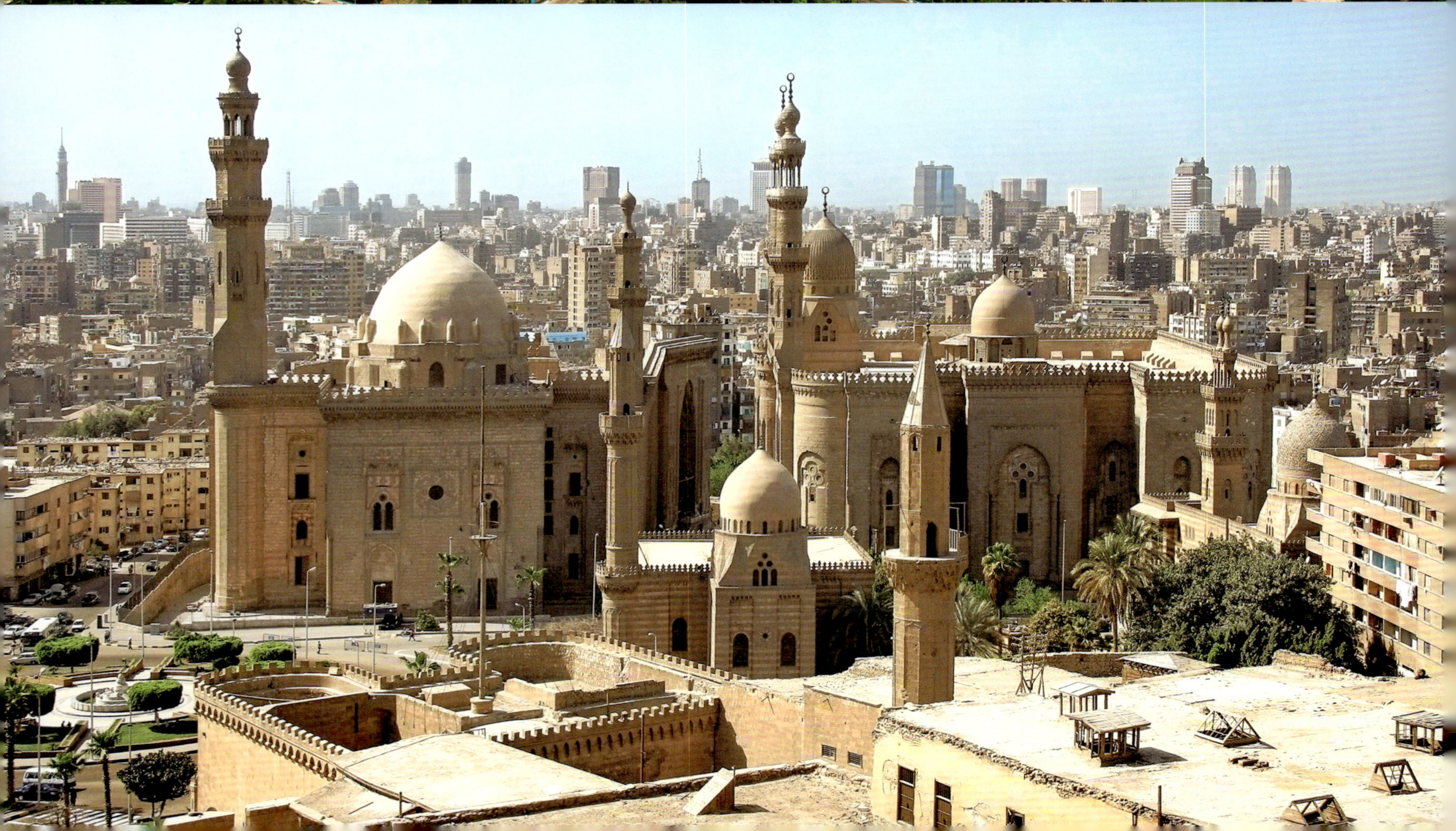

Arabiens Mega-City

Der erste Eindruck bei der Taxifahrt vom Flughafen ins Zentrum von Kairo erschreckt: Staub und Smog, Hektik und Lärm. Nein, diese Metropole Afrikas macht es dem Besucher weiß Gott nicht leicht. Dennoch übe man sich in Geduld und Nachsicht, denn Ausdauer lohnt sich: Die Stadt birgt Schätze aus allen Epochen von Ägyptens reicher Geschichte. Um Kairos Sensationen zu ergründen, heißt es eintauchen in das Straßenwirrwarr des Molochs. Doch die herrliche Ibn-Tulun-Moschee mit den Säulengängen im Innenhof und dem spiralförmigen Minarett ist das Abenteuer allemal wert. Gleiches gilt für das kleine, aber feine Gayer-Anderson-Haus aus dem 17. Jahrhundert gleich nebenan. Es trägt den Namen eines britischen Generals, der hier einst lebte. Einen Katzensprung entfernt thront auf einem Hügel die Zitadelle. Auch wer sich wenig für Festungsarchitektur interessiert, sollte den Aufstieg wagen: Von dort oben bietet sich ein sagenhafter Rundblick über das endlose Häusermeer, aus denen nur spitze Minarette gleich mahnender Finger ragen. Ein ganz besonderes Highlight ist das weltberühmte Ägyptische Museum, dessen Fülle an einzigartigen Exponaten (150 000 Objekte!) einen nahezu erschlägt. Ebenfalls »Pflicht« sollte das Koptische Viertel in Altkairo sein: Hier zeigt sich das andere, das christliche Gesicht der Stadt. Denn auch das Christentum gehört zu dieser Mega-City der arabischen Welt. Vergleichsweise fast schon beschaulich ist die Stimmung bei Gizehs Pyramiden-Trio. Auch wenn nur diese monumentalen Pharaonen-Mausoleen zu den wichtigsten Sehenswürdigkeiten der Welt zählen, sollte man nicht Djosers Stufenpyramide in Saqqara missen: Schließlich ist sie die Mutter aller Pyramiden, mit ihr wurde diese Architektur begründet.

Zum reichen kulturellen Leben Kairos gehört auch das »Mawlid al Hussein«. Das Fest wird – vom Mondkalender abhängig im Januar oder Februar – zu Ehren von Hussein Ben Ali Ben Abi Taleb, dem Sohn von Fatima, der Tochter des Propheten, gefeiert. Wie auch andere religiöse Festivitäten Ägyptens findet es, getragen von einer verzauberten Stimmung, vor allem auf öffentlichen Straßen und Plätzen statt. Bunte Lampen und Banner schmücken die heiligen Stätten, quietschsüße Backwaren aus Honig, Kichererbsen und Sesam werden feilgeboten, Hähne müssen um ihr Leben kämpfen, Männer messen sich im Weitwurf oder Gewichtheben, Folklorestars tragen Lieder vor, die die guten Taten der Walis preisen, der Fans des Heiligen. Besucher sind von dieser orientalischen Reizüberflutung schier überwältigt.

Die Highlights

 Gizeh – Die erhabenen Pyramiden von Gizeh sind die einzig erhalten gebliebenen Bauwerke der sieben Weltwunder der Antike.

 Saqqara – Die Stufen von Pharao Djosers Pyramide in Saqqara symbolisieren die Stufen der Himmelsleiter, über die der Herrscher zu den Göttern aufsteigt.

 Ibn-Tulun-Moschee – Die Moschee aus dem 9. Jahrhundert ist die flächengrößte der Stadt. Dem Glauben zufolge wollte an dieser Stelle Abraham seinen Sohn Isaak opfern.

 Gayer-Anderson-Haus – Das wundervoll erhaltene Wohnhaus aus dem 17. Jahrhundert heißt nach dem britischen General, der hier wohnte. Es beherbergt sehenswerte Möbel und Kuriosa.

 Zitadelle – Nahe den Mukkattam-Bergen erbaute Saladin, der große Bekämpfer der Kreuzritter, die ursprüngliche Zitadelle. Sie wurde 1824 im türkischen Rokokostil wieder errichtet.

 Ägyptisches Museum – Es zählt zu den wertvollsten Sammlungen der Antike. Und nicht nur die Schatzkammer mit Tut-Anch-Amuns Goldmaske ist von Bedeutung …

 Koptisches Viertel – Es zeigt Kairo von seiner christlichen Seite. Vor allem das Museum ist allein wegen der bemalten Räume einen Besuch wert.

Die beste Reisezeit

Kairo liegt in den Subtropen, das Klima ist trocken mit heißen Sommern. Im Winter klettert das Thermometer im Durchschnitt auf 20 °C, Regen gibt es höchstens von November bis März. Die Smogglocke über Kairo bewirkt, dass kühle Nächte selten sind und im Sommer für teilweise bleierne Hitze sorgt. Gute Reisezeiten sind neben dem Winter *Frühjahr* und *Herbst*, wenn die Temperaturen selten über 30 °C klettern. Im März und April kann jedoch der Wüstenwind Chamsin die Stadt mit feinem Sand überziehen.

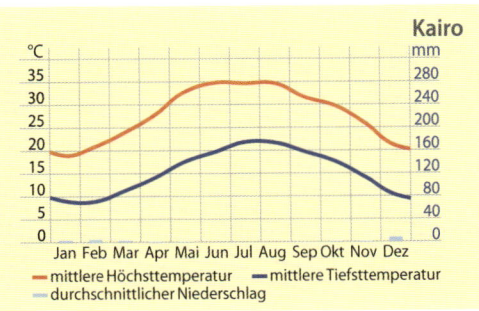

Besondere Tipps

Zum Lesen: Der Roman »Das Buch Saladin« von Tariq Ali erzählt auf spannende Weise von dem berühmten Kreuzritter-Bezwinger Salah el Din.

Zum Übernachten: Five o'Clock Tea und Clubsandwich schmecken besonders gut im berühmten Kolonialhotel »Manor House«. Am besten nimmt man dort Quartier – »good old Britain« lässt grüßen.

Zum Einkaufen: Für Souvenirs aller Art ist der Bazar Khan el Khalili ein absolutes Muss. Kein anderer Souk in Arabien ist größer als dieser Markt.

Info: www.metropole-kairo.de

← Aus der Tagesschau bekannt: Blick vom Fernsehturm auf Kairo und den Nil

← Blick von der Zitadelle, die 1176 gegen die Angriffe der Kreuzritter errichtet wurde

↑ Die Pyramiden von Gizeh

Aufschwung auf Mosambikanisch

Maputo? Krimifreunden ist Maputo vielleicht durch den schwedischen Schriftsteller und Theaterregisseur Henning Mankell bekannt, der einen Teil des Jahres in der Stadt lebt. Und manchen fällt sogar der Fußballer Eusébio ein. Er wurde 1942 in Maputo geboren, das damals noch Lourenço Marques hieß. Ansonsten dürfte Mosambiks Hauptstadt den meisten ziemlich unbekannt sein oder lediglich mit einem langen Bürgerkrieg assoziiert werden. Seit dessen Ende 1992 erlebt Maputo jedoch einen Aufschwung, von dem mittlerweile einige Hochhäuser und viele Bauprojekte zeugen. Die nunmehr stabile politische Lage weckt zudem begehrliche Blicke auf Mosambiks Bodenschätze – auch in Europa.

Touristisch stehen Mosambik und seine Hauptstadt noch am Anfang, doch reisen bereits viele Besucher aus Südafrika an. Sie kommen unter anderem, weil Nelson Mandela hier zeitweise mit seiner dritten Ehefrau, Graça Machel, lebt. Sie ist die Witwe des früheren mosambikanischen Präsidenten Samora Machel. Und auch als Ziel von Kreuzfahrern kann das zumindest tagsüber recht sichere Maputo bereits erfolgreich punkten. Fachleute prophezeien der Stadt eine gute touristische Zukunft, zum einen wegen der schönen Strände, zum anderen wegen der Wildtiere im Inland, deren Bestand sich seit Kriegsende langsam wieder erholt. In den Flüssen unweit der Stadt mangelt es nicht mehr an Flusspferden und Krokodilen, und ein Reservat für Elefanten sorgt bereits für Nachwuchs bei den grauen Riesen. In Maputo werden darüber hinaus immer mehr historische Gebäude aus der portugiesischen Kolonialzeit restauriert, während die tristen architektonischen Relikte der sozialistischen Epoche allmählich verschwinden.

In Afrika ist Mosambiks Metropole hingegen weit bekannt, ganz besonders in Musikerkreisen. Alljährlich reisen im April aus dem ganzen südlichen Afrika Interpreten und Komponisten zu den »Crossroads« an, um auf diesem viertägigen Festival für regionale Musik ein breites musikalisches Spektrum aufzufächern. Längst kommen nicht mehr nur Experten, die hier neuen afrikanischen Trends nachspüren. Das Fest hat sich mittlerweile auch zu einer veritablen Touristenattraktion entwickelt. Dies verlieh Maputo den Mut, mit »Avance« im August und September ein zweites Musikfestival zu starten. Kenner überrascht die Entwicklung nicht, hat sich die Stadt doch seit dem Ende des Bürgerkriegs zu einem Hotspot der Clubszene entwickelt, der selbst Jugendliche aus den Nachbarländern anzieht.

Die Highlights

 Bahnhof – Er wurde 1910 von Gustave Eiffel erbaut und ist ein schmucker, heute verkehrsarmer Transportpalast mit Kuppel und Marmorsäulen.

 Casa de Ferro – Gustave Eiffels Stahlgebäude von 1892 wurde in der subtropischen Hitze nie bewohnt und ist heute ein Museum (mit Klimaanlage).

 Portugiesische Festung Nossa Senhora da Conceiçao – Die rechteckige Festung von 1787 im Zentrum ist eine Hauptsehenswürdigkeit.

 Catedral de Maputo – Die Kathedrale der Jungfrau der unbefleckten Empfängnis wurde 1944 geweiht. Das auffällige kreuzförmige Bauwerk hat eine hoch aufragende Fassade mit integriertem Turm.

 Museu de História Natural – Das Museum für Naturgeschichte residiert in einer sanierten Villa aus der Kolonialzeit.

 Tunduru Gardens – Der nicht allzu große, angenehme Botanische Garten mit subtropischer Flora wurde 1885 von einem englischen Gärtner angelegt.

 Mercado Central – Der pulsierende Markt ist eine Attraktion für Touristen und Taschendiebe. Fotogen sind die bunten Fische des Indischen Ozeans.

Die beste Reisezeit

In Maputo herrscht Savannenklima mit relativ trockener Hitze. Die Regenzeit von November bis März ist von vielen, oft kurzen Niederschlägen geprägt. In dieser Zeit liegen die Temperaturen meist bei 30 °C, können aber gelegentlich auf über 40 °C klettern. Der wärmste Monat ist der Januar, die kühlsten Temperaturen herrschen im Juli mit durchschnittlich 13 °C. Maputo ist ein Ganzjahresziel, für Inlandsreisen empfehlen sich die trockeneren Monate zwischen **April** und **Oktober**, wenn auch die Musikfestivals stattfinden.

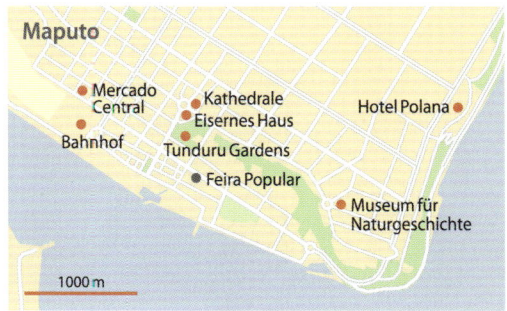

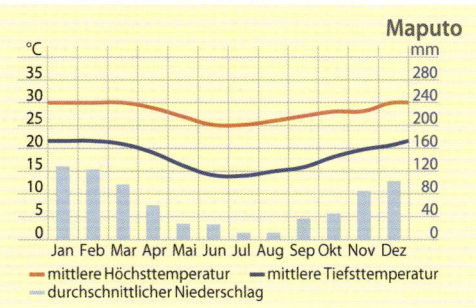

Besondere Tipps

Zum Baden: Die schönsten Strände liegen außerhalb: An der Praia da Macaneta sind Fischer aktiv – gut für die Strandrestaurants. Ponta Ouro bietet Korallenfische, zur Insel Inhaca führt eine 20-minütige Bootsfahrt.

Zum Clubbing: Zu den populärsten Clubs zählen Coco-Nuts Live und Feira Popular, ein Klassiker ist die Afrika Bar. Jazzfreunde steuern die Jazz Lounge im Bahnhof an.

Zum Elefanten-Gucken: Das Maputo Elephant Reserve mit rund 200 Elefanten liegt 80 km außerhalb der Stadt und ist nur mit dem Geländewagen erreichbar.

Info: www.visitmozambique.net

← Die Kathedrale von Maputo
← Blick auf die Eingangspforte zum Mercado Central
← Eine Bananenverkäuferin auf dem Weg zum Markt
↑ Handgenähte Puppen werden in Maputo verkauft

Das schönste Ende der Welt

Was für ein Anblick, schon bei der Landung in Kapstadt: Der Tafelberg, der majestätisch an einer weitgeschwungenen Bucht aufragt. Wenn da nur nicht das weiße Wolken-»Tischtuch« wäre, das den Gipfel milchig einhüllt! Am Boden angekommen, versteht sich ein Besuch der Altstadt von selbst. Wunderschöne Kolonialhäuser zieren die Straßen vor dem Hintergrund des 1087 Meter hohen Tafelberges, der schon auf neue Gäste wartet. Die Seilbahn von 1929 führt hinauf zum Plateau, von dem man vielleicht die schönste Aussicht der Welt genießen kann – falls nicht wieder Wolken aufziehen. Auf der anderen Seite des Tafelberges liegt Constantia, ein Stadtteil mit prächtigen Gutshäusern im kapholländischen Stil. Gleich um die Ecke wartet Kirstenbosch mit dem Botanischen Garten, der zu den schönsten der Welt zählt. Nicht fehlen darf ein Ausflug zur Kapspitze. Vor allem im (Süd-)Frühling

blüht und grünt es hier, wohin das Auge reicht. Als Weg dorthin bietet sich der halsbrecherische Chapman's Peak Drive an, eine der spektakulärsten Küstenstrecken der Welt. Vergessen Sie dabei nicht, in Boulders Beach zu stoppen: Dort erlebt man Brillenpinguine hautnah am Strand. Wer noch ein bisschen weiter nach Hermanus fährt, kann Ende September am dortigen Whale Festival teilnehmen – Wale Watching inclusive! Mit Straßenmärkten und Theateraufführungen wird dort die Rückkehr der Südlichen Glattwale in die Walker Bay gefeiert.

Bereits aus der Vogelperspektive lässt sich auch Kapstadts Waterfront ausmachen. Das alte Hafenviertel ist ein Mekka für Wining & Dining. Dort kann man alljährlich im Mai zur V&A Waterfront Wine Affair auf dem Dach des Breakwater-Parkhauses bei großartigem Panoramablick fünf Tage lang all die edlen Tropfen verkosten, die die erfolgreichen Winzer der Kapprovinz hervorbringen. Dazu servieren die Weinkellereien und Gutshöfe die passenden Leckerbissen, von Sushi bis Boerewors mit Stywe Pap. Klingt verboten? Wie dem auch sei: Jeder Feinschmecker, da kann er sicher sein, findet hier die perfekte Ergänzung zu seinem Wein.

Ratsam ist, den kulinarischen Ausflug mit einem Besuch des nahen Two Oceans Aquarium zu verbinden. An kaum einen anderen Ort auf der Welt kommt man mit den Meeresbewohnern so auf Tuchfühlung. Sollte man nun noch einen Spaziergang nach Downtown anschließen, führt kein Weg an Bo-Kaap vorbei. In diesem alten Stadtviertel stehen die hübschen Häuser und Häuschen so kunterbunt aneinandergereiht, als hätten sie Kinder entworfen.

Die Highlights

 Two Oceans Aquarium – Mit 3000 Meeresbewohnern auf 4000 qm Fläche ist das Aquarium ein Besuchermagnet.

 Bo-Kaap – Der unglaublich malerische Stadtteil mit den knallbunten Häusern erstreckt sich hoch über der City.

 Longstreet – Sie ist sicher die schönste Straße im historischen Zentrum der Downtown. Hier reihen sich die reich geschmückten kolonialen Häuser aneinander.

 Tafelberg – Auf das Plateau schwebt eine Seilbahn. Oben lässt sich die endemische Pflanzenwelt studieren oder der fantastische Ausblick über Stadt und Bucht genießen.

 Robben Island – Auf der kleinen Gefängnisinsel wurde Nelson Mandela 27 Jahre gefangen gehalten. Heute ist sie eine nationale Gedenkstätte mit Museum und gehört zum UNESCO-Welterbe.

 Kirstenbosch National Botanical Gardens – Der Botanische Garten am Fuße des Tafelberges gilt als einer der besten und schönsten der Welt.

 Cape of Good Hope Nature Reserve – Ein Ausflug zur Kapspitze gehört zu den eindrucksvollsten Erlebnissen: Blütenteppiche im Frühling, Pinguine, Wale …

Die beste Reisezeit

Kapstadt hat ein mediterranes Klima mit Mindesttemperaturen bis zu 5 °C im Juni und August. Im Dezember bis März ist es mit 30 °C am heißesten. Der Südherbst, *März* bis *Mai*, gilt in der Kapprovinz als die schönste Jahreszeit. Dann ist es windstill und die Temperaturen liegen im angenehmen Mittelbereich. Wer jedoch vor allem die unvergleichliche Frühlingsblüte am Kap miterleben will, sollte sich *September* bis *November* als Reisezeit vormerken.

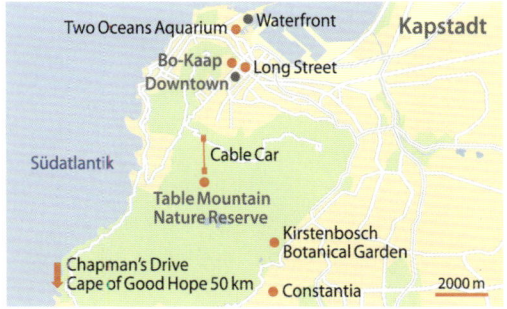

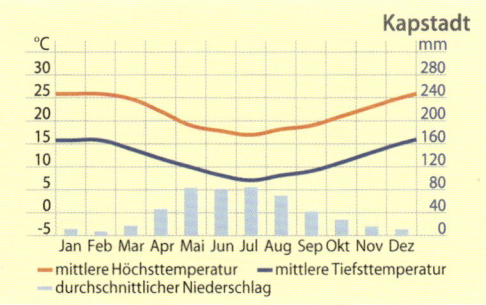

Besondere Tipps

Zum Lesen: Nelson Mandelas fesselnde Autobiografie »Der lange Weg zur Freiheit« und »John Platter's South African Wine« von John und Erica Platter.

Zum Schlemmen: Braai, der Afrikaans liebster Genuss, mit Boerewors (würzigen Bratwürsten) und Sosaties (Lammfleischspießchen), die mit dem Maisbrei Stywe Pap serviert werden.

Zum Trinken: Constantia lockt mit reizenden kapholländischen Herrenhäusern, in denen auch Weinproben veranstaltet werden.

Info: www.tourismcapetown.com

← Blick auf die Victoria und Albert Waterfront mit dem Tafelberg im Hintergrund
← Auf das Plateau des Tafelbergs führt die Seilbahn
← Farbenfrohe Fassaden im Bo-Kaap-Quartier
↑ Am Boulders Beach lebt eine Kolonie Pinguine

Heilige Stadt für drei Religionen

Was für eine Stadt! Erste Spuren einer menschlichen Siedlung sind etwa 5000 Jahre alt. Und seit die Geschichte dieser Stadt halbwegs dokumentiert ist, wurde um sie gestritten und gekämpft. Bis in unsere Zeit. Ein fleißiger Historiker hat errechnet, dass Jerusalem im Laufe der Jahrhunderte ihrer Geschichte 36 Mal erobert, zerstört und wieder aufgebaut wurde.

Für alle drei großen monotheistischen Religionen ist die Altstadt von Jerusalem, nicht größer als ein Quadratkilometer, eine heilige Stadt. Für die Juden, weil hier nach dem Auszug aus Ägypten und der Eroberung des Landes durch die Israeliten das Haus Gottes stand, der salomonische und später auch der zweite, von Herodes erbaute Tempel. Für die Christen fand hier das eigentliche Osterfest statt. Hier wirkte Jesus Christus nicht nur, hier wurde er gerichtet und gekreuzigt und nach der Überlieferung des Neuen Testaments ist er hier auch wieder auferstanden. Und für die Muslime ist

die Al-Aksa-Moschee nach Mekka und Medina der drittheiligste Ort, weil der Prophet von hier aus gen Himmel geritten sein soll.

Die gesamte Jerusalemer Altstadt, umgeben von einer begehbaren, etwa 500 Jahre alten Mauer, wurde 1981 von der UNESCO zum Weltkulturerbe erklärt. Das moderne Jerusalem hat sich in den letzten 120 Jahren außerhalb der alten Stadtmauern in westlicher Richtung entwickelt. Die einzelnen Stadtviertel liegen auf diversen Hügeln, die durch tiefe Täler und Schluchten verbunden sind. Daher wirkt die Stadt auf Besucher gelegentlich unübersichtlich. Es ist auch diese besondere geografische Lage, die den besonderen Charme dieses ungewöhnlichen Ortes begründet.

Solange sich Israelis und Palästinenser über ein friedliches Nebeneinander nicht einigen, bleibt der Status Jerusalems als Hauptstadt Israels auch 60 Jahre nach der Staatsgründung umstritten. Denn auch die Palästinenser reklamieren Jerusalem (den Ostteil) als Hauptstadt ihres künftigen Staates.

Schon immer war Jerusalem ein Lebenszentrum orthodoxer Juden. Gegen Ende des 19. Jahrhunderts wurde außerhalb der Altstadt deren Wohnsiedlung Mea Shearim gegründet. Und noch heute wird dieses Viertel von Menschen bewohnt, deren Frömmigkeit bis hin zur Ablehnung des zionistischen Staates Israel reicht. Denn ein jüdischer Staat darf erst entstehen, wenn der Messias in der heiligen Stadt erscheint. Das kann dauern. Einstweilen werden das Alte Testament und der Talmud studiert und nach den Regeln der osteuropäischen Orthodoxie gelebt – ein mittelalterliches Schtetl –, umgeben von der brodelnden Moderne.

Die Highlights

 Der *Tempelberg* mit dem Felsendom, der Al-Aksa-Moschee, wo früher der salomonische Tempel stand, und die *Klagemauer,* ziehen täglich zahlreiche Besucher an.

 Auf der *Via Dolorosa,* dem Leidensweg Jesu, der in der *Grabeskirche* endet, findet jeden Freitag eine Prozession statt, am Karfreitag ist sie besonders prunkvoll.

 Auf dem *Ölberg* östlich der Altstadt befinden sich neben einigen Kirchen auch der *Garten von Gethsemane* und ein jahrhundertealter jüdischer Friedhof.

 Auf dem *Herzlberg* im Westen der Stadt liegt Israels nationaler Ehrenfriedhof mit Theodor Herzls Grab. Neben dem Begründer des politischen Zionismus liegen hier weitere wichtige politische Führer und Zionisten begraben.

 Yad Vashem ist Gedenkstätte, Ausstellung und Dokumentations- und Forschungszentrum zum Thema Holocaust.

 Die *Chagall-Fenster* in der Synagoge des Hadassah-Krankenhauses im Vorort Ein Kerem repräsentieren die zwölf Stämme der Israeliten. Ein Muss für jeden Kunstliebhaber!

 Givat Ram – Im Zentrum des Regierungsviertels im Westen der Stadt stehen das Parlamentsgebäude (die *Knesseth*) und das *Israel Museum,* die Nationalbibliothek und die Universität.

Die beste Reisezeit

Jerusalem ist immer eine Reise wert – nicht nur für Pilger. Am schönsten ist es im Frühjahr (**März** bis **Mai**), wenn Wiesen und Berge in frischem Grün strahlen, und im milden Herbst (**September** und **Oktober**). Im Winter kann es gelegentlich kurz Schnee geben, der Sommer dagegen kann heiß und schwül werden mit durchschnittlich 6 bis 12 Sonnenstunden täglich. Die Nächte empfindet man aber auch im Sommer als frisch, denn bei Tagestemperaturen über 30 °C wirken 16 °C am Abend empfindlich kalt.

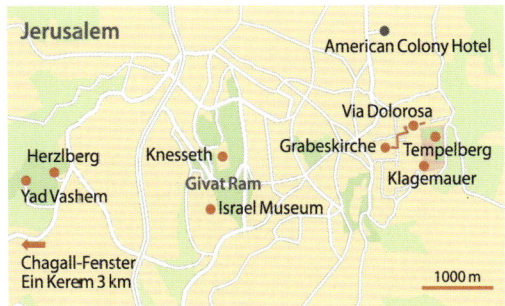

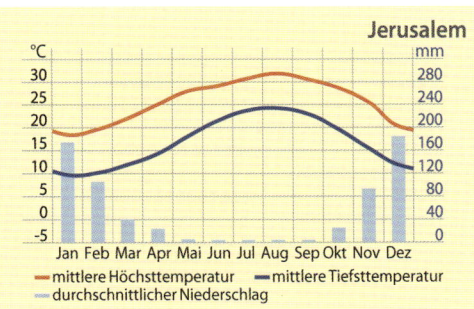

Besondere Tipps

Zum Übernachten: Eines der schönsten und besten Hotels im ganzen Nahen Osten ist das American Colony Hotel in Ost-Jerusalem, Nähe Damaskustor.

Zum Essen: Etwa 10 km westlich von Jerusalem, an der Nationalstr. 1, liegt das arabische Dorf Abu-Gush. Humus, jene beliebte Paste aus gemahlenen Kichererbsen, wird im Restaurant Abu Gosh in Vollendung angeboten.

Zum Lesen: »Jerusalem«, herausgegeben von Annette Großbongardt und Dietmar Pieper, berichtet über Mythen und Legenden, die sich um Jerusalem ranken.
Info: www.goisrael.com

← Blick vom Ölberg über den Tempelberg auf das moderne Jerusalem
← Orthodoxer Jude an der Klagemauer
← Orthodoxe Christen in der Grabeskirche Jerusalem
↑ Detail aus dem Felsendom auf dem Tempelberg

Japanische Lebensfreude unter Kirschblüten

Unter der perfekt organisierten Oberfläche der modernen Metropole schläft sie noch, die raue Seele des alten »Edo«, wie Tokio vor seiner Ernennung zur Hauptstadt im 19. Jahrhundert hieß. Am dritten Wochenende im Mai erwacht sie zu einem wilden, fröhlichen Fest, das das Klischee vom regelbesessenen Japan Lügen straft. Matsuri heißen diese religiösen Festivitäten, bei denen den Gottheiten, die nach den Mythen des Shinto jeden Ort besuchen, gehuldigt wird. Dabei schleppen ganze Trupps von Männern und Frauen in traditionellen Kostümen begeistert schwere, reich verzierte und vergoldete Schreine durch die Straßen, begleitet vom dramatischen Rhythmus von Flöten, Trommeln und anderen Schlagwerkzeugen. Ihre offenkundige Freude an ihrem historischen Aufzug drückt blanke Lebensfreude aus, aber wohl auch ein wenig Protest gegen das alltägliche Einerlei.

Mit über 36 Millionen Einwohnern bildet Tokio mitsamt seinem riesigen Einzugsgebiet die größte Metropolregion der Welt. Einzigartig ist es, wie das weit verzweigte Schienennetz täglich die Massen an Pendlern bewältigt. Fahrtzeiten von je bis zu zwei Stunden vom Wohnort zum Arbeitsplatz und wieder zurück sind dabei keine Seltenheit, wobei man vor der Heimfahrt gern noch etwas unternimmt. Die einen zieht es zu After-Work-Partys in gemütliche Kneipen oder Cafés, die anderen zum Shoppen in die neonbunten Glitzermeilen wie die Omotesando Hills im Viertel Shibuya.

Keine hundert Jahre alt, hat Tokio wenig historische Sehenswürdigkeiten zu bieten. Vollendeter Ausdruck einer langen Tradition sind jedoch die von Kupferdächern gekrönten Holzbauten des Meiji-Schreins. Am Kannon-Tempel von Asakusa, offiziell Senso-ji genannt, findet das erwähnte Sanja-Matsuri statt, hier schlägt das Herz des alten Edo. Noch immer ist das Areal des Kaiserpalasts das geografische Zentrum der Stadt; ringsum sind an den großen Umsteigebahnhöfen wie Iidabashi oder Shinagawa moderne Subzentren mit teils sehr interessanter Hochhausarchitektur entstanden.

Fast immer ist irgendwo in Tokio ein Fest. Im Sommer spiegelt sich ein buntes Feuerwerk im Sumida-Fluss. Besonders stimmungsvoll sind die Darbietungen rund um den Geburtstag des Meiji-Tenno (5. November) an dem ihm gewidmeten Schrein. Hier kann man den fremdartig anmutenden Tönen der archaischen Hofmusik Bugaku lauschen, No-Dramen erleben und Bogenschützen dabei zusehen, wie sie auf galoppierenden Pferden ins Schwarze zielen.

Die Highlights

🍱 Der *Meiji-Schrein*, inmitten eines dicht bewaldeten Parks gelegen, ist ein vollendeter Ausdruck der archaisch-eleganten Shinto-Architektur.

🍱 Von den Aussichtsplattformen im 43. Stock des *Tocho* schweift der Blick weit über das schier unendliche Häusermeer. An klaren Tagen ist in der Ferne der Fuji zu sehen.

🍱 Unter dem Namen *Shibuya Crossing* ist die Kreuzung am Bahnhof Shibuya zu einem Symbol für das Menschengewimmel Tokios geworden.

🍱 Die *Ginza* hat als traditionelle Einkaufsmeile nichts von ihrem Glanz verloren. Ein Bummel empfiehlt sich vor allem abends, wenn die Fassaden im bunten Neonlicht schillern.

🍱 Das *Nationalmuseum* im Ueno-Park, einem beliebten Treffpunkt für Kirschblütenpartys, ist ein Schatzhaus der alten japanischen Kultur.

🍱 Der *Senso-ji*, auch Asakusa Kannon genannt, ist Tokios volkstümlichstes Heiligtum. Bei einem Bummel in den Gassen ringsum findet man hübsche traditionelle Souvenirs.

🍱 Auf *Odaiba*, einer künstlichen Insel in der Bucht von Tokio, spaziert man durch ein futuristisches Einkaufs- und Ausgehviertel.

Die beste Reisezeit

Im ersten Jahresviertel ist es zwar durchweg trocken, aber ziemlich kühl, und im Sommer, dem die unangenehm diesige Regenzeit im Juni vorangeht, wird es rasch schwül und heiß. Die beste Reisezeit sind deshalb **April/Mai** und **Oktober/November**, aber selbst der Dezember ist meist noch angenehm mild. Auch für Ausflüge in die Umgebung, etwa zu den Schreinen von Nikko, zum Fuji oder auf die vulkanisch geprägte Izu-Halbinsel, sind diese Monate ideal. Die Kirschblüte fällt ebenfalls in diese Zeit: Anfang April.

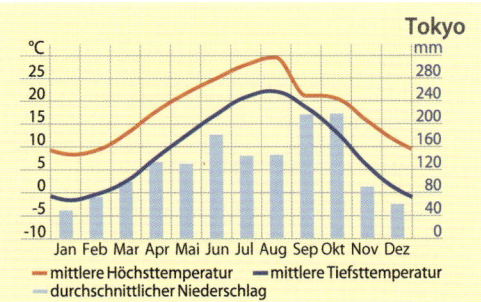

Besondere Tipps

Zum Schauen: Die atmosphärisch dichten Großstadtszenen von »Lost in Translation« sind eine ideale Vorbereitung auf die Reise. Regisseurin Sofia Coppola hat jahrelang in Tokio gelebt.

Zum Übernachten: Das »Park Hyatt« samt seiner Bar spielt nicht nur eine wichtige Nebenrolle in obigem Film, es ist auch eines der angenehmsten Luxushotels der Stadt.

Zum Essen: Exzellente Qualität bei ausgesprochen akzeptablen Preisen bietet die Kette »Sushi Zanmai«, unter anderem ganz in der Nähe des Fischmarkts Tsukiji.

Info: www.peregrinationes.de/tokyo

← Der Tokyo Tower wird bei Nacht angestrahlt
← Eine Geisha während der Kirschblüte
← Tokio, die Stadt der Leuchtreklame
↑ Zum Geburtstag des Kaisers Meiji am 3. November

Keine Stadt der Morgenstille

Die Koreaner beweisen mit und in dieser Stadt, dass sie zu Recht als die Italiener Asiens gelten. Eigenwillig, temperamentvoll, leicht aufbrausend und voller Lebensfreude. Wie die Italiener trinken sie ihren Kaffee am liebsten in einem der unzähligen Cafés der Stadt, genießen Wein und Bier im Studentenviertel Hongdae in einer der allgegenwärtigen »Hof«, den koreanischen Kneipen. Man weiß, das Leben in der schnellen, modernen und aufregenden Mega-City zu genießen.

Jenseits aller großstädtischen Feierlaune und Hektik aber findet man noch das persönliche, eher stille Seoul. Verschlungene Gassen des Bukchon-Viertels mit seinen traditionellen Hofhäusern führen vom großartigen Gyeongbok-Palast, dessen konfuzianische Strenge durch seine Weitläufigkeit gemildert wird, zu den beiden großen Königspalästen Changdeokgung und Changgyeonggung. Eine Brücke verbindet diese malerischen Komplexe mit der herrlichen Parkanlage des königlichen Ahnenschreins, einer Stätte der Seelen von 34 Königen der Joseon-Dynastie. Einzigartig ist der Spaziergang vom Schrein nach Süden und dann entlang der Cheonggye-cheon-Flusspromenade nach Westen zum vierten und fünften Königspalast, Deoksugung und Gyeonghuigung, beides Stätten großer Museen wie dem Nationalmuseum für Zeitgenössische Kunst, Seoul Museum of Art oder dem Seoul Historical Museum.

In Südkoreas Hauptstadt scheinen die Lichter nie auszugehen, besonders nicht im schönsten Reisemonat Mai, wenn man am 8. Tag des 4. Mondmonats Geburtstag feiert. Nicht irgendeinen, sondern Seokgatansinil, Buddhas Geburtstag. Ihm zu Ehren findet am Wochenende vor diesem Ereignis das drei Tage während Lotoslaternen-Festival (Yeong Deung Hoe) statt. Wochen vorher schon werden die buddhistischen Tempel mit Hunderten von farbenfrohen Lotoslaternen geschmückt und verwandeln ihre Höfe in bunt flatternde Farborgien. Höhepunkt des Festes ist der Laternenumzug, an dem jeder mit seiner eigenen Laterne teilnehmen darf. Über 100 000 Lotoslaternen, aber auch bunte Drachenlaternen, riesige, papierene buddhistische Skulpturen und alles, was sich sonst noch zu Leuchtobjekten, Symbole des Lichterstroms, der seit tausend Jahren fließt, die Welt erhellt und den Geist aller zum erleuchten bringt, trägt man in einer langen Prozession vom ehemaligen östlichen Stadttor Dongdaemun zum größten Tempel Seouls, dem Jogyesa.

Hat man Glück, fällt der Geburtstag mit dem ebenfalls im Mai stattfindenden HI Seoul Festival zusammen, ein zehntägiges Kulturfest, das nicht nur in den Theatern der Stadt, sondern auch auf dem Seoul Plaza mit zahllosen Events begangen wird.

Die Highlights

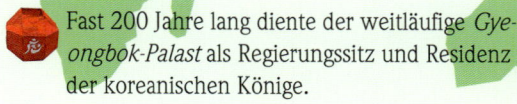

Fast 200 Jahre lang diente der weitläufige *Gyeongbok-Palast* als Regierungssitz und Residenz der koreanischen Könige.

Der *Changdeok-Palast* ist der am besten im Originalzustand erhaltene königliche Palast in Seoul und besticht durch seine noble Eleganz.

Der *Schrein Jongmyo* hält den Konfuzianismus der alten Schule bis heute lebendig – er dient der Aufbewahrung der königlichen Ahnentafeln.

Das *Hanok-Dorf Bukchon* mit seinen Hunderten traditionellen Hofhäusern erlaubt einen Blick in die vormoderne Welt Seouls.

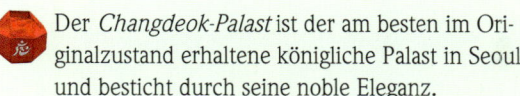

Insa-dong ist ein traditionelles Viertel zum gemütlichen Bummeln, Shoppen und Schauen – voller kleiner Geschäfte, Restaurants und Flair.

Auf dem quirligen *Janganpyeong Antique Market* bieten Hunderte von Händlern Antiquitäten, Kunsthandwerk und Curio-Artikel feil.

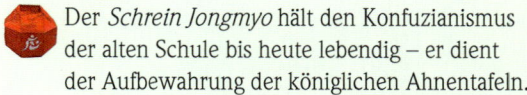

Die *Flusspromenade Cheonggye-cheon* ist Flaniermeile, Begegnungsstätte und Bühne – eine einzigartige grüne Oase im Trubel der Großstadt.

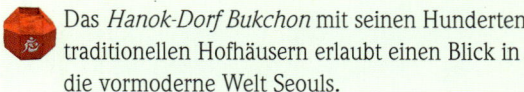

Die beste Reisezeit

Im milden Frühling, von **April** bis Mitte **Juni**, zeigt sich Seoul von seiner besten Seite, auch wenn manchmal feiner Staub aus der fernen Wüste Gobi die Sicht trübt. Empfehlenswert ist auch der sonnige Herbst, der die Landschaft im Oktober in ein Farbenmeer verwandelt. Während des südkoreanischen Winters von November bis März ist es bei sibirischen Winden dagegen bitterkalt und trocken. Unangenehm sind auch die beiden Sommermonate Juli und August, die Südkorea in ein schwül-heißes Dampfbad verwandeln.

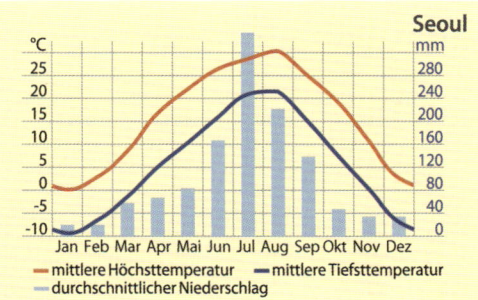

Besondere Tipps

Für den Kopf: »Schlaflos in Seoul: Korea für ein Jahr« von Vera Hohleiter erspart einem nicht den Kulturschock, aber macht viel Lust auf eine Stadt, die niemals schläft.

Für den Mund: Bibimbap, Reis gemischt mit Gemüse und Fleisch, schmeckt besonders gut im Korea House (www.koreahouse.or.kr) bei Musik- und Tanzvorführungen.

Fürs Auge: »Joint Security Area« ist ein berührendes Drama um Soldaten an der nordkoreanischen Grenze, die statt Freunde sein zu dürfen, Feinde sein müssen. *Info:* english.seoul.go.kr

← Der Konfuzianismus spielt in Seoul eine große Rolle
← Ruhe findet man im Biwon-Garten-mit seinen Pavillions
← Blick über den Fluss auf Seoul
↑ Zum Geburtstag Buddhas findet eine Parade statt

Beim Herrn der Ringe

Wellington, die Hauptstadt des Inselstaats, ist wohl auf den Routen der meisten Neuseeland-Reisenden verzeichnet, und das zu Recht: Das einst etwas verschnarchte Beamtenrevier hat sich in den letzten Jahrzehnten zu einer munteren Kapitale mit aktiver Musik- und Clublandschaft, zahlreichen Weinbars und ebenso vielen Cafés gemausert. Die Stadt an der Nahtstelle zwischen Neuseelands Nord- und Südinsel, in einer geschützten Bucht gelegen, bietet heute den geschäftigsten Fährhafen des Landes, und ihr früher fast nur dem Regionalverkehr dienende Flughafen ist zu einem Drehkreuz für Flüge ins rund dreieinhalb Flugstunden entfernte Australien ausgebaut worden.

»Welly«, wie die »Kiwis« ihr politisches Zentrum nennen, verdankt seine Entwicklung unter anderem der Filmindustrie, die vor allem mit dem Erfolg der »Herr-der-Ringe«-Trilogie ein echtes »Wellywood« entstehen ließ. Aber auch sein entspanntes Ambiente sicherte der Stadt mit ihren viktorianischen Häusern einen vorderen Rang in puncto Lebensqualität. Das reiche Kulturangebot, das zu Ausflügen verlockende Umland und das urbane Zentrum, überwiegend auf Land entstanden, das der Bay abgerungen wurde, tragen ihr Übriges zu diesem Eindruck bei.

Der markante »Beehive« im Regierungsviertel, Sitz des Prime Minister, wurde schnell zu einem Wahrzeichen der Stadt. Hier beginnen zu jeder vollen Stunde kostenlose Führungen durch die Regierungsgebäude. Übrigens: Nur ein paar Schritte entfernt steht mit den Old Government Buildings das größte Holzgebäude der südlichen Hemisphäre. Das fällt jedoch kaum auf, weil die Bemalung einen Steinbau vortäuscht.

In so kleinen Nationen wie Neuseeland bieten internationale Kunstfestivals nicht nur dem einheimischen Publikum einen Blick in die – in diesem Fall recht ferne – Welt der Metropolen-Kunst. Sie sind auch zugleich für den Rest der Welt ein Schaufenster der eigenen Szene. Das New Zealand International Arts Festival mit einem Programm von Oper, Drama und Ballett bis zu Literatur und Zirkus erfüllt diese Aufgaben sehr gut, und ein Fringe Festival mit innovativen jungen Künstlern ergänzt dieses Zerstreuungsangebot. Zugegeben, man wird nicht allein wegen der drei Wochen ans »schönste Ende der Welt« (Warum nur hat das Land diesen prächtigen Werbeslogan aufgegeben?) fliegen. Wer aber ohnehin im – für Rundreisen idealen – Spätsommer die Kiwi-Inseln besuchen will, sollte dem Festival zumindest eine Stippvisite widmen.

Die beste Reisezeit

Im *Januar* und *Februar* ist es in Wellington mit Höchsttemperaturen um 21 °C am wärmsten. Allerdings wirkt sich die Lage mitten im Pazifik abschwächend auf alle Wetterextreme aus. Das gilt auch für die kältesten Wintermonate Juli und August, in denen die Temperaturen zwischen 6 und 12 °C schwanken. Das lokale Wetter hat jedoch noch eine Eigenart, die dem »Kamineffekt« der häufig stürmischen Cook Strait zwischen Nord- und Südinsel geschuldet ist: Der Spitzname »Windy City« kommt nicht von ungefähr …

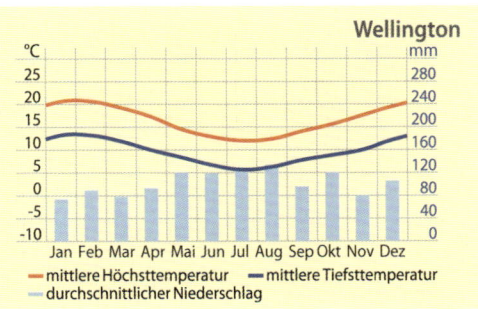

Die Highlights

 Te Papa – Neuseelands National Museum greift nahezu alle Aspekte des Landes auf. Ein besonderer Akzent liegt auf der Kultur der Maori-Ureinwohner.

 Wellington Cable Car – Die Standseilbahn führt seit 1902 aus der City hinauf zum Botanischen Garten und bietet schöne Blicke über die Stadt und die Bucht.

 Zealandia – The Karori Sanctuary Experience – Das Naturschutzgebiet hat viele bedrohte Tierarten nach Wellington zurückgebracht, darunter auch Kiwis.

 Mount Victoria Lookout – Der Aussichtspunkt ermöglicht einen Blick auf die Stadt, ihre Bucht, die Cook Strait und den Flughafen.

 Carter Observatory – Beim Botanischen Garten wird in einem modernen Planetarium der südliche Sternenhimmel erklärt, das Kreuz des Südens inclusive.

 Weta Cave – Im Vorort Miramar erlebt man, wie die Tricks im »Herr der Ringe« und in anderen Filmen aus »Wellywood« entstanden sind.

 Geburtshaus von Katherine Mansfield – Dies ist nicht nur ein Museum für Neuseelands größte Autorin (1888–1923), sondern auch ein Zeugnis viktorianischer Wohnkultur.

Besondere Tipps

Für Fashion Victims: Die denkmalgeschützte Fußgängerzone Cuba Street ist voller Cafés und Geschäfte und Treffpunkt von Künstlern und Lebenskünstlern jeden Alters.

Für Seefahrer: Mit der Interislander-Fähre in drei Stunden auf die Südinsel, inklusive rauer Cook Strait und traumhafter Fjorde in den Marlborough Sounds.

Für (angehende) Weinkenner: Martinborough liegt 65 km von Wellington entfernt und zelebriert immer im November mit mehr als 10 000 Besuchern den »Toast«, ein eintägiges Wein-, Koch- und Musikfest.

Info: www.wellingtonnz.com

← Blick auf Wellington mit der berühmten Cable Car
← Das Toast Martinborough Wine, Food & Music Festival
← Die Skyline von Wellington bei Nacht
↑ Im Logan Brown Restaurant auf der Cuba Street

Ein Koffer in Berlin

Die deutsche Hauptstadt als Ganzes hat längst den Anschluss an die großen Namen wie New York, Paris oder London gefunden, ohne ihren typischen Charakter zu verleugnen. Die Currywurstfrau serviert mit frech-fröhlicher Berliner Schnauze, die nicht immer als sauber hinter den Ohren geltenden Taxifahrer brummen im Sommer sogar mal einen »guten Tag«, wenn ein Fahrgast den Schlag öffnet, und selbst die Politesse kneift schon mal eine Auge zu, wenn in Deutschlands Power-Stadt die Sonne strahlt.

Berlin ist trotz Brandenburger Tor, Kuppel des Reichstags, Gendarmenmarkt und Dom nicht gerade das Mekka der atemberaubenden Sehenswürdigkeiten, aber die Metropole besitzt Museen von Weltruf, allen voran das von der UNESCO geadelte Fünf-Museen-Ensemble auf der Spreeinsel. Berlin erlangte mittlerweile auch ein Weltstadtangebot in Sachen Clubs, Theater und Einkaufen. Wobei man beim Shoppen ja nicht gleich sterben muss für Szene-Fummel made in Berlin (To die for in Mitte). Es reicht vollkommen, sich einfach überwältigen zu lassen im größten Kaufhaus des europäischen Festlandes (KaDeWe am Wittenbergplatz).

Die deutsche Hauptstadt ist eigentlich immer eine Reise wert, auch wenn im Februar die Berlinale lockt und man im März zur Internationalen Tourismus-Börse auf dem Messegelände etwa von Argentinien über die Karibik, Italien, Ägypten, Indien und Thailand nach Australien spazieren und die ganze (Reise-)Welt in vollen Zügen genießen kann. – Trotzdem besucht man Berlin besser im Sommer, wenn die Röcke kürzer sind und die Ausschnitte tiefer und wenn die für Kreuzberg typische depressive Winterstimmung in weite Ferne gerückt und selbst der tristeste Kiez zu einem heiteren Viertel mutiert ist.

Es gibt nur ein Problem: Wer die Stadt so richtig auskosten möchte, braucht viel Kondition – denn sie hat rund um die Uhr geöffnet. Das gilt vor allem für den Sommer, wenn sich ein Sommerfest ans andere reiht. Besonders die Open-Air-Veranstaltungen auf der Waldbühne lassen Einheimische und Gäste in Scharen zu kommen: Pop- und Klassikkonzerten, ob mit Placido Domingo oder den Berliner Philharmonikern, mit Elton John oder Lenny Kravitz. Aber auch die Kinoabende mit Kultfilmen verheißen beste Waldbühnen-Atmosphäre. Es ist schon gut, immer einen Koffer in Berlin zu haben ...

Die Highlights

 Der *Kurfürstendamm* war die Westmeile schlechthin, geriet nach dem Mauerfall etwas ins Hintertreffen und ist jetzt wieder voll da.

 Das *Brandenburger Tor*, 1734 errichtet, symbolisierte einst den Aufstieg Preußens zur Großmacht und steht heute für ein wieder erstarktes und vereintes Deutschland.

 Unter den Linden war und ist der mondänste Prachtboulevard Berlins. Die knapp 1,5 km sind rechts und links gesäumt mit imposanten Bauwerken.

 Der *Reichstag* ist nicht erst seit Christos Verhüllung weltbekannt. Dort tagte am 4. Oktober 1990 das gesamtdeutsche Parlament zum ersten Mal.

 Die *Museumsinsel* in der Spree gehört mit fünf bedeutenden Museen zu den größten und wichtigsten Museumskomplexen weltweit. Weltkulturerbe seit 1999.

 Der *Alexanderplatz* mit dem 365 m hohen Fernsehturm versprüht mit kühler Architektur und nüchterner Weitläufigkeit noch immer spröden DDR-Charme.

 Schloss Sanssouci ließ Friedrich der Große bis 1747 in unvergleichlichem Rokokostil erbauen. Dieser Ausflug nach Potsdam muss sein.

Die beste Reisezeit

Berlin ist zwar eine Großstadt, die man das ganze Jahr über bereisen kann, weil sie auch bei schlechtem Wetter sehr viel zu bieten hat. Im Allgemeinen gilt aber die Zeit **ab Ostern** bis in den **Oktober** hinein wettermäßig als recht sicher, mit Temperaturen zwischen 15 im und 30 °C. In manchen (Hoch-)Sommern geht die Temperatur auch mal tageweise über die 30 °C-Marke. 20 bis 25 °C und wenig Regen dürfen ansonsten in den Hauptstadtsommern erwartet werden.

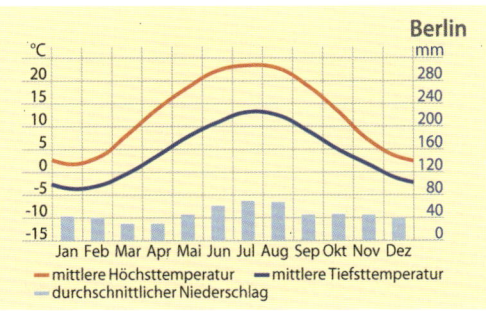

Besondere Tipps

Hotel: In die Soho-und-Co-Szene-Hotels? Manchmal ist konservativ besser! Berliner Gastlichkeit vom Feinsten gibt's ein paar Schritte weg vom Ku'damm im Brandenburger Hof.

Essen: Eine Currywurst in Berlin muss sein. Und wer sie auch bis fünf Uhr früh genießen will oder mit Champagner geht zum Ku'damm 195 zu Biers 195.

Souvenir: Als Mitbringsel ein absoluter Gag: Berliner Luft in Dosen. 50 Gramm in ca. acht mal acht Zentimeter für 3,90 Euro.

Info: www.berlin.de

← Brandenburger Tor von der Straße des 17. Juni aus
← Eines der Wahrzeichen Berlins: der Reichstag
← Der Pergamon-Altar im gleichnamigen Museum auf der Museumsinsel
↑ Büste der Königin Nofretete im Neuen Museum

Handkäs, Konten und Kultur

Das dürfte weltweit einmalig sein: Auf der einen Seite des großen Flusses eine stattliche Skyline – die größte und höchste der Alten Welt –, gegenüber eine Kollektion von Museen wie auf einer Perlenkette. Der Strom ist der Main und die Stadt ist Frankfurt. Die Finanzmetropole ist ganz sicher eines der großen kulturellen Zentren der Bundesrepublik, hat sie doch unter anderem mit Bürgerspenden eines der schönsten Opernhäuser Deutschlands wieder aufgebaut. Typisch für Frankfurt ist aber auch, dass ein paar Schritte neben dem Opernportal die »Freßgass«, eine »kulinarische Flanierzone«, und die Goethestraße mit allen gängigen Nobeldesignern beginnen. Kunst und Kommerz haben sich in der historischen Kaufmanns- und Messestadt stets als zwei Seiten einer Medaille verstanden. Es ist kein Zufall, dass sowohl die Buchmesse als auch die Automesse jeweils die weltweit erste Adresse sind. Global und lokal, auch dieses Pärchen passt zum »Weltmetropölchen« (Eigenspott): Hier die

Zeil, eine der umsatzstärksten Kaufhausmeilen Deutschlands, da die Apfelweinlokale, in denen alle an großen Tischen zusammenrücken. Kein Wunder, dass die Stadt mit dem höchsten Ausländeranteil damit nie Probleme hatte. Frankfurter sind tolerant: Selbst wer den »Eppelwei« oder den »Handkäs mit Musik« verschmäht, kann selbstverständlich ein Frankfurter ehrenhalber werden. Handkäs mit Musik? Die Musik, auf dem – »u« – betont, ist eine Marinade aus Öl, Essig und Zwiebeln, die den Körper zum Musizieren zwingt.

Seit 1988 präsentieren sich an der Südseite des Mains neun sehenswerte Sammlungen, darunter das Städel mit einer der großen Gemäldegalerien der Welt, das Filmmuseum, das Architekturmuseum, das Museum der Weltkulturen. Auf der Nordseite, wo die Bankentürme aufragen, schmiegen sich zwei Museen an den »Mainstream«; einige weitere locken stadteinwärts, etwa die Kunsthalle Schirn oder das Museum für Moderne Kunst. Insgesamt sind es 15 Häuser. Das Ganze bildet die fantastische Kulisse für das dreitägige Museumsuferfest, das alljährlich am letzten Wochenende im August stattfindet. Obwohl dann die Uferstraße Fußgängern vorbehalten ist, wird es eng mit rund drei Millionen Besuchern. Bei der großen Party nehmen auch Häuser wie das kinder museum frankfurt oder caricatura museum für komische Kunst teil. Theater schlagen ihre Bühnen am Saum des Flusses auf, Verlage und andere Kulturmacher organisieren Konzerte, Lesungen, Debatten und vieles andere mehr. Und natürlich dürfen bei dem Kulturfestival, das zu den größten in Europa gehört, Stände für das leibliche Wohl nicht fehlen.

Die Highlights

 Römerberg – An dem zentralen Platz stehen der Römer (Rathaus aus dem 14. Jahrhundert), die frühgotische Alte Nikolaikirche und historische Häuser.

 Kaiserdom St. Bartholomäus – Im Dom wurden zehn Kaiser gekrönt. Im Archäologischen Garten sieht man Ausgrabungen aus römischer und karolingischer Zeit.

 Paulskirche – In der klassizistischen Kirche tagte 1848/49 die Nationalversammlung.

 Goethehaus – Das Geburtshaus des Dichterfürsten wurde nach dem Zweiten Weltkrieg historisch getreu wieder aufgebaut und um ein Museum erweitert.

 Wehrtürme – Von der Stadtbefestigung sind vier Wehrtürme erhalten. Die Sachsenhäuser und die Friedberger Warte beherbergen stimmungsvolle Lokale.

 Main Tower – Er ist Frankfurts einziger Wolkenkratzer, dessen Spitze zugänglich ist. Vom Aussichtsdeck und dem Drehrestaurant hat man eine gigantische Aussicht.

 Mainufer – Ein Spaziergang führt an den Museen des Museumsufers und berühmten Brücken vorbei. Beim Saalhof, Frankfurts ältestem Bauwerk, führt der Eiserne Steg über den Main nach Sachsenhausen mit den Apfelweinkneipen.

Die beste Reisezeit

Frankfurt profitiert vor allem im Winter von seiner Lage am Main und nahe dem Rheintal: Schnee und Eis gibt es relativ selten. Die wärmsten Monate sind *Juli* und ***August*** mit Temperaturen um 25 °C – gerade recht für das Museumsuferfest. Und auch zur J.P. Morgan Corporate Challenge, Europas größtem Stadtlauf, herrschen im Juni im Durchschnitt meist angenehme 22 °C. Die beste Reisezeit ist in Frankfurt aber auch von den großen Messen abhängig, die man besser meidet, denn dann ist die Stadt ziemlich überfüllt.

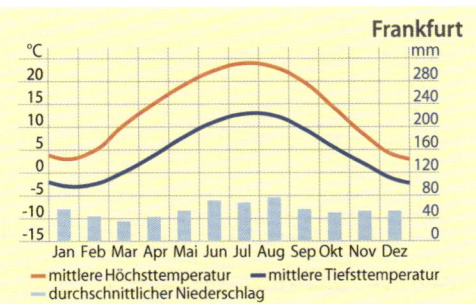

Besondere Tipps

Für Technikbegeisterte: Der Airport Frankfurt ist einer der zehn größten Flughäfen der Welt. Der Flugbetrieb lässt sich im Terminal 2 kostenlos besichtigen, Bustouren führen hinter die Kulissen.

Für Kunstfertige: In der Höchster Porzellan Manufaktur von 1746 können Besucher in Drei-Tage-Kursen die Porzellanbemalung erlernen.

Für Romantiker: Der nahe Rheingau ist eines der schönsten Weingebiete Deutschlands. Zu den Sehenswürdigkeiten gehören das Niederwald-Denkmal bei Rüdesheim, Kloster Eberbach sowie diverse Burgen. *Info:* www.frankfurt-tourismus.de

← Blick auf den Commerzbank-Tower (1997)
← Mittelalterliche Fachwerkhäuser
← Die 1880 errichtete Alte Oper bei Nacht
↑ Beim Tag der Offenen Tür in der Frankfurter Börse

Die kunstsinnige Metropole der Eidgenossen

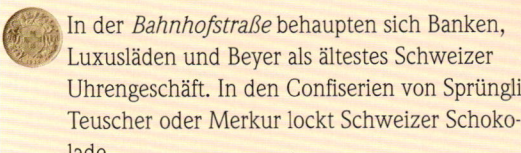

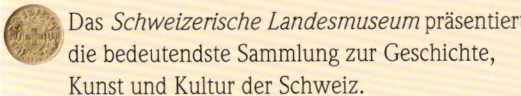

Reisende, die mit dem Zug ankommen, begrüßt der Hauptbahnhof auf typisch Zürcher Weise: effizient, geschäftstüchtig und überraschend. Mit einem Einkaufszentrum hat man gerechnet, nicht jedoch mit Kunst, die hier etwa in Form von Niki de St. Phalles Schutzengel an der Decke der Halle dem Kommerz Paroli bietet. Richtung Zürichsee führt die Bahnhofstraße durch die hübsche Altstadt und bedient mit ihren eleganten Läden und Bankhäusern all die Klischees über die Schweizer Wirtschaftsmetropole. Als Passant wandelt man hier über heiligen Boden der Finanzwelt, lagern doch Geld, Gold und andere Schätze in den unterirdischen Tresoren der Kreditanstalten. Die Luxusmeile endet bei der Schifflände, wo sich ein herrlicher Blick über den

Zürichsee auf die Glarner Alpen öffnet. Wenn alljährlich im August rund eine Million Techno- und House-Fans zur »Street Parade« in die Stadt pilgern, führt der Weg der Parade-Trucks auf ihrem Weg rund um das Zürcher Seebecken genau hier vorbei.

Nicht weit entfernt ragen der Turm von St. Peter mit den übergroßen Zifferblättern und das Fraumünster mit dem berühmten Fensterzyklus von Marc Chagall auf. Auf der gegenüberliegenden Seite der Limmat wurde 1519 Ulrich Zwingli als Priester in das Grossmünster berufen – eine Entscheidung mit weitreichenden Folgen. Unter Zwingli avancierte die Kirche zum Ausgangspunkt der deutsch-schweizer Reformation. Von nun an gab man sich in der Stadt weniger sinnenfroh und deutlich strebsamer, aber auch demokratischer. Für das heutige Zürcher Selbstverständnis zählen Sinnengenüsse jedoch unabdingbar zum guten Leben. Die Stadt ist bekannt für ihre hervorragenden Restaurants und Cafés, ihre Clubszene und nicht zuletzt für ihre süßen Verführungen. Bei Sprüngli in der Bahnhofstraße z.B. fertigt man schon in der sechsten Generation feinste Pralinen. Die Stadt ist aber nicht nur ein globaler Finanzplatz, sondern auch ein weltoffenes Zentrum der Kunst. Ihre Museen sind legendär, Auktionshäuser wie Sotheby's, Christie's oder Koller erzielen jährlich Millionenumsätze. Und östlich der Limmat reihen sich in der Rämistraße und den umliegenden Gassen Kunstgalerien und Antiquitätengeschäfte aneinander. In diesem Teil der Altstadt zeigt sich aber auch der liberale Geist der Stadt: Hier wurde im Cabaret Voltaire der Dadaismus geboren, lebten Schriftsteller und Revolutionäre von Gottfried Keller bis Lenin.

Die Highlights

- In der *Bahnhofstraße* behaupten sich Banken, Luxusläden und Beyer als ältestes Schweizer Uhrengeschäft. In den Confiserien von Sprüngli, Teuscher oder Merkur lockt Schweizer Schokolade.

- Das *Schweizerische Landesmuseum* präsentiert die bedeutendste Sammlung zur Geschichte, Kunst und Kultur der Schweiz.

- Das *Fraumünster* mit dem Fensterzyklus von Marc Chagall und das *Grossmünster* mit Sigmar Polkes Fenstern stehen in der Altstadt nahe der Limmat.

- Das *Kunsthaus Zürich* am Heimplatz sowie die *Sammlung Emil G. Bührle* in der Zollikerstraße bergen international herausragende Kunstschätze.

- Bei einer *historischen Raddampferfahrt* auf dem Zürichsee, die im Sommer angeboten wird, lernt man Stadt und See noch einmal auf besondere Art und Weise kennen.

- *Zürich-West*, das ehemalige Industriequartier, ist derzeit das kulturell und gastronomisch aktivste Viertel der Stadt mit einer lebhaften Clubszene.

- Das schöne *Museum Rietberg* in der Gablerstraße an der Westseite des Zürichsees präsentiert eine international bedeutende Sammlung außereuropäischer Kunst.

Die beste Reisezeit

Zürich hat ein gemäßigtes Klima mit heißen Sommern und sehr kalten Wintern. Die wärmsten Monate sind **Juni** bis **August**, wenn die »Street Parade« die Stadt in eine Partyzone verwandelt. Der April ist noch wechselhaft, doch hält der Frühling mit Temperaturen im zweistelligen Bereich Einzug. Beim »Sechseläutenzug« ziehen dann über 3500 Zunftmitglieder in historischen Kostümen zum Sechseläutenplatz, um den »Böögg«, eine Schneemannpuppe, die den Winter verkörpert, zu verbrennen.

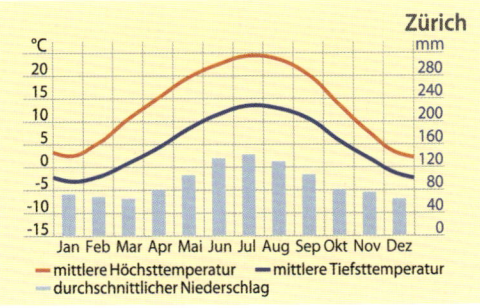

mittlere Höchsttemperatur   mittlere Tiefsttemperatur
durchschnittlicher Niederschlag

Besondere Tipps

Zum Abtauchen: Im ältesten Flussbad der Stadt, Unterer Letten, kann man sich nach Herzenslust in die Strömung werfen. Ein Auffangbecken sorgt dafür, dass der Spaß nicht zum Risiko wird.

Zum Schauen: Ein Genuss ist die steile Fahrt mit der S10 auf den Uetliberg. Der Hausberg der Stadt bietet eine herrliche Aussicht. Von dort führt der »Planetenweg« Richtung Felsenegg.

Zum Hören: Viel Lokalkolorit bieten die Zürcher Hörspiel-Krimis rund um den Privatdetektiv Philip Maloney von Roger Graf.

Info: www.zuerich.ch

← Auf der Limmat tummeln sich im Sommer immer jede Menge Freizeitboote

↑ Am 1. August feiern die Schweizer ihren Nationaltag, und Vertreter der Kantone zeigen sich in ihren Trachten

Europas facettenreiche Hauptstadt

Die Metropole ist ein Treffpunkt der Kulturen: von belgischen Flamen und Wallonen, von Bürgern aus ganz Europa, von Einwanderern aus Afrika und vielen anderen Teilen der Welt. Brüssel ist eine Verwaltungs- und Industriemetropole, aber auch eine Stadt der Kunst mit herausragenden Sammlungen und bedeutenden Kunstmessen. Belgiens Hauptstadt muss in Europa leider oft als Synonym für dröge Europabürokratie herhalten, jedoch könnte das Brüsseler Lebensgefühl nicht weiter entfernt sein. Nicht nur der klassischen Kunst, auch der Comic-Kunst widmet man hier ein ganzes Museum und riesige Wandgemälde an Häuserfassaden entlang der »Comic Strip Route«.

In der Architektur haben über tausend Jahre wechselvolle Stadtgeschichte ihre Spuren hinterlassen: Bei einem Bummel durch die Innenstadt entdeckt man die mittelalterliche Porte de Hal, die gotische Kathedrale St. Michael und St. Gudula und wunderschöne Art-nouveau-Häuser. Weltweit einmalig ist das barocke Ensemble an der Grande Place, die alle zwei Jahre im August vom »Tapis des Fleurs« aus Millionen Blumen bedeckt wird. Das weltberühmte, kürzlich von Grund auf sanierte Atomium ist längst zu einer Architekturikone der Moderne avanciert, das Europäische Parlament tagt in einem postmodernen Glasbau.

Doch in Brüssel pflegt man nicht nur politische Beziehungen, sondern auch das gute Leben mit Musik und köstlichem Essen. In zahllosen Clubs gedeiht eine hervorragende Musikszene von Jazz bis Electronic. Und selbstverständlich ist kein Brüssel-Besuch perfekt, ohne wenigstens einmal ausgiebig zu schlemmen. Gelegenheit hat man dazu genug im zentralen Viertel Ilôt Sacré rund um die Grande Place – man muss nur die Touristenfallen mit den großen Auslagen in der Rue des Bouchers meiden.

Anfang Juli befindet sich Brüssel im Ausnahmezustand, wenn rund 2000 Geschichtsbegeisterte in authentischen Renaissancekostümen zum »Ommegang« (Umzug) auf die Grande Place ziehen. Das bunte Historienspektakel erinnert an Kaiser Karl V., der 1549 mit großem Pomp und Gefolge in die Stadt einzog: Das Fußvolk erscheint in farbenprächtigen Gewändern, Reiter halten knatternde Banner, Hofnarren treiben ihre Späße, herrschaftliche Damen tragen hoheitsvoll hübsche Ziervögel, noble Herren stolze Falken. Die Hautevolee selbst erscheint erst während der Dämmerung: Kaiser Karl im schwarzem Wams und Maria von Österreich im Samtkleid, dahinter in leuchtendem Rot die Ritter vom Goldenen Vlies.

Die beste Reisezeit

Brüssel ist zu jeder Jahreszeit eine Reise wert, am beliebtesten sind jedoch die wärmeren Monate **Mai** bis **September**. Im Gegensatz zu anderen Metropolen sind in Brüssel Unterkünfte im Juli und August preiswerter und leichter erhältlich, da zu dieser Zeit die ganzen Europapolitiker in Urlaub gehen. Dafür strömen zum »Ommegang« Anfang Juli und zum »Tapis des Fleurs« im August zahllose Besucher in die Stadt. Im Sommer kann man außerdem das Palais Royal, Wohnsitz der königlichen Familie, besichtigen.

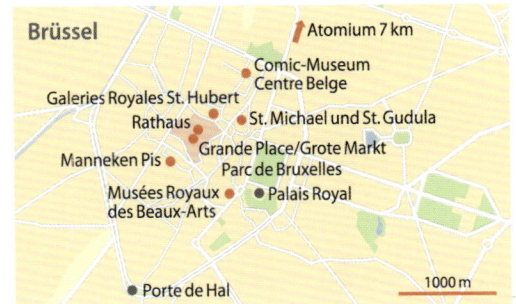

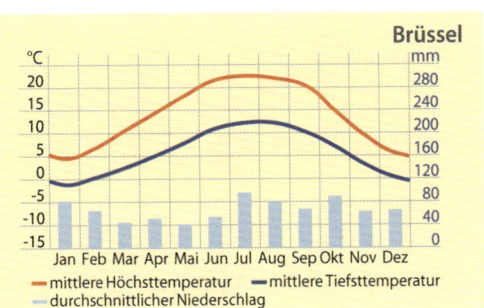

Die Highlights

Die *Grande Place* (Grote Markt) zählt als Barockensemble zu den schönsten Plätzen Europas und zum UNESCO-Welterbe. Nicht weit davon pinkelt das Manneken Pis in der Rue de l'Etuve unverdrossen in seinen Brunnen.

Das *Rathaus* an der Grande Place stammt aus dem 15. Jahrhundert. Dieser schönste Profanbau der Stadt beherbergt zahlreiche Wandteppiche und Kunstwerke.

Die *Kathedrale St. Michael und St. Gudula* ist Belgiens Nationalkirche. Rund 300 Jahre dauerten die Bauarbeiten für die Kathedrale im Stil der Brabanter Gotik.

Tim und Struppi, Lucky Luke, die Schlümpfe – Belgien ist Europas Comic-Hochburg. Das Comic-Museum *Centre Belge de la Bande Dessinée* huldigt Hergé und Co.

In den exzellenten *Musées Royaux des Beaux-Arts* kann man Kunst aus sechs Jahrhunderten genießen. Ein eigener Bau ist dem Surrealisten René Magritte gewidmet.

Das *Atomium* ist seit der Weltausstellung 1958 ein Wahrzeichen Brüssels. Das frisch renovierte Symbol für das Zeitalter der Wissenschaft beherbergt ein Museum.

Die hocheleganten *Galeries Royales St. Hubert* von 1847 sind die älteste Ladenpassage Europas. Hier gibt es schicke Geschäfte und Cafés.

Besondere Tipps

Zum Naschen: In die delikate Welt belgischer Schokolade entführen direkt an der Grande Place die »Maison des Maîtres Chocolatiers« (www.mmcb.be) und ganz in der Nähe, in der Rue de la Tête d'Or 9-11, das Kakao- und Schokoladenmuseum (www.mucc.be).

Zum Dippen: Unbedingt probieren, denn mit Fastfood-Fritten haben belgische Pommes nichts gemein. Dazu gibt es etwa eine Million Saucen.

Zum Mitnehmen: In Geschäften rund um die Grand-Place sowie in den Galeries Royales wird feinste Brüsseler Spitze verkauft.

Info: www.belgien-tourismus.de

← Blick auf den Blumenmarkt und die Grand Place
← Das Europäische Parlament in Brüssel
← Belgischen Comic-Helden begegnet man überall
↑ Das Atomium zur Weltausstellung 1958

Polens Königin am Meer

Die Hafenstadt Danzig ist Polens weltoffenes Tor im hohen Norden, seine liberale Königin an der Küste der Ostsee. Den ganzen Glanz und Stolz der alten Hansestadt kann erleben, wer im Juli die »Baltic Sail« besucht. Wunderschöne Segelschiffe und Windjammer kreuzen auf und fahren sogar bis zur Marina mitten in Danzigs Altstadt. Über tausend Jahre schon besteht die Stadt, deren Reichtum sich einst auf den Handel gründete. In dieser langen Tradition steht der Dominikanermarkt, der seit 1260 Anfang August in Danzigs Zentrum stattfindet. Wie eh und je ist der Markt mit seinen vielen Attraktionen ein Besuchermagnet. In früheren Jahrhunderten liefen zu diesem Anlass Hunderte Schiffe aus fremden Ländern im Hafen ein, um Gewürze, Wein, Getreide und Stoffe umzuschlagen. Auch heute strömen Besucher aus dem In- und Ausland in Scharen in die Stadt. Stände mit Bern-

steinschmuck, Kunsthandwerk, Trödel und schönen Antiquitäten locken ebenso wie ein breites Kulturprogramm, Spezialitätenbuden und die gut gelaunte Atmosphäre, die sich wie ein leichter bunter Sommermantel über die Stadt legt.

Ein Spaziergang über den Dominikanermarkt und durch die weitläufige Danziger Altstadt ist stets auch eine Wanderung durch über tausend Jahre europäische Geschichte. Auf dem Königsweg ritten Polens Herrscher durch das Hohe Tor und die Langgasse in die Stadt ein. Die Peinkammer am Anfang des Triumphweges stammt noch aus der Zeit der Ordensritter und gehörte zur mittelalterlichen Stadtbefestigung. Wo Besucher heute im Bernsteinmuseum das »Gold der Ostsee« bewundern, wurden einst peinliche Verhöre geführt. Die Langgasse und den Langen Markt säumen prächtige Patrizierhäuser, an deren schmuckvollen Fassaden und Giebeln man sich kaum sattsehen kann. »So es Gott behagt, besser beneidet als beklagt« lautet die schlitzohrige Inschrift über einem Juwelierladen in der romantischen Frauengasse. Nur wenige Schritte weiter konnte der Bauherr in der mächtigen Marienkirche für die Erfüllung seines Wunsches bitten. Von deren Turm reicht der Blick weit über die Altstadt Richtung Hafen und die historischen Symbolplätze des 20. Jahrhunderts: An der Mündung des Hafenkanals in die Ostsee fielen auf der Halbinsel Westerplatte am 1. September 1939 die ersten Schüsse des Zweiten Weltkriegs. Und wo am Rand der Innenstadt die Kräne der Danziger Werft wie riesige Insekten in den Himmel ragen, läutete 1980 die Gründung der Gewerkschaft Solidarnosc das Ende der sozialistischen Ära ein.

Die beste Reisezeit

Die beliebteste Reisezeit für Danzig liegt im **Juli** und **August**, wenn die besten Bedingungen für einen Badeurlaub herrschen. Im Juli locken und lohnen außerdem die »Baltic Sail« und der Dominikanermarkt. Wer dem Trubel entgehen möchte, findet angenehme Reisebedingungen im späten Frühjahr und Frühherbst. Dann sind die Tage warm und lang, doch ist die Stadt längst nicht so überfüllt, und die Unterkünfte in diesem Zeitraum sind teilweise erheblich günstiger.

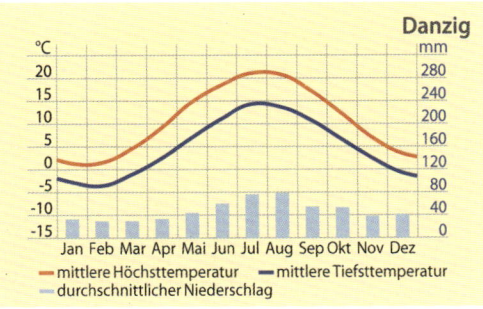

Die Highlights

 Die *Langgasse* (Ulica Długa) und der Lange Markt (Długi Targ) sind mit ihren schönen Patrizierhäusern ein Muss.

 Das *Rechtstädtische Rathaus* in der Langgasse 45 wurde von großen Künstlern mit Malereien und Schnitzwerk prunkvoll ausgestattet.

 Im gotischen *Artushof* am Langen Markt 44 kann man Gemälde und einen zwölf Meter hohen Renaissance-Ofen bewundern. Achten Sie auf Till Eulenspiegel auf einer der Kacheln.

 Die *Marienkirche* ist Europas größte mittelalterliche Backsteinkirche. Der Blick vom Turm ist fantastisch.

 Die hochromantische *Frauengasse* (Ulica Mariacka) ist die Straße der Juweliere. Hier sind noch die früher in Danzig weit verbreiteten Beischläge (Vorbauten) an den Häusern vorhanden.

 Die *Bleihofinsel* (Ołowianka) ist von der Mottlau aus in zwei Minuten mit der Fähre zu erreichen. Dort stehen das Meeresmuseum und die neue Baltische Philharmonie.

 Zum berühmten Seebad *Sopot* fährt in nur einer halben Stunde die S-Bahn. Es locken ein Sandstrand und abends das beste Nachtleben der Region.

Besondere Tipps

Zum Lesen: Da fällt die Auswahl leicht: die »Danziger Trilogie« von Günter Grass. Der Schriftsteller wuchs in Danzig auf.

Zum Schauen: In »Strajk – Die Heldin von Danzig« (2007) erzählt Volker Schlöndorff die Lebensgeschichte von Anna Walentynowicz, einer Mitbegründerin der Solidarnosc.

Zum Genießen: Das berühmte Danziger Goldwasser wurde ab dem 16. Jahrhundert im »Haus zum Lachs« gebrannt. Heute speist man hier vorzüglich im Restaurant »Pod Łososiem« (Zum Lachs).

Info: www.gdansk4u.pl

← Typische Patrizierhäuser in der Altstadt Danzigs
← Blick auf die Altstadt über die Mottlau hinweg
← Der Dominikanermarkt mit belebten Straßencafés
↑ Danziger Goldwasser im Pod Łososiem

Die unbeugsame Millionenmetropole

Musikfreunde aus aller Welt pilgern alljährlich im Sommer nach Warschau zum Internationalen Mozartfestival. Von Mitte Juni bis Ende Juli genießen sie Opern, Konzerte und Choralwerke des genialen Komponisten, die in der Warschauer Kammeroper und anderen Orten aufgeführt werden. Das Festival ist auch so beliebt, weil sich Polens Hauptstadt im Sommer von seiner schönsten Seite zeigt. Im historischen Zentrum, das teils noch von mittelalterlichen Mauern umgeben ist, pulsiert das Leben an langen hellen Tagen in den alten Gassen. Unweit der gotischen Johanneskathedrale drängen sich auf dem Altstädter Markt vor historischer Kulisse die Cafétische und Künstler zeigen ihre Werke. Das Leben in der Millionenmetropole an der Weichsel ist in dieser Zeit von einer angenehmen Leichtigkeit geprägt.

Warschau zählt zu den größten Städten Europas und ist ein Wirtschafts- und Handelszentrum von internationaler Bedeutung. Wo heute moderne Wolkenkratzer eine beeindruckende Skyline schaffen, stand schon im 9. Jahrhundert eine befestigte Siedlung. Warschaus Wahrzeichen, der Palast für Kultur und Wissenschaften aus den 1950er-Jahren, ist nur mehr ein Turm unter vielen. In ihrer wechselvollen Geschichte hat die Stadt Glanzzeiten und Katastrophen erlebt. Aus ihrer Zeit als führende europäische Metropole im 17. Jahrhundert und Zentrum der Aufklärung im 18. Jahrhundert sind prachtvolle barocke und klassizistische Bauten verblieben. Vom barocken Königsschloss am Plac Zamkowy, wo die Statue von König Zygmunt III. Wasa auf der Sigismundsäule Kreuz und Schwert hält, gibt es am Königsweg Richtung Süden prunkvolle Palais, opulente Kirchen und elegante Häuser zu bewundern. Die anfängliche Strecke auf den Flaniermeilen Krakowskie Przedmie cie (Krakauer Vorstadt) und Nowy wiat (Neue Welt) ist zu Fuß leicht zu schaffen. Außerhalb der Innenstadt führt der Königsweg weiter zu den verspielten Gärten und Palästen im Łazienki- und im Wilanów-Park.

Die größte Tragödie der Stadt ist untrennbar mit dem dunkelsten Kapitel der deutschen Geschichte verbunden: Mitten im Stadtzentrum diente das von den deutschen Nationalsozialisten eingerichtete Warschauer Ghetto von 1940 bis 1943 als riesiges Sammellager für Hunderttausende Juden. Die Internierten starben fast alle an den grausamen Lebensbedingungen oder im Todeslager Treblinka. Ein Denkmal erinnert an den gescheiterten Aufstand der Ghetto-Bewohner von 1943. Im Jahr 1970, mitten im Kalten Krieg löste hier der Kniefall des damaligen westdeutschen Bundeskanzlers Willy Brandt eine erste Entspannung zwischen Ost und West aus.

Die Highlights

 Die Altstadt *Stare Miasto* mit dem Markt *Rynek Starego Miasta* beherbergt Bauwerke aus sieben Jahrhunderten. 1944 großflächig zerstört, wurde sie detailgetreu wieder aufgebaut und gehört heute zum UNESCO-Welterbe.

 Das barocke *Königsschloss* beherbergt herrliche Kunstwerke, darunter Stadtansichten von Canaletto.

 Der *Königsweg Trakt Królewski* führte anfänglich vom Königsschloss nach Süden bis zum Łazienki-Park und weiter zum Belvedere-Palast. Heute rechnet man auch die Strecke bis zum Wilanów-Palast dazu.

 Das *Nationalmuseum* beherbergt eine riesige Sammlung an Kunstwerken von der Antike bis zur Moderne.

 Vom *Denkmal der Helden des Ghetto-Aufstands* verläuft der Gedenkweg jüdischen Märtyrertums und Kampfes zum Denkmal am Umschlagplatz. Von dort wurden rund 300 000 Juden nach Treblinka deportiert. Das Museum der Geschichte der polnischen Juden wird 2012 neben dem Ghetto-Denkmal eröffnet.

 Der *Łazienki-Park* ist die größte Grünanlage der Stadt. Sehenswert sind der barocke Wasserpalast und das Theater auf der Insel.

 Der *Wilanów-Palast*, einst königliche Sommerresidenz, beherbergt u.a. ein Plakatmuseum.

Die beste Reisezeit

Warschau ist vor allem in den warmen Sommermonaten zwischen **Juli** und **August** beliebt. Das Klima ist kontinental geprägt, d.h. die Winter sind kalt und schneereich. Bei angenehmen etwa 25 °C im Juli und August kann man die großartige Architektur und die schönen Parkanlagen auf angenehmste Weise erkunden, darüber hinaus ist die Metropole während der polnischen Ferienzeit etwas weniger hektisch. Gute Bedingungen herrschen aber auch im späten Frühjahr sowie im Frühherbst zum »Warschauer Herbst«.

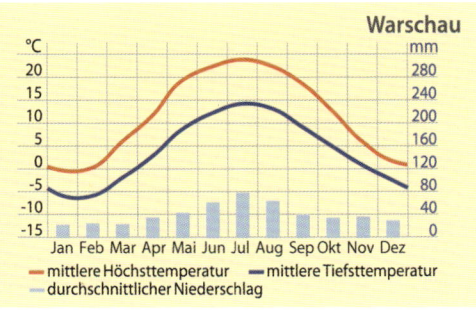

Besondere Tipps

Zum Schauen: Den schönsten Blick über die Stadt bietet die Aussichtsterrasse im 30. Stock des Kulturpalasts.

Zum Hören: Beim Chopin-Denkmal im Łazienki-Park finden im Sommer sonntags kostenlose Klavierkonzerte statt.

Zum Entdecken: Ein besonders interessantes Stadtviertel ist Praga auf der rechten Weichselseite. In dem historischen Arbeiterviertel sind viele Kreative in alte Fabrikhallen gezogen, und hier findet man ein spannendes Nachtleben.

Info: www.um.warszawa.pl

← Zlote Tarasy Einkaufszentrum und der Kulturpalast
← Der Marktplatz in der Altstadt ist UNESCO-Welterbe
← Der Königliche Palast in Wilanow
↑ Statue von Frederic Chopin

Jugendstilperlen an der Newa

Man kann zu jeder Jahreszeit nach St. Petersburg fahren, in das ehemalige Leningrad, das unter der sehr speziellen sowjetischen Architektur nur wenig zu leiden hatte. Aber der beste Zeitpunkt sind natürlich die Weißen Nächte. Bedingt durch die Lage am 60. Breitengrad wird es über Wochen im Juni und Juli eigentlich nie richtig finster, und die Sonne geht auf, wenn man nach durchzechter Nacht morgens um vier Uhr ins Bett fällt. Aus diesem faszinierenden Naturphänomen haben die Russen ein Event gemacht. Man tanzt auf den Straßen, spielt Theater, musiziert oder gesteht dem Liebsten im silbernen Licht seine Liebe. Da kommt sie über Wochen ganz hemmungslos zum Vorschein, die russische Seele, vor allem am Newski-Prospekt, der wichtigsten Promeniermeile der Stadt.

Wenn dann nach ein paar Gläschen Wodka die fröhlichen Gäste die Augen schließen, brechen die Kulturtouristen aus aller Herren Länder auf, um die Eremitage zu verunsichern. Auf fünf Gebäude verteilt sich eine der imposantesten Kunstsammlungen der Welt, von Tizian und Rembrandt bis zu Rubens und da Vinci. Aufmerksames Personal wacht über diese Schätze. Man muss es mit einem Augenzwinkern nehmen, wenn der Ton, in dem über den bevorstehenden Museumsschluss informiert wird, an den eines Gefängnisaufsehers erinnert. Die Stadt und ihre Bewohner mit ihrer Herzlichkeit aber entschädigen dafür bei Weitem. Mit Brüssel, Wien und Wiesbaden ist St. Petersburg die Stadt mit den meisten Jugendstilbauten. Sie und die barocken Gebäude mit ihren komplexen Grundrissen schaffen ein überwältigendes Stadtbild.

Aber so wie die Kultur an jeder Ecke wartet – ob mit der Peter-und-Paul-Festung mit den Zarengräbern, dem Reiterstandbild von Peter dem Großen, dem Katharinenpalast mit dem legendären Bernsteinzimmer oder dem Smolny-Kloster –, spielt in St. Petersburg gutes Essen eine große Rolle. Die leckeren Blini (Buchweizentaschen), Piroschki (Hefeteigtaschen mit Fleischfüllung) und Kissel (eingedickter Dessertfruchtsaft) sind so gehaltvoll, dass es einen danach garantiert nach einem oder zwei Gläschen dürstet. Man nimmt sie in den vielen kleinen Restaurants ein, die von außen oft etwas gealtert wirken. Aber genau dieser Charme verspricht im Inneren oft exzellentes Essen und einen funktionierenden Service. Man darf im modernen St. Petersburg vieles haben, nur keine Hemmungen, einfach einmal irgendwo reinzugehen und etwas zu probieren. Dazu haben schon Puschkin und Dostojewski geraten.

Die beste Reisezeit

Wer nicht unbedingt die Weißen Nächte erleben will, sollte schon im **Mai** fahren. St. Petersburg bietet ein kontinentales Klima, weniger Niederschlag als Frankfurt am Main und schöne, warme Sommermonate. **Juni**, **Juli** und Anfang **August** bringen viel Sonne und Wärme, aber auch lange Touristenschlangen. Einen echten Frühling gibt es nicht: Der knackig-kalte Winter dauert von Mitte Dezember bis Mitte April und geht fast direkt in den Sommer über.

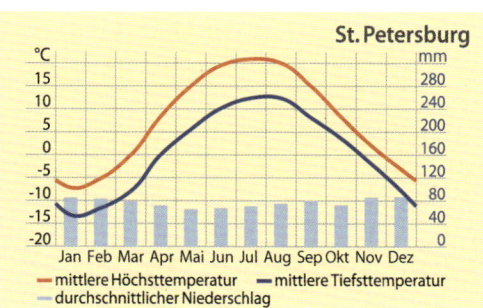

mittlere Höchsttemperatur — mittlere Tiefsttemperatur
durchschnittlicher Niederschlag

Die Highlights

 Die *Eremitage* – mehr als 60 000 Exponate verteilen sich hier auf fünf traumschöne Gebäude. Alles schafft man nicht, aber unbedingt die Raffael-Loggia anschauen!

 Der *Newski-Prospekt* ist die Champs-Élysées von St. Petersburg. Die eigene Geldbörse sollte man hier gut festhalten, nicht wegen eventueller Taschendiebe, sondern wegen des weltstädtischen Angebots.

 In der *Peter-und-Paul-Festung* kann man die Zarengräber und den vorgelagerten Sandstrand bewundern. Entspannung pur mit Blick über die Newa.

 Im *Katharinenpalast* kann man sich überzeugen, dass Bernstein im Interior Design der Knaller ist! Am Standtrand gelegen und mit dem Vorortzug gut erreichbar.

 Das *Smolny-Kloster* war Bildungsinstitut für Mädchen, Zentrum von Lenins Oktoberrevolutionären und Bürgermeistersitz.

 Der *Peterhof* trägt nicht umsonst den hübschen Beinamen »russisches Versailles«. Gartengestaltung, Gebäudeumfang und Prunk zeigen, dass dieser Titel passt.

 Isaakskathedrale – Russlands größte Kirche fasst 10 000 Menschen. Architektonisch beeindruckend und durch die erhöhte Lage bietet sie einen idealen Ausblick auf die Altstadt.

Besondere Tipps

Für Trinkfreudige: Das Wodka-Museum stellt die Entstehungsgeschichte des Tropfens so spannend dar, dass einem fast der Kopf schwirrt. Und natürlich darf man kosten.

Fürs müde Haupt: Mehr Eleganz als im historischen Grand Hotel Europe geht eigentlich nicht. Hier hat sich schon Tschaikowsky wohlgefühlt.

Für Leseratten: »33 Augenblicke des Glücks« von Ingo Schulze. 33 literarische Kleinode, die die Zeit der Veränderungen im St. Petersburg der späten 1980er-Jahre mit einer gesunden Prise Humor schildern.

Info: www.petersburg-info.de

← Blick auf die St.-Isaac-Kirche bei Nacht
← Die Sommerresidenz von Peter dem Großen
← Die Eremitage – eines der größten Museum der Welt
↑ Im Konservatorium, Tschaikowskis »Schwanensee«

Grüne Stadt am Wasser

Schwedens Zentrum sind 14 Inseln, die über mehr als 50 Brücken miteinander verbunden sind: Stockholm. In der Mitte der über 750 Jahre alten Stadt liegt ein städtischer Nationalpark (Ekoparken), eine Einmaligkeit in Europa. Stockholm ist eine wunderschöne Stadt; um sie zu erkunden, fängt man am besten am Stadshus an. Vom hübschen hohen Turm des Rathauses kann man sich gut orientieren. Besonders reizvoll ist die Altstadt Gamla Stan mit ihren verwinkelten Gassen, kleinen Läden und Cafés, Straßenmusikern und Pantomimen. Hier stehen auch das Königliche Schloss und die mittelalterliche St.-Nikolai-Kirche. In der Storkyrkan, wie sie die Schweden nennen, wurden schwedische Könige gekrönt und Prinzenpaare getraut. Im Stadtteil Djurgården liegt das beeindruckende Vasa-Museum. Es beherbergt ein Kriegsschiff, das 1628 schon bei seiner Jungfernfahrt versank. Es wurde gehoben, restauriert und als Zeugnis für Schwedens große Schifffahrtstradition in einen großen Museumsbau gepackt. Zu Stockholm gehört aber auch auf jeden Fall ein Ausflug in die eigene Kindheit. Sicher kennen Sie diese absurde Rechnung: »Zwei mal drei macht vier, und drei macht neune.« – So konnte nur Pippi Langstrumpf rechnen. Im Junibacken auf Djurgården trifft man die bekanntesten Charaktere aus Astrid Lindgrens Büchern. Das Museum ist jedoch nur eines von fast hundert, die in Stockholm ihre Sammlungen präsentieren. Auf Lövon ist das chinesische Schlösschen Kina Slott aus dem 18. Jahrhundert besonders romantisch. Nördlich von Gamla Stan liegt das ehemalige Arbeiterviertel Södermalm. Zum lebendigen Szeneviertel avanciert, gefällt es mit moderner Kunst und Kultur, Gastronomie und Design. Einen starken Kontrast bietet dazu der »Waldfriedhof« Skogskyrkogården. Er ist nicht nur der größte der Stadt, hier liegt auch eine der größten Schauspielerinnen aller Zeiten begraben: Greta Garbo. Schön ist es in Stockholm eigentlich überall. Sei es auf Skeppsholmen im Nationalmuseum oder im Museum für Moderne Kunst, sei es auf Östermalm in der Markthalle, wo seit Ende des 19. Jahrhunderts schwedische Leckereien verkauft und vor Ort genossen werden. Und wie heißt es so passend bei Pippi Langstrumpf? »Alle groß und klein, lad ich zu mir ein.« Nehmen Sie die Einladung doch zur Sommersonnwende an, wenn zum *Midsommar* rund um den 21. Juni eine Art schwedischer Maibaum geschmückt, getanzt, gefeiert wird und schwedische Spezialitäten aufgefahren werden: Kartoffeln, Heringe, Erdbeeren und Schnaps dürfen dabei nicht fehlen.

Die beste Reisezeit

Stockholm ist im Grunde zu jeder Jahreszeit schön, besonders reizvoll ist es aber im *Juni* und *Juli*, wenn die Tage unendlich lang sind und das Thermometer im Mittel über 20 °C steigt. Die Badesaison dauert bis Ende *August*, in diesem Monat bietet zudem alljährlich eine knappe Woche lang das Kulturfestival in der Hauptstadt kostenlos Kunst und Kultur für alle. Im Winter ist es in Stockholm dunkel, aber nicht allzu kalt bei durchschnittlich etwa –3 °C.

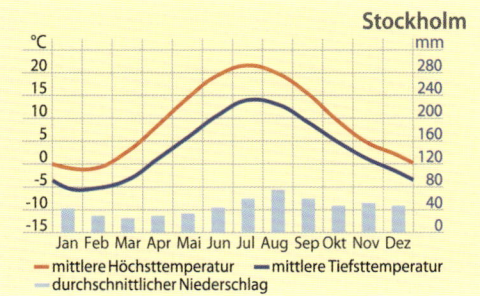

Die Highlights

 Ekoparken – Die grüne Lunge Stockholms und wohl der einzige Nationalpark in Europa, der mitten in einer Großstadt liegt.

 Gamla Stan – Obwohl fast schon zu Tode fotografiert, ist und bleibt die Altstadt eines der schönsten städtebaulichen Ensembles in Skandinavien.

 Vasa-Museum – Man kann mit der Tram hinfahren, aber auch mit dem Boot von der Altstadt übersetzen, was viel schöner ist. Wenn man den dunklen Bau betritt und plötzlich vor dem opulenten Schiff steht, ist man unweigerlich absolut fasziniert.

 Junibacken – Auch wenn es um Astrid Lindgren geht, alles andere als Kinderkram. Versteht man Astrid Lindgren, dann versteht man die schwedische Gesellschaft.

 Schloss Drottningholm – Hier ist die Königsfamilie zu Hause. Das Ensemble gehört wegen des reizenden chinesischen Schlösschens Kina Slott und dem barocken Schlosstheater zum UNESCO-Welterbe.

 Skogskyrkogården – Auf dem Stockholmer Friedhof liegt Greta Garbo. Der idyllische Friedhof gehört zum UNESCO-Welterbe.

 Östermalmhalle – Die Markthalle aus Backstein und Gusseisen lockt als Fresstempel Stockholmer und Touristen an.

Besondere Tipps

Für Traditionsbewusste: Im Freilichtmuseum Skansen auf Djurgården stehen historische Bauernhäuser und andere Gebäude aus allen Teilen Schwedens. Das Museum wird u. a. mit Konzerten und Festen (auch zu Mittsommer) bespielt.

Für Sportliche: Der Stockholmer Stadtmarathon führt alljährlich im Juni durch eine sehr reizvolle Umgebung.

Für spannende Leseabende: Maj Sjöwall und Per Wahlöö gelten als die »Eltern« des skandinavischen, sozialkritischen Kriminalromans. 1965 erschien der erste ihrer zehn Krimis um Kommissar Martin Beck.

Info: www.visitstockholm.com

← Gamla Stan, Stockholms Altstadt liegt auf einer Insel
← Im Sommer findet das Leben draußen statt
← Das Vasa-Kriegsschiff im Vasa-Museum
↑ Männer in Tracht stellen einen Mittsommerbaum auf

Das Herz von Dänemark

Die Sängerin Gitte, der Vergnügungspark Tivoli und Königin Margarethe in Schloss Amalienborg sind wohl den meisten durchaus bekannt. Mitnichten aber kennt man damit Kopenhagen. Die Hauptstadt der ältesten Monarchie der Welt zeichnet sich durch eine Vielzahl an Schlössern ebenso aus wie durch jede Menge Angebote für Genießer. Und Barrierefreiheit bei der Stadtgestaltung war hier schon vor fast 400 Jahren großgeschrieben. Den besten Rundumblick gibt es auf dem Runden Turm, zu dessen Spitze aber keine Treppe und kein Aufzug führt, sondern ein Wendelgang. Und ein bisschen ist das typisch für die Kopenhagener. Sie haben immense kunsthistorische Schätze zu bieten, vom Rathaus, das durch die italienische Renaissance inspiriert wurde, über das Schloss Christiansborg, bis zur St.-Petri-Kirche, die schon seit 1587 für die deutsche Gemeinde reserviert ist. Andererseits leben sie auch im Hier und Jetzt. Und das macht sich auch städtebaulich bemerkbar. Der »schwarze Diamant«, der futuristische Zubau der Nationalbibliothek, wirkt, als sei er dem iPad gewidmet. Dänisches Design hat Weltruf – und das kann man hier hautnah erleben.

Die Sommer genießen die Kopenhagener unbeschwert am Amager Beach, einem echten Sandstrand. Purer Luxus mitten in der Stadt – den sich fliegende Getränkehändler gerne vergolden lassen. Allgemein ist die Fast-Food-Kultur bemerkenswert, wenn auch kein Kulturgut. Ein Hotdog ist für manche Dänen wie ein Drei-Sterne-Menü. Und wenn man bei der Bestellung »Med det hele« sagt, wird man zwar nicht für einen Dänen gehalten, bekommt aber alles Mögliche an Zutaten (Sauce, Gewürze etc.). Da stimmt die Qualität!

Die Jungen und Hippen verbringen ihre Abende vor allem in Norsbro, einem angesagten Viertel, in dessen Bars man gut ein Gläschen trinken kann, wo aber auch gerne und viel getanzt wird. Ein außergewöhnliches Ereignis ist im Sommer auch das Jazz-Festival, das größte seiner Art in Europa. Immer in der ersten Juliwoche kommen an mehr als hundert Orten in der ganzen Stadt die Künstler zusammen, um mehr als 1000 Konzerte zu geben. Wer dem nichts abgewinnen kann, kauft sich ein Bier, spaziert einmal die Langelinie, die Uferpromenade, hin und zurück, grüßt dabei die nur 1,25 Meter kleine Meerjungfrau und lässt dann die Füße ins erfrischende Wasser hängen. Nicht selten ergibt sich bei dieser Gelegenheit das eine oder andere Gespräch mit dem dänischen Sitznachbarn. Das ist Kopenhagen.

Die beste Reisezeit

Die optimale Reisezeit ist von **Mai** bis **Oktober**, denn dann kann Kopenhagen durchaus sommerliche Zeiten erleben. 30 °C sind im Juli und August schon mal drin. Insgesamt ist das Wetter in Dänemark jedoch recht kühl und niederschlagsreich, Kopenhagen erreicht eine Durchschnittstemperatur von nur 8 °C und 159 Tage Niederschlag im Jahr. Und richtig bitterkalt wird es, wenn die Ostsee anfängt zuzufrieren. Dann wehen eiskalte Winde. Mit Schnee muss man normal aber an kaum mehr als 30 Tagen rechnen.

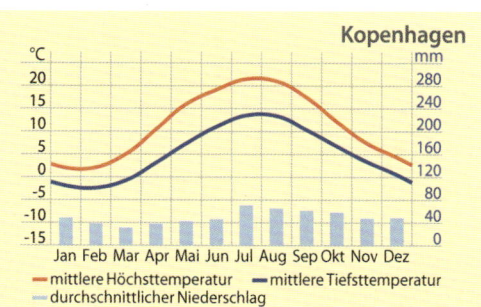

Die Highlights

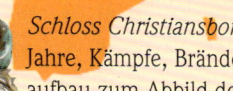

Schloss Christiansborg wurde durch 800 lange Jahre, Kämpfe, Brände und mehrfachen Wiederaufbau zum Abbild der Geschichte der Dänen.

Der *Runde Turm* wurde eigentlich als Sternwarte vor einigen Hundert Jahren errichtet und bis 1861 als solche genutzt. Heute bietet der Turm die beste Aussichtsmöglichkeit über Kopenhagen.

Die *Kleine Meerjungfrau* ist nur 1,25 m groß, aber durch den Märchenautor Hans-Christian Andersen weltbekannt. Wenigstens einmal muss man sie gesehen haben.

Die *St.-Petri-Kirche* ist nicht nur das Zentrum der deutschsprachigen Christen in Kopenhagen, sondern architektonisch und kulturhistorisch außerordentlich spannend und schön.

Der Schwarze Diamant, der von den dänischen Architekten Schmidt, Hammer und Larssen entworfen wurde, wurde 1999 eröffnet und enthält auch das Buchmuseum und ein Café.

Tivoli ist der älteste Vergnügungspark in Europa. Trotz Facelift wurde der Charme erhalten – ein paar alte Fahrgeschäfte auch.

Der *Amager Beach* bietet Copacabana-Feeling an der Ostsee – wenn man auf Sommerhitze und Tänzerinnen verzichten kann. Auf jeden Fall immer gut, um Kopenhagener zu treffen.

Besondere Tipps

Zum Übernachten: Das CPH Living Hotel im Zentrum Kopenhagens bietet ganz besondere Erlebnisse. Die modernen Zimmer mit den raumhohen Fenstern gehen direkt aufs Wasser; vom Sonnendeck aus hat man einen atemberaubenden Blick auf die Stadt.

Zum Lesen: Jussi Adler-Olsen – Erbarmen. Zweifellos einer der besten dänischen Krimiautoren.

Zum Essen: »Nimb Bar and Grill«, Eingang Bernstorffsgade. Hier gibt es eine kleine, aber feine Auswahl an Speisen. Die Fischvariationen sind sensationell, aber auch der Hotdog in seiner ganzen Frische lohnt sich.

Info: www.visitcopenhagen.de

← Typische Architektur am Nyhavn
← Blick auf den Schlossplatz mit Frederick V.-Monument
↑ Wachen stehen vor der königlichen Amalienborg

Verkannte Schönheit im Norden

Mit einem schlechten Image könnten die Osloer wahrscheinlich besser leben als mit einem nicht vorhandenen. Viele denken bei Skandinavien an das schöne Stockholm oder das leicht verrückte Helsinki. Dabei ist Oslo ein echter Wohlfühlplatz.

Munchs »Schrei« stammt aus Oslo. Die Kathedrale von Oslo schaut auf eine mehr als 800-jährige, sehr lebendige Geschichte zurück. Und die hiesige Oper überzeugt nicht nur weltweit Fans der klassischen Muse, ihre Architektur steht auch für das Bild, das die Osloer von einer modernen Gesellschaft haben: offen für neue Ideen, Einflüsse und Möglichkeiten. Was wie aus dem Grundwortschatz des Humanismus klingt, bricht sich in Oslo Bahn im täglichen Miteinander. Von hier stach Thor Heyerdahl mit der nachgebauten Kon-Tiki in See, wo-

ran auch heute noch stolz das gleichnamige Museum und das »Kon-Tiki« Classic Music Fest erinnern. Bei Letzterem laden Musiker aus aller Herren Länder im Maritim-Museum alljährlich im August zu einer musikalischen Reise ein, auf der man neben der exzellenten Akustik vor allem den sensationellen Blick auf den Oslo-Fjord genießt. Und natürlich dreht sich vieles in Oslo um den Winter, das Skifahren und den Holmenkollen. Die Kälte hat angeblich auch die Dramatik des berühmten Henrik Ibsen beeinflusst, dessen renoviertes Wohnhaus man besichtigen kann.

Interaktive Museen, weltweit schwer im Kommen, sind in Oslo fast schon ein alter Hut. Überhaupt ist die lokale Museumslandschaft sehr erfrischend. Bester Beweis ist das Filmmuseum, in dem es allerlei selbst zu bewegen gibt. Wahrscheinlich einmalig auf der Welt dürfte auch das Museum der Kinderkunst sein: Hier werden unter anderem Kunstwerke von Kindern und Jugendlichen aus 180 Ländern präsentiert. Auf wenigen Quadratmetern befindet sich außerdem das Norwegische Museum der Zauberkunst, und im größten Miniaturflaschenmuseum der Welt verteilen sich mehr als 50 000 Flaschen auf drei Etagen.

Wen es aber in die Kälte treibt, der findet hier die wohl schönstmögliche. Im Osloer Winterpark mit seinen Loipen kann man sich in kleinen Hütten mit Tee aufwärmen und dazu ein Kanelbolle (Zimtbrötchen) oder frische Waffeln genießen – himmlisch! Die so erworbenen Kalorien lassen sich bei einem Spaziergang kurz vor Sonnenuntergang durch den Vigeland-Skulpturenpark wieder abtrainieren. Häufig ist Oslo eben das schönere Stockholm.

Die Highlights

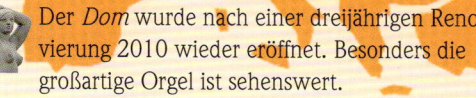 Der *Dom* wurde nach einer dreijährigen Renovierung 2010 wieder eröffnet. Besonders die großartige Orgel ist sehenswert.

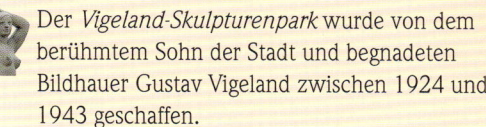 Der *Vigeland-Skulpturenpark* wurde von dem berühmtem Sohn der Stadt und begnadeten Bildhauer Gustav Vigeland zwischen 1924 und 1943 geschaffen.

Kon-Tiki-Museum – dem norwegischen Forscher Thor Heyerdahl gewidmet, der mit dem Nachbau von Schiffsbauten bewies, dass die Völker viel früher als gedacht die Meere überqueren konnten.

1963 gebaut, zeigt das *Munch Museum* nicht nur die wichtigsten Werke Munchs als Dauerausstellung, sondern auch gemeinsame Sonderausstellungen mit internationalen Museen.

Filmmuseum – Aud Egede Nissen (»Das Testament des Dr. Mabuse«) findet sich hier ebenso wie Liv Ullmann. Hier wird gezeigt, dass der norwegische Film schon immer besonders war.

Das *Kinderkunstmuseum* ist wohl einmalig in der Welt. Das Museum ist für die Kinder: was sie interessiert, was Teil ihres Lebens ist und was sie selbst an Kunst entwerfen.

Holmenkollen ist die wohl berühmteste Sprungschanze der Welt. Hier gibt es alles über die Geschichte des Wintersports in Norwegen – und einen tollen Blick obendrein.

Die beste Reisezeit

Die beste Zeit für eine Reise nach Oslo ist zwischen **Mai** und Anfang **September**. Trotz der nördlichen Lage sorgt die Wasserströmung für angenehm warme (nur leider nicht sehr lange) Sommer. Dabei sind 25 °C eher die Regel, und die Ostsee schafft es immer öfter, sich über 17 °C aufzuheizen. Die Winter sind wunderschön – wenn man Kälte mag und damit umgehen kann, dass die Sonne dann nur ein paar Stunden am Himmel auftaucht. Eigentlich macht das nichts, denn Oslo bietet viele Alternativen zum Sonnenbaden.

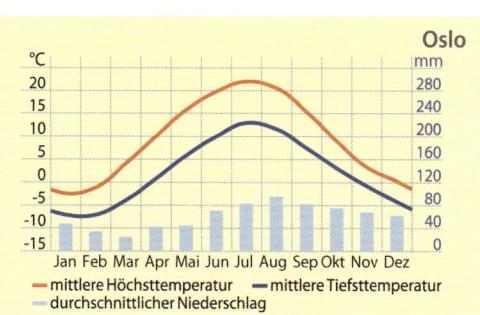

Besondere Tipps

Für den Bauch: Das Café Celsius ist wohl das älteste Café-Restaurant in Oslo. Zuhause ist es in einem Gastraum aus dem Jahr 1626, in dem es spuken soll …

Für Architekturfans: Auf dem sogenannten Vulkan-Gebiet am Westufer des Flusses Akerselv wird neu gebaut. Hier kann man moderne, nachhaltige Architektur hautnah erleben.

Für schlaue Füchse: Wer einen Oslo-Pass besitzt, fährt mit allen öffentlichen Verkehrsmitteln in der Stadt kostenlos, hat freien Eintritt in Museen und Sehenswürdigkeiten, und erhält weitere Ermäßigungen.

Info: www.visitoslo.com/de

← Grünanlage an der Prachtstraße Karl Johans Gate
← Blick auf das moderne Opernhaus Oslos (2008)
← Der Vigeland-Skulpturenpark (1924 – 1943)
↑ Viele Restaurants befinden sich auf Aker Brygge

Traumziel Edinburgh 31

Raue Schönheit im Norden Europas

Auch wenn Glasgow größer ist, die Historie spricht eindeutig für Edinburgh. Immerhin ist es seit 1437 die Hauptstadt von Schottland. Oberhalb der Stadt thront auf dem Castle Rock das mächtige Edinburgh Castle. In der alten Festungsanlage der schottischen Könige können heute die schottischen Kronjuwelen besichtigt werden. Vom Sitz der ehemaligen Herrscher führt die Royal Mile bis zum Holyrood Palace, zur aktuellen Residenz der britischen Königin. Genau gegenüber steht hier, am unteren Ende der Royal Mile, auch das Zentrum republikanischer Macht: das schottische Parlament.

Edinburghs Innenstadt lässt sich ganz klar in alt und neu aufteilen. Der neuere Teil, die New Town rund um die Princes Street, wurde von dem Architekten James Craig 1766 am Reißbrett geplant und umgesetzt. Nirgendwo in Schottland findet man schönere georgianische Architektur. Kunstfreunde zieht es hier zudem in die National Gallery of Scotland, um Meisterwerke unter anderem von Jan Ver-

meer, Tizian und William Turner zu bewundern. Den besten Blick über die New Town hat, wer auf den Arthur's Seat steigt – auch wenn die gute Kinderstube verbietet, auf Stühle zu klettern. Tatsächlich ist dieser 250 Meter hohe »Stuhl« jedoch ein schon lange erloschener Vulkan und der höchste Berg in Edinburgh. Den Reiz der Stadt macht gerade der Gegensatz von sehr alter und relativ neuer Architektur aus. Am deutlichsten wird dies wohl beim direkten Vergleich zwischen der St. Giles Cathedral, deren Ursprünge im 9. Jahrhundert liegen, und auf der anderen Seite der St. Mary's Cathedral aus dem frühen 19. Jahrhundert. Architektonisch hat Edinburgh mit Sir Terence Conrans Shopping- und Entertainmentkomplex Ocean Terminal den Anschluss an die Moderne gefunden. Dort, im Stadtteil Leith, kann man zudem die ehemalige Königsjacht »HMY Britannia« im Hafen besichtigen. Interessierte zieht es in das »Alltagsmuseum« The People's Story, Genießer in das Whiskey-Museum oder in die Natur, sei es in die schottische Hochebene oder den Royal Botanic Garden. Im August verwandelt das Edinburgh Festival Fringe die Stadt in eine Art offenen Zirkus. Das einzigartige Festival ist weltweit das größte seiner Art. Von großen Namen bis zu noch unentdeckten Talenten tummeln sich Künstler auf den Straßen, in Theatern und Pubs, um mit Comedy, Musicals, großer Oper und vielem anderen mehr zu unterhalten. Wann immer und warum man nach Edinburgh kommt, mit einer Herausforderung wird man stets zu kämpfen haben: Selbst wer im Englischen sattelfest ist, muss schon sehr genau hinhören, um den Dialekt der Einheimischen zu verstehen.

Die Highlights

Edinburgh Castle – Seine Entstehungsgeschichte umspannt über 400 Jahre, von der St Margaret's Chapel aus dem 12. Jahrhundert bis zur Großen Halle von 1510.

National Gallery of Scotland – In der Galerie und im angeschlossenen Royal Scottish Academy Building geht jedem Kunstfan das Herz auf.

The Scotch Whisky Experience Tour – In diesem Museum erfährt man Unterhaltsames über Geschichte und Produktion des Whiskeys und darf verschiedene Sorten verkosten.

Arthur's Seat – Den Hügel im Zentrum der Stadt kann man per pedes erobern oder montags bis samstags mit dem Auto umrunden. Die Aussicht ist großartig.

Princes Street – In Edinburghs führender Einkaufsstraße bietet sich ein schöner Blick auf die Silhouette der Altstadt. Erholung bieten die Princes Street Gardens.

Royal Botanic Garden Edinburgh – Bei Inverleith bietet der über 70 ha große Botanische Garten Ruhe und das hübsche Terrace Café.

The People's Story – Das außergewöhnliche Museum widmet sich Edinburghs Alltag vom 18. Jahrhundert bis heute.

Die beste Reisezeit

Edinburgh hat ein gemäßigtes Klima mit relativ milden Wintern und kühlen Sommern. Im kältesten Monat Januar liegt die statistische Tiefsttemperatur bei 1 °C, im Juli klettert das Thermometer im Durchschnitt auf 19 °C. Am schönsten ist das Wetter zwischen **Mai** und **September**, mit Regen muss man jedoch während des ganzen Jahres rechnen. Besonders reizvoll sind im Sommer die langen Tage, an denen die Abende endlos scheinen. Im dunklen, kalten Winter ist in der Stadt so viel los, dass sich ein Besuch auch dann lohnt.

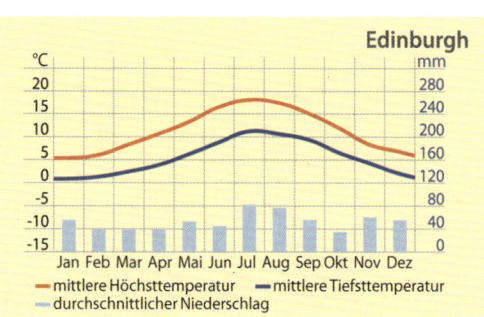

Besondere Tipps

Für Traditionalisten: Beim Edinburgh Military Tattoo im August vor dem Edinburgh Castle treten vor allem Militärbands auf, darunter viele Kapellen mit traditioneller Dudelsack- und Trommelmusik sowie schottische Tanzgruppen. Schottlands größtes Musikfestival ist wie das Fringe Teil des Edinburgh Festival.

Für Musikfans: Im Pub The Royal Oak nahe der Royal Mile treten jeden Abend Musiker auf.

Für müde Häupter: Direkt an der Royal Mile bietet das schöne Balmoral Hotel Luxus pur. Wenigstens einen Cocktail in der Balmoral Bar sollte man sich gönnen.

Info: www.edinburgh.org

← Edinburgh Castle, der Turm des Balmoral (rechts)
← Traditionell schottische Musiksession im Pub
← Mit Kilt und Dudelsack beim Military Tatoo
↑ Blick auf das Fringe Festival im Holyrood Park

Genuss auf höchstem Niveau

Wie eine Mondsichel strömt die Garonne im weiten Bogen durch die Stadt, die deshalb den Beinamen »Port de la lune« (Hafen des Mondes) trägt. Die ausgesprochen eindrucksvolle Kulisse des historischen Zentrums mit der Place de la Bourse, Esplanade des Quinconces und Place de la Comédie schmiegt sich an das linke Ufer des Stroms. Das in seiner Geschlossenheit einmalige klassizistische Ensemble aus dem 18. Jahrhundert gehört seit 2007 zum Welterbe der UNESCO. Mit breiten, von Bäumen beschatteten Boulevards und großzügigen Plätzen sind hier die Ideen der Aufklärung städteplanerisch umgesetzt. Rund 1800 Hektar umfasst der Denkmalschutzbereich zwischen den »Cours« genannten Ringstraßen und der Garonne. Weltweit können nur wenige Städte einen so gut erhaltenen Altstadtkern vorweisen.

Der Wein und der Handel über das Meer spielten bereits in der Antike eine bedeutende Rolle in der von Kelten gegründeten Siedlung, die von den Römern »Burdigala« getauft wurde. Vom 12. bis zum 15. Jahrhundert erlebte Bordeaux eine Blütezeit unter englischer Herrschaft, als der Handel von den Märkten auf der Insel profitierte. Mit der Schlacht von Castillon, die alljährlich im Juli und August mit viel Rauch und Schwertergeklirr nachgestellt wird, fiel Bordeaux wieder an Frankreich. Ein wenig »englisch« gibt man sich in der weltoffenen Stadt aber heute noch: Rugby gehört hier zu den beliebtesten Sportarten.

Und weil die Stadt in einem der berühmtesten, größten – und besten! – Weinbaugebiete der Welt liegt, zelebriert sie den edlen Rebensaft mit einem (be)rauschenden Fest. Alle zwei Jahre widmet sich Ende Juni »Tout Bordeaux« eine knappe Woche lang den Erzeugnissen des Bordelais mit all der Intensität, die man in Frankreich traditionell gutem Wein entgegenbringt. Gäste aus aller Welt besichtigen während der »Bordeaux Fête du Vin« voll Ehrfurcht die Keller der bekannten Châteaux der Weinregion, kosten sich in Bordeaux auf dem zwei Kilometer langen »Weinpfad« entlang der Garonne durch die Weine von 80 Appellationen und üben ihre Sinne in »Geschmacksworkshops«. Es liegt in der Natur der Sache, dass sich dieses Programm zwar bierernst anhört, das Fest in natura aber eine außerordentlich weinselige Angelegenheit ist. Die wunderbaren Genüsse der regionalen Küche tragen ein Übriges bei. Während die Fête du Vin in geraden Jahren stattfindet, feiert Bordeaux in ungeraden Jahren mit Feuerwerken und Kulturprogramm seine alte Handelsgeschichte und die Schifffahrt auf der Garonne mit Windjammern und Segelbooten.

Die Highlights

 Die *Place de la Bourse* ist ein architektonisches Meisterwerk. Sie flankieren das Hôtel des Fermes mit dem Zollmuseum und die majestätische Börse, beide Gebäude aus dem 18. Jahrhundert.

 Die *Esplanade des Quinconces* ist mit 12 ha Fläche einer der größten Plätze Europas. Ein Denkmal erinnert an die während der Französischen Revolution getöteten Girondisten.

 Die zentrale *Place de la Comédie* wurde auf dem alten römischen Forum angelegt. Dort steht das klassizistische Grand Théâtre von 1870.

 Die riesige romanisch-gotische *Cathédrale St. André* wurde 1096 geweiht. Wie Saint-Michel aus dem 16. und Saint-Seurin aus dem 13. Jahrhundert zählt sie als wichtige Station auf dem Pilgerpfad nach Santiago de Compostela zum UNESCO-Welterbe.

 Das *Musée des Beaux-Arts* präsentiert Werke von Rubens, Matisse und anderen berühmten Künstlern.

 Das *Musée d'Art Contemporain* zeigt bemerkenswerte zeitgenössische Kunst in einem alten Lagerhaus.

 Das *Musée des Chartrons* führt anschaulich in die Geheimnisse der Weinproduktion ein – für Weinliebhaber ein Muss.

Die beste Reisezeit

Bordeaux ist dank seines milden Klimas von Frühjahr bis Herbst ein beliebtes Reiseziel. In der Hochsaison im *Juli* und *August* strömen Urlauber an die nahe Atlantikküste, aber auch im Herbst stehen Bordeaux und sein Umland bei Besuchern hoch im Kurs. Noch spät im Jahr kann man hier surfen, golfen und wandern, Trüffel und Steinpilze locken Genießer an. Die neue Kultursaison mit Konzerten, Theateraufführungen und Ausstellungen beginnt, und lange Stadtspaziergänge sind bei den angenehmen Temperaturen herrlich.

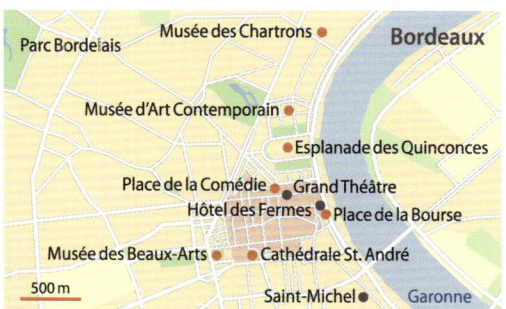

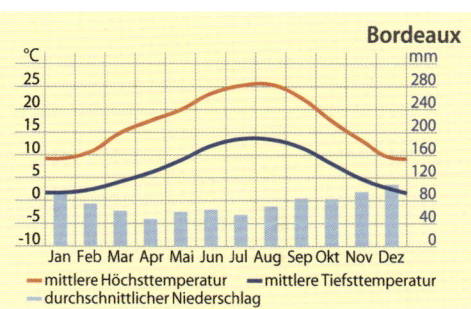

Besondere Tipps

Für Weinkenner: Bordeaux liegt in einem fantastischen Weingebiet. In der Maison du Vin de Bordeaux am Cours du XXX Juillet 1 erfahren Sie alles Nützliche über Führungen zu den Châteaux und Weinverkostungen.

Für Genießer: Die Küche von Bordeaux ist unschlagbar. Schlemmen Sie Austern und Crevetten, Perlhuhn und Lamm oder die geliebte süße Verführung Canelés.

Für Leseratten: Die spannende und für Europa folgenreiche Lebensgeschichte der Eleonore von Aquitanien beschreibt Régine Pernoud in »Die Königin der Troubadoure«.

Info: www.bordeaux-tourisme.com

← Bordeaux genießt den Sommer im warmen Nass
← Moderne Architektur im Weinladen L'Intendant
← Blick auf das gut besuchte Grand Theatre am Abend
↑ Neben Wein verführen auch Canelés

Grande Dame mit viel Charme

Wer das erste Mal nach Lissabon reist, trifft sofort zwei grundsätzliche Feststellungen: Die portugiesische Hauptstadt am Tejo ist zum einen fröhlich-chaotisch und liegt zum anderen definitiv auf mehr als nur sieben Hügeln. Diese Tatsache hat schon die Fuß- oder Kniegelenke so mancher Besucher arg strapaziert. Der kluge Tourist setzt deshalb bei seiner Stadterkundung auf die historischen Straßenbahnen und die für Lissabon typischen, »Elevadores« genannten Standseilbahnen. Am bekanntesten ist der Elevador de Santa Justa, tatsächlich ein frei stehender Aufzug. Er transportiert seine Fahrgäste von der schachbrettartig angelegten Unterstadt in die 32 Meter höher gelegene, verwinkelte Oberstadt. Dort angekommen, lässt man sich am besten treiben, schlendert gemächlich durch das vornehme Chiado und die hübschen Gassen des Ausgehviertels Bairro Alto – und bekommt langsam ein Gefühl vom lebhaften, quirligen und lauten Lissabon. Danach darf eine Fahrt mit der Eléctrico 28 nicht fehlen! Seit 1901 ist die elektrische Straßenbahn im Einsatz, rumpelt durch enge Gassen, quietscht sich in unglaubliche Haarnadelkurven hinein und schnauft enorme Steigungen hinauf. Touristen sollten bei solch spannenden Manövern übrigens nicht nur auf den Verkehr, sondern ebenso auf ihr Hab und Gut achten. Denn auch Lissabons Diebe schätzen das chaotische Gedränge und Gerumpel der Eléctricos. Wem fällt dabei schon ein schneller Griff in Hand- oder Hosentasche auf? Anfangs- und Endhaltestelle der Linie 28 ist der Platz Martim Moniz. Wer hier zusteigt, hat die größten Chancen auf einen der raren Fensterplätze der Bahn, aber staunenswert ist die Fahrt mit dem Nationalheiligtum von jedem Platz aus.

Viel zu bewundern gibt es in Lissabon auch beim alljährlichen Fest für den heiligen Stadtpatron San António. Bei der Festa de Santo António am 12. Juni verwandelt sich die ganze Stadt in eine einzigartige Open-Air-Bühne: Tagsüber bejubeln Einheimische und Besucher die farbenprächtigen Kostüme der Folkloretruppen bei ihren »Marchas«, den festlichen Umzügen entlang der Avenida da Liberdade. Abends geht es weiter in die Bars der Altstadt zu gegrillten Sardinen, jeder Menge Rotwein und portugiesischer Musik. Ganz Lissabon ist zu dieser Gelegenheit auf den Beinen, überall ist man umgeben von fröhlichem Lachen und lautem Stimmengewirr. Wer Lissabon am Ende seiner Reise schließlich wieder verlässt, sieht seine anfänglichen Eindrücke komplett bestätigt: Die Stadt verteilt sich auf viele, viele Hügel und ist liebenswert chaotisch!

Die beste Reisezeit

Obwohl Lissabon im Süden Portugals liegt, sind die Sommer eigentlich nie zu heiß, weil der Atlantik für Abkühlung sorgt. Deshalb überschreitet nicht einmal der hochsommerliche August ein Tagesmittel von 29 °C. Perfekt für einen Städtetrip nach Lissabon ist jedoch sicher der **Juni**, wenn sich durchschnittlich 25 °C auf elf Sonnenstunden verteilen. Laue Abende versprechen der Spätsommer und der Herbst, und auch wenn im Frühling gerade die Strandsaison beginnt, kann man sich schon vom langen Winter erholen.

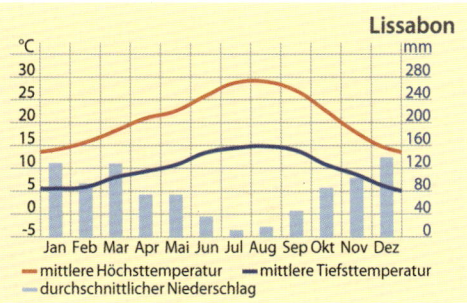

Die Highlights

- Das spätgotische *Hieronymuskloster* (UNESCO-Welterbe) beherbergt die Särge von Vasco da Gama und Mitgliedern der portugiesischen Königsfamilie. Sehenswert ist der Kreuzgang.

- *Torre de Belém* – Einst als Verteidigungsanlage erbaut, ist der Turm (UNESCO-Welterbe) heute eines der prominentesten Bauwerke Lissabons. Unbedingt besteigen!

- Die Festungsanlage *Castelo de São Jorge* thront auf einem der Hügel Lissabons. Die Aussichtsplattform bietet einen herrlichen Blick auf die Stadt und den Tejo.

- Das *Ozeanarium*, Lissabons Aquarium auf dem EXPO-Gelände von 1998, beheimatet unter anderem Haie, Rochen, Pinguine und Seeotter. Ein Besuch ist vor allem für Kinder spannend.

- *Elevador de Santa Justa* und *Eléctrico 28* – Der frei stehende Aufzug und die Straßenbahn sind gleichzeitig Verkehrsmittel und touristische Highlights.

- *Sintra* – Der außerhalb gelegene einstige Sommersitz der portugiesischen Könige gehört mit seinen imposanten Palästen und verträumten Landsitzen zum UNESCO-Welterbe.

- Die mondän-hübschen Seebäder *Estoril* und *Cascais* sind von Lissabon aus bequem mit dem Zug zu erreichen und lohnen auf jeden Fall einen Strandbesuch!

Besondere Tipps

Zum Naschen: Neben dem Hieronymuskloster backt und verkauft eine Patisserie die leckeren Blätterteig-Sahne-Törtchen »Pasteis de Belém«.

Zum Mitbringen: Die Herstellung der handbemalten »Azulejos« beruht auf einer jahrhundertealten Tradition. Am besten die Kacheln erst im Museu Nacional do Azulejo bestaunen und dann als Souvenir kaufen!

Zum Hören: Der Fado, ein Musikstil der Lisboetas mit arabischen Anklängen und vielen Molltönen, erzählt meist von unglücklicher Liebe. Unbedingt live anhören!

Info: www.visitlisboa.com

← Die Elevador da Bica erklimmt die schmalen, steilen Altstadtgassen
← Beleuchteter, menschenleerer Bahnhof am Abend
← Ansicht des Denkmals der Entdeckungen in Belém
↑ Sängerin im Restaurant Os Ferreira Fado

Im Zentrum der Künste

Von den Ufern des Arno, der sich mitten durch die an Kunstwerken überbordende Stadt zieht, gelangt man über den Ponte Vecchio, die berühmteste Brücke von Florenz mit ihren bunten Häuschen der Gold- und Silberschmiede, vorbei an den Uffizien direkt ins Zentrum der Macht, nämlich auf die Piazza della Signoria mit dem gleichnamigen mittelalterlich-majestätisch Palazzo. Überhaupt erkundet man die gesamte Altstadt am besten per pedes, liegen doch die wichtigsten Sehenswürdigkeiten nur wenige Gehminuten voneinander entfernt: die Uffizien, die Piazza della Signoria mit der Loggia dei Lanzi und der übermannsgroßen Kopie des »David« von Michelangelo oder die Basilica di San Lorenzo. Über die schicke Via Tornabuoni geht es weiter zum Baptisterium mit seinen berühmten Bronzetüren, dem Campanile und dem prachtvollen Dom.

Erlebnisreich ist der Aufstieg zwischen den beiden Kuppelschalen auf die Kuppel – eine sich lohnende Anstrengung, denn der Blick auf den Glockenturm und die Dächer von Florenz ist überwältigend.

Für den Kunstinteressierten ein Muss sind die Accademia mit den »Sklaven« und vor allem dem Original »David«, das Skulpturenmuseum im Bargello und Italiens bedeutendste Franziskanerkirche, Santa Croce. Jedes Jahr im Juni findet auf der Piazza vor dem Gotteshaus das historische Fußballturnier »Calcio Storico« statt. Bei diesem Spektakel, dem ein prachtvoller Festzug durch die ganze Stadt vorausgeht, treten Teams mit je 27 Spielern aus den vier Stadtteilen in mittelalterlichen Kostümen gegeneinander an. Nicht nur zahlreiche Touristen, sondern auch viele der rund 370 000 Einwohner wohnen diesem Schauspiel bei. Die Florentiner halten ihre oft seit Jahrhunderten bestehenden Traditionen hoch, zu sehen etwa auch beim »Scoppio del Carro«: Jedes Jahr am Ostersonntag ziehen mit Blumen geschmückte Ochsen einen Karren durch die Straßen zwischen dem Domplatz und der Porta al Prato, begleitet von historisch gewandeten Soldaten, Musikanten und Fahnenschwingern.

Wer nach einem ausgiebigen Stadtrundgang etwas Erholung braucht, sollte sich im Mercato Centrale, den Florentiner Markthallen, mit einem *panino* und frischen Früchten eindecken, sich auf die andere Seite des Arno begeben und in den prachtvollen Boboli-Gärten picknicken. Oder man bestaunt bei einem Prosecco im Café des Parks den fantastischen Blick über die Stadt. Genussvoller kann man kaum in das toskanische Zentrum der Künste eintauchen.

Die beste Reisezeit

Der *Frühsommer* ist ideal, um in die Toskana und nach Florenz zu reisen. Die Temperaturen erreichen im Schnitt zwischen 25 und 28 °C. Im Juli gibt es dann zwar nur drei bis vier Regentage im Monat, aufgrund der geografischen Lage der Stadt im Landesinneren kann es aber vor allem im Juli und August drückend heiß werden – und kühlende Lüftchen sind hier nicht zu erwarten. Während der Herbst noch einmal mit angenehm warmen Temperaturen und geringen Niederschlagsmengen lockt, wird der Winter feucht-kalt.

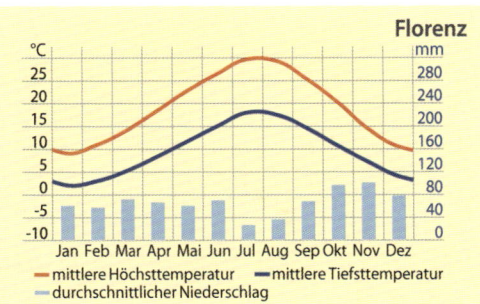

Die Highlights

 Der von Filippo Brunelleschi entworfene *Palazzo Pitti* und die *Boboli-Gärten* liegen auf der südlichen Arnoseite. Der größte Florentiner Palazzo beherbergt heute mehrere Sammlungen und Museen.

 Uffizien – in 45 Sälen befindet sich eine der bedeutendsten Gemäldesammlungen mit weltberühmten Werken toskanischer sowie anderer italienischer und niederländischer Meister.

 Ponte Vecchio – die 1345 errichtete und damit älteste Brücke von Florenz gilt als Wahrzeichen der Stadt.

 Santa Maria del Fiore mit Campanile – der Dom mit der Kuppel von Brunelleschi ist eine der größten Kirchen der Welt; der dreifarbige Glockenturm von Giotto gilt als einer der schönsten seiner Art.

 Das *Baptisterium San Giovanni* mit seinen einzigartigen Bronzeportalen zählt zu den ältesten und vollkommensten Bauwerken der Stadt.

 Santa Croce – in der Ordenskirche der Franziskaner befinden sich die Gräber großer Italiener wie Michelangelo, Dante oder Galileo Galilei.

 San Lorenzo mit Medici-Kapellen – hinter der Kirche, die nicht die sonst übliche Marmorverkleidung trägt, erheben sich die Medici-Kapellen mit der von Michelangelo geschaffenen Neuen Sakristei.

Besondere Tipps

Zum Mitbringen: Die Bögen aus dem traditionellen Florentiner Papier mit bunten Ornamenten eignen sich hervorragend zum Basteln und Dekorieren. Als Briefpapier sind sie ein beliebtes Mitbringsel.

Zum Schmökern: Der Florenz-Krimi »Stadt der Schmerzen« von Edith Kneifl ist nicht nur spannend, sondern vermittelt dem Leser en passant interessante kunsthistorische Details.

Zum Naschen: Ein Orangeneis bei Vivoli, dem berühmtesten Gelatiere der Stadt, ist ein Muss (www.vivoli.it).

Info: www.firenzeturismo.it, www.firenzemusei.it

← Vom Campanile di Giotto erstreckt sich ein herrlicher Blick auf Dom und Stadt
← Blick von den Uffizien zum Palazzo Vecchio
← Einer der prunkvollen Säle in den Uffizien
↑ Im Café Gilli an der Piazza della Repubblica

Glanz, Glamour und Dolce Vita

Wie großartig ist es, an einem lauen Frühsommerabend am besten auf der Vespa, beginnend an der Piazza Venezia und dem Kapitolsplatz, über die Via dei Fori Imperiali zu brausen ... – Vorbei am Forum Romanum und am Kolosseum, weiter zum Circus Maximus und dem Aventin, um schließlich den Tiber zu überqueren und im Künstlerviertel Trastevere einem Open-Air-Theaterstück oder einem Konzert unter freiem Himmel zu lauschen. Dort ist für Unterhaltung und Vergnügen gesorgt, wenn das Festival »Estate Romana«, römischer Sommer, alljährlich in den Monaten Juni bis September unzählige Kultur- und Genussveranstaltungen bietet.

Viele Wege führen nach Rom, in die »Caput Mundi«, die ehemalige Welthauptstadt. Vor allem für geschichtsinteressierte Besucher führt kein Weg an der Hauptstadt Italiens vorbei. Die Stadt präsentiert sich dem Gast wie ein einzigartiges großes Freilichtmuseum: Das Forum Romanum, das Kolosseum, die antiken Thermen, die Piazza Navona und die Spanische Treppe muss man einfach gesehen haben.

Rom ist eine sehr lebendige Stadt, es locken die bunten Märkte, wie der Gemüse- und Blumenmarkt auf dem Campo de' Fiori oder der riesige sonntägliche Flohmarkt an der Porta Portese, und es laden die herrlichen Parks der Villa Borghese oder der Villa Doria Pamphili zu einem geselligen Familienspaziergang ein. Hier lässt sich wunderbar eine kleine Pause, etwa mit einem typischen Tramezzino-Sandwich, einem starken Espresso oder einem Gelato einlegen, bevor man vielleicht eine weitere der unzähligen grandiosen Kirchen dieser Stadt besucht, allen voran natürlich den Petersdom im Vatikan. Abertausende von Pilgern und Gläubigen kommen jedes Jahr hierher, um an Weihnachten oder Ostern vom Papst den feierlichen Segen »Urbi et Orbi« zu empfangen, während Liebhaber der Kunst von den Vatikanischen Museen und ihren Meisterwerken, wie Michelangelos Sixtinischer Kapelle oder den Stanzen des Raffael in ihren Bann gezogen werden.

Doch ebenso wie Kunst, Kultur und Geschichte, so ist auch die Dolce Vita, das süße Leben, in Rom zu Hause. So lässt sich herrlich von der Spanischen Treppe aus über die Via dei Condotti schlendern, vorbei an all den schicken kleinen Läden und Designerboutiquen, und anschließend auf der Piazza Navona, einem der schönsten Plätze der Stadt, einen Campari schlürfen.

Die Highlights

 Im *Kolosseum*, Roms einzigartigem Amphitheater (72–80 n. Chr. erbaut) und Wahrzeichen der Stadt, vergnügten sich die Menschen der Antike bei Gladiatorenkämpfen, Tierhatzen und fingierten Seeschlachten.

 Das *Forum Romanum* war in der Antike das Zentrum des römischen Weltreichs. Auch seine Ruinen zeichnen noch immer ein lebendiges Bild des politischen und geschäftigen Roms jener Zeit.

 Der *Campo de' Fiori* ist vor allem am frühen Morgen und am Vormittag einen Besuch wert, wenn die Piazza in ein buntes Meer von Obst- und Gemüseständen getaucht ist.

 Piazza Navona – einer der schönsten Plätze Roms mit drei imposanten Brunnenanlagen, darunter Berninis berühmter Vierströmebrunnen.

 Die von der Via dei Condotti ausgehende breite *Spanische Treppe*, einem allabendlichen Treffpunkt für Verliebte, Musikanten und Flirtende, führt hinauf zur Kirche Santa Trinità dei Monti.

 Villa Borghese mit Galleria Borghese: Mitten in Roms grüner Oase befindet sich eine der bedeutendsten privaten Kunstsammlungen Italiens.

Vatikan mit Petersdom – Der kleinste Staat der Erde und Sitz des Heiligen Stuhls beherbergt weltberühmte Museen und die größte Kirche der Welt.

Die beste Reisezeit

Das *Frühjahr*, am besten nach dem Besucheransturm zu Ostern, ist für eine Romreise ideal: Die Temperaturen sind angenehm, von Regen bleibt man meist verschont, und so kann man bereits in den Straßencafés sitzen und sich von der Sonne wärmen lassen. Juni und Juli bieten mit dem Festival »Estate Romana« Konzerte und Events. Zu meiden ist der August wegen der drückend heißen Temperaturen und weil zahlreiche Läden und Restaurants vor allem rund um den 15. August (Ferragosto) geschlossen haben.

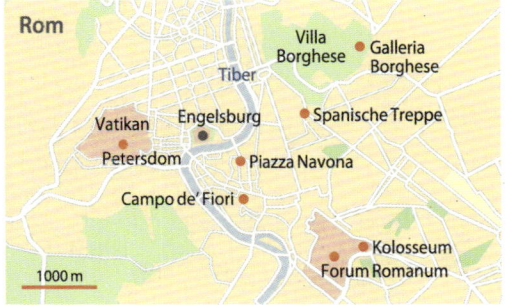

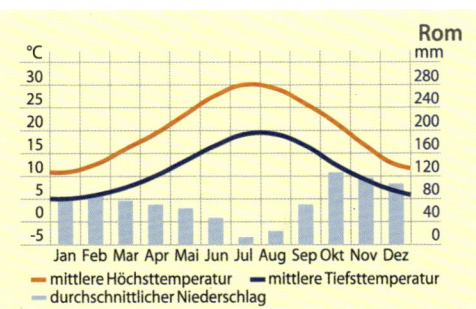

Besondere Tipps

Für Aktive: Bici & Baci vermietet nicht nur Zweiräder aller Art, sondern organisiert auch geführte Vespatouren (www.bicibaci.com).

Für Leseratten: »Spaziergänge in Rom« – Marco Lodoli beschreibt verborgene Schätze und Kuriositäten in der Ewigen Stadt.

Für Wohnkulturisten: 1995 hat Ferragamo in der Via dei Condotti ein luxuriöses Town House ins Leben gerufen, »Portrait Suites«. Der Blick von der Dachterrasse ist überwältigend (www.rome-suites-portrait.com).
Info: www.roma-online.de

← Nachts ist die Fontana di Trevi ein beliebter Treffpunkt

← Beeindruckende Geschichte im Forum Romanum

← Motorroller Fahren gehört in Rom zum Lebensgefühl

↑ Im Kolosseum starben unzählige Menschen

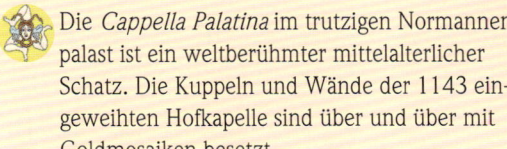

Der Bauch und das Herz Siziliens

Tropfnasse Wäsche über der Gasse, knatternde Piaggio-Kleinlaster, »bella figura« neben geplatzten Müllsäcken, hupende Vespas: Palermo besitzt eine Italianità, wie sie in anderen Teilen des Landes kaum mehr anzutreffen ist. Diese Stadt tief im Süden, in der vor tausend Jahren Normannenkönigen die Synthese aus arabischer, christlicher und byzantinischer Kultur gelang und durch deren mittelalterliche Quartiere sich heute der motorisierte Verkehr des 21. Jahrhunderts quält, wirkt auf den Besucher aus dem Norden hektisch, verwirrend und desorganisiert.

Touristen, die sich auf das quirlige Treiben einlassen, die aus bröselnden Kirchenfassaden vergangene Pracht herauslesen und aus dem Kreuz und Quer der Elektro- und Wasserleitungen an den Hauswänden das Improvisationstalent der Bewohner bewundern, diese Touristen werden Palermo lieben. Erst recht, wenn sie als Zaungäste am Festino S. Rosalia teilnehmen. Ihren Höhepunkt erreichen die Feierlichkeiten zu Ehren der Stadtpatronin am 15. Juli gegen Abend, wenn ein Wagen mit dem silbernen Reliquienschrein sich von der Kathe-

drale weg auf den Prozessionsweg des Corso Vittorio Emanuele bis zu den Quattro Canti begibt. Jahrhundertealtes katholisches Zeremoniell und tiefe Volksfrömmigkeit lassen keinen Betrachter ungerührt. Wenn es Nacht geworden ist, dann finden all die Fackeln und quietschbunten Neonlichter ihren Kulminationspunkt in einem gigantischen Feuerwerk auf der Hafenpromenade Foro Italico: Viva Palermo e Santa Rosalia Viva!

Auf Schritt und Tritt erfährt jeder Sinnenfreude, der durch Palermo schlendert, konzentriert erlebt man Bauernmärkte Vucciria, Capo und Ballarò. Wunderbar angerichtete Schwert- und Thunfische, Seeigel, Glasaale, Langusten oder halbe Lämmer, Truthähne und Orangen, Melonen, Oliven, Knoblauchzöpfe, Feigen oder in Meerwasser gegarter Oktopus. Siziliens Köche schätzte schon das alte Rom und in vielen kleinen Familienküchen bekommt man perfekte Spezialitäten wie Sfinciuni (belegte Ölkuchen) und Pani ca'meusa (Milzbrötchen), eine Cassata (Ricottatorte mit glasierten Früchten und Marzipan) oder Caponata (süßsaures Gemüse), etwa in der Antica Focacceria San Francesco, oder in der Hostaria Mamma, einer echten Trattoria Popolare, oder bei Ilardo, dem traditionsreichen Gelato-Tempel.

Ein Erlebnis auch, wie sich das geheimnisvolle Gassengewirr der Kalsa plötzlich zu dem gotischen Gemäuer von Lo Spasimo hin öffnet, der Basilika ohne Dach, wo in Sommernächten Musik erklingt, oder die Rast auf einer Parkbank unter Schatten spendenden Palmen, wenn im Sonnenglanz die roten Kuppeln von S. Giovanni degli Eremiti wie eine Fata Morgana flimmern.

Die Highlights

- Die *Cappella Palatina* im trutzigen Normannenpalast ist ein weltberühmter mittelalterlicher Schatz. Die Kuppeln und Wände der 1143 eingeweihten Hofkapelle sind über und über mit Goldmosaiken besetzt.

- Die faszinierenden Märkte *Vucciria*, *Capo* und *Ballarò* sind der »arabischste« Teil Palermos.

- Der spätgotische *Palazzo Abatellis*, wunderbar restauriert, beherbergt das größte Kunstmuseum Siziliens.

- Das *Teatro Massimo* ist nicht nur das größte Opernhaus Siziliens, sondern eines der größten der Welt. Die breite Treppe war Schauplatz der Schlussszene von Francis Ford Coppolas Film »Der Pate III«.

- *Monte Pellegrino*, westlich von Palermo, für Goethe »das schönste Vorgebirge der Welt«, krönt das Heiligtum der Hl. Rosalia. Pilgernd oder fahrend gelangt man zu diesem exklusiven Aussichtsplatz und blickt auf den Badeort Mondello.

- Mit Schaudern betritt man die Krypta des *Convento di Cappuccini*. Hier erwarten stehend oder auf einfachen Holzgestellen ruhend über 8000 Mumien den Jüngsten Tag. Der älteste Leichnam schon seit 500 Jahren.

- *Monreale*, 8 km oberhalb gelegen, ist mit dem mosaikgeschmückten Normannendom und dem Kreuzgang ein wahres Schmuckkästchen.

Die beste Reisezeit

Schon Goethe wusste: Das Frühjahr ist zum Staunen, der Herbst zum Genießen. Wer brütende Gluthitze und den heißen Schirokko (30–35 °C) nicht scheut, kann Palermo im Hochsommer genießen. Wer aber ein ausgedehntes Sightseeing-Programm absolvieren möchte, dem seien **Frühjahr** oder **Herbst** (Baden ist teils bis in den November möglich) empfohlen. Das mediterrane Klima sorgt für sehr milde, relativ feuchte Winter mit Durchschnittstemperaturen von 8 °C, Wohnungen sind jedoch selten beheizt.

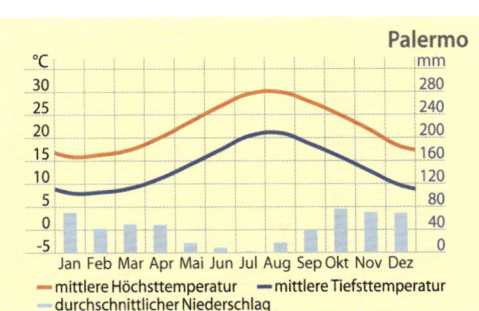

Besondere Tipps

Für Leser: »Ich sollte der Nächste sein« von Leoluca Orlando. Der ehemalige Bürgermeister von Palermo beschreibt seinen Kampf gegen die Mafia.

Für Autofahrer: Eine Verkehrslücke gibt es nicht, dafür hupt man, improvisiert und weicht sanft aus. Wer sich aufmerksam und locker in den Verkehrsfluss einfügt, kommt klar.

Für Filmbegeisterte: »Palermo Shooting« von Wim Wenders. Ein modernes Passionsspiel über Leben und Tod, in der Hauptrolle Punkrocker Campino – oder doch eher Palermo selbst?

Info: www.palermotourism.com

← Bekannt aus »Der Pate«: Das Teatro Massimo
← In der Sonne auf der Piazza Mondello schmeckt der Kaffee am besten
↑ Goldene Mosaiken in der Cappella Palatina

Auf Tuchfühlung mit den antiken Göttern

Athen bedeutet Chaos, hupende und schreiende Autofahrer, Ruinen – alles Vorurteile! Den Göttern sei Dank, wissen jedoch viele Menschen, dass man Griechenlands Hauptstadt unbedingt einmal gesehen haben muss. Besucher bezaubert Athen mit dem Gefühl, auf Anhieb willkommen zu sein. Wer sich mit dem Motorroller oder einem der günstigen Taxis auf den Weg macht, kann weit mehr entdecken als die Akropolis, das Benaki-Museum, die Nationalgalerie und den Syntagma-Platz mit dem ehemaligen Stadtschloss. Architekturbegeisterte mögen Athen vielleicht gewöhnungsbedürftig finden, gibt es hier zwar weltbekannte Denkmäler wie den Likavittos-Hügel mit der Georgios-Kapelle (wohin eine Zahnradbahn führt) und die Fatih Camii (Moschee des Eroberers), doch keine gewachsene Stadtstruktur. Athen ist aber trotzdem unglaublich reizvoll.

Wer dem unausweichlichen Staub der engen Gassen der Plaka entgehen will, kann im Nationalgarten entspannen, essen und trinken. Wer eher die Hotspots sucht, sollte am Abend den Stadtteil Kolonaki durchwandern oder sich im Studentenviertel Exarchia unters Volk mischen. Athen ist eine Stadt, um sich treiben zu lassen – zum römischen Iródion-Theater, dem Odeon des Herodes Atticus, kommt man so fast zufällig. Noch heute finden dort Veranstaltungen in einer einzigartigen Atmosphäre statt. In der Metro blenden Unmengen weißen Marmors und faszinieren kleine Ausstellungen. Die Stadtväter haben so clever zu nutzen gewusst, dass man in Athen nicht graben kann, ohne unweigerlich auf historische Relikte zu treffen. Von der Moderne zeugt hingegen unter anderem das Gebäude der US-Botschaft an der Vasilissis-Sofia-Avenue, das von dem deutschen Bauhausgenius Walter Gropius entworfen wurde.

Weniger bekannt als diese Attraktionen ist, dass die Griechen ein wahres Volk von Cineasten sind. Fester Bestandteil des sommerlichen Kulturangebots in Athen sind deshalb seit Langem Open-Air-Kinos, wie man sie beispielsweise nahe dem kleinen Hafen Mikrolimano findet. Die Filme werden dort in Originalversion (Synchronisationen sind eine typisch deutsche Einrichtung) gezeigt. Ein Gläschen vor oder nach der Vorstellung in der extra aufgebauten Bar ist eine der leichtesten Übungen, um aus der über 2000 Jahre alten Vier-Millionen-Stadt nicht nur schöne Bilder, sondern auch Freundschaften fürs Leben mit nach Hause zu nehmen.

Die Highlights

 Akropolis – Die Wiege Athens besteht im Wesentlichen aus drei Tempelruinen auf einem flachen, 150 m hohen Hügel und gehört zum UNESCO-Welterbe. Am Fuß des Berges liegen das neue Akropolismuseum und das Odeon des Herodes Atticus (Iródion-Theater).

 Kloster Daphni – Das vor allem wegen seiner Mosaiken berühmte Kloster aus dem 11. Jahrhundert im Vorort Dahpni gehört zum UNESCO-Welterbe.

 Benaki-Museum – Das Museum mit mehreren Dependancen präsentiert sämtliche Epochen der griechischen Kunst und Geschichte.

 Das *Archäologische Nationalmuseum* ist das wichtigste Museum zur griechischen Antike. Die Sammlung zeigt Kunstwerke und Gebrauchsgegenstände aus der Antike.

 Nationalgalerie – Sie bietet eine reizvolle Renaissance-Sammlung mit Werken u.a. von El Greco und Tiepolo sowie Kunst des 19. und 20. Jahrhunderts etwa von Picasso.

 Fatih Camii – Die Moschee am römischen Markt ist eines der ältesten osmanischen Bauwerke der Stadt, aber leider nur von außen zu betrachten.

 Plaka – Der verkehrsberuhigte Stadtteil unterhalb der Akropolis zählt zu den ältesten Athens. Er bestand schon in der Antike, heute lockt er mit zahlreichen Tavernen.

Die beste Reisezeit

Wer auf Sonnencreme verzichten möchte, kommt am besten zwischen **März** und Ende **Mai**, wenn in der Regel sehr schönes und mit über 23 °C angenehm warmes Frühlingswetter herrscht. Im Sommer ist Athen mit Temperaturen bis zu 45 °C teils sehr heiß und stickig. Im Herodes-Atticus-Theater bietet ein Festival von Juni bis September jedoch Theater, Musical und Konzerte. Das wohl größte und beste Festival dieser Art im Mittelmeerraum ist definitiv ein Grund, im Sommer hierher zu reisen.

Besondere Tipps

Zum Schauen: Das Cine-Paris wurde von einem ehemaligen Friseur gegründet und ist das schönste Freiluftkino der Stadt. Es bietet einen atemberaubenden Blick auf die Akropolis.

Zum Übernachten: Das Electra Palace in der Plaka bietet frisch renovierten 5-Sterne-Luxus zu 4-Sterne-Preisen.

Zum Lesen: Petros Markaris hat mittlerweile sieben – unbedingt lesenswerte – Krimis geschrieben. Die Reihe beginnt mit »Hellas Channel« und endet bislang mit »Faule Kredite«.

Info: www.visitgreece.gr

← Der Parthenon-Tempel auf der Akropolis
← Der Fischmarkt bietet den tagesfrischen Fang an
← Meeresgott Poseidon (400 v. Chr.) im Nationalmuseum
↑ Geschäft mit griechisch-orthodoxen Ikonen

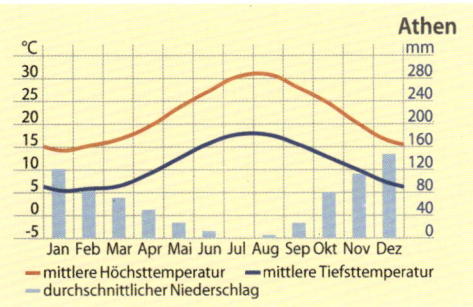

mittlere Höchsttemperatur
mittlere Tiefsttemperatur
durchschnittlicher Niederschlag

Windy City am großen See

New York mag das Empire State Building und andere berühmte Türme haben, erfunden wurde der Hochhausbau jedoch in Chicago. Tatsächlich kratzte man hier schon viel früher an den Wolken als im Big Apple an der Küste. Als 1871 ein verheerender Großbrand das Zentrum in Schutt und Asche legte, nutzte man die Chance, die Stadt mit modernster Architektur neu zu gestalten. 1884 schuf William le Baron Jenney an der LaSalle Street mit dem Home Insurance Building den ersten Wolkenkratzer der Welt in Stahlskelettbauweise. Das Gebäude wurde 1931 abgerissen und durch den Art-déco-Bau des LaSalle National Bank Building ersetzt. Die Chicago School of Architecture wurde wegweisend für die moderne Architektur. In den folgenden Jahrzehnten bis heute wurde in der Stadt immer aufregend neu und modern gebaut. Es wirkten Größen wie Ludwig Mies van der Rohe und James Lloyd Wright. Einer populären Erklärung zufolge heißt Chicago wegen des Windes in den Wolkenkratzerschluchten »Windy City« – vielleicht aber auch wegen ihrer berüchtigten korrupten Politiker und Gangster, die vor allem während der Pro-

hibition in den 1920er-Jahren zu zweifelhaftem Ruhm gelangten. Chicagos Unterwelt kontrollierte damals ein Zugereister aus New York: Al Capone.

Facettenreich ist auch die Bevölkerung in der drittgrößten Stadt der USA. Mitte des 19. Jahrhunderts wurde Chicago zu einem bedeutenden Verkehrsknotenpunkt. Aus Irland, Deutschland, Polen und vielen anderen Staaten zogen Menschen in die Stadt, die in den Fabriken und den Schlachthöfen des riesigen Viehumschlagplatzes arbeiteten. Auch diverse asiatische Communitys haben sich in der Stadt gebildet, Hispano-Amerikaner stellen rund 20 Prozent der Bevölkerung. Etwa doppelt so groß ist der Anteil der Afroamerikaner. Sie prägten in der ersten Hälfte des 20. Jahrhunderts die lebhafte Jazz- und Bluesszene der Stadt. Seit 1929 veranstalten sie immer am zweiten Samstag im August mit der »Bud Billiken Parade« die größte und älteste afroamerikanische Parade der USA.

Ein weiteres musikalisches Highlight ist das Grant Park Music Festival. Luftballons dürfen nicht die Sicht versperren, wenn sich 11 000 fröhlich gestimmte Musikfreunde vor Frank Gehrys futuristischem Jay Pritzker Pavilion versammeln, um Beethovens »Eroica« zu lauschen. 1931 erstmals als Stimmungsaufheller während der Großen Depression organisiert, ist es heute das einzige kostenlose Freiluftfestival klassischer Musik in den USA. Alljährlich bildet es von Mitte Juni bis Ende August einen Höhepunkt in Chicagos Kulturkalender. Seit 2004 findet es im Millennium Park statt, der als grünes Gesamtkunstwerk zu den beliebtesten Sehenswürdigkeiten der Millionenmetropole am Lake Michigan zählt.

Die Highlights

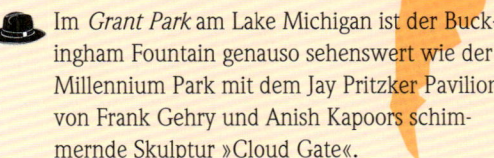

Im *Grant Park* am Lake Michigan ist der Buckingham Fountain genauso sehenswert wie der Millennium Park mit dem Jay Pritzker Pavilion von Frank Gehry und Anish Kapoors schimmernde Skulptur »Cloud Gate«.

Gleich nebenan präsentiert das *Art Institute of Chicago* Kunst aus fünf Jahrtausenden, darunter eine bedeutende Impressionisten-Sammlung.

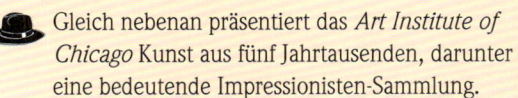

Der *Loop* ist der historische Stadtkern im Finanzdistrikt. Hier stehen architektonische Highlights wie der Willis Tower, The Rookery Building, das Reliance Buildung und das Federal Center.

An der *Magnificent Mile* der North Michigan Avenue, stehen Wahrzeichen wie das Wrigley Building, der Water Tower und das Hotel Inter-Continental Chicago.

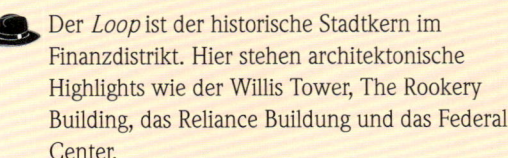

Das *John G. Shedd Aquarium* zählt mit rund 32 500 Tieren zu den größten Aquarien der Welt (www.sheddaquarium.org).

Gleich nebenan ist das *Field Museum*, eines der größten naturwissenschaftlichen und kulturwissenschaftlichen Museen der Welt.

Das *Museum of Science and Industry* ist mit seinen interaktiven Ausstellungen über Wissenschaft und Technik führend in den USA.

Die beste Reisezeit

Chicago kann in Winter bitterkalt sein und wird oft von Schneestürmen heimgesucht. Beliebter sind als Reisezeit daher die warmen Sommermonate, in denen das Thermometer schon mal auf 28 °C klettert. Da der riesige Lake Michigan wie ein Wärmespeicher wirkt, ist auch der Herbst in der Regel angenehm mild. Die meisten Open-Air-Veranstaltungen vom »Chicago Gospel Festival« bis zum »Oktoberfest« mit deutschen Biergärten finden denn auch zwischen **Juni** und **Oktober** statt.

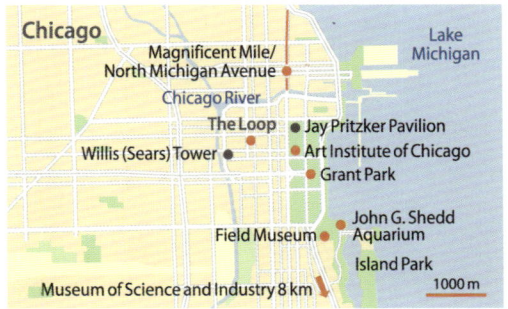

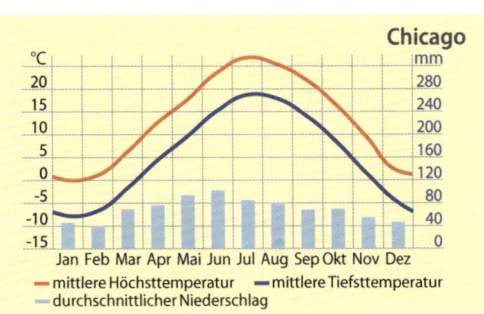

Besondere Tipps

Für Architekturfans: Die Chicago Architecture Foundation bietet Führungen nach Downtown und Bootsfahrten auf dem Chicago River an (www.caf.architecture.org).

Für Musikliebhaber: Chicago Jazz! Einer der wichtigsten Vertreter war der legendäre Kornettist Bix Beiderbecke in den 1920er-Jahren.

Für Literaten: »Der Dschungel« von Upton Sinclair über die katastrophalen Bedingungen in den Schlachthäusern der Stadt Ende des 19. Jahrhunderts. Ebenfalls ein Klassiker ist der Film »Blues Brothers«.

Info: www.gochicago.com

← Blick vom Observatory Deck des John Hancock Tower
← Der Pritzker Pavillon von Frank Gehry
← Das legendäre Chicago Theatre wurde 1921 erbaut
↑ Bootsfahrt auf dem Chicago River durch die Stadt

Kontrastreiche Hauptstadt einer Weltmacht

In Washington beschleicht viele Besucher das Gefühl eines Déjà-vu-Erlebnisses. Das Weiße Haus, der Marmorobelisk des Washington Monument, das Kapitol mit seiner mächtigen Kuppel, die Säulenhalle des Lincoln Memorial – die Symbolbauten der USA hat jeder schon so oft in den Nachrichten, in Film und Fernsehen gesehen, dass sie merkwürdig vertraut wirken.

An der majestätischen Straßenachse der National Mall, die sich wie ein Park zwischen Kapitol und Lincoln Memorial erstreckt, reihen sich Museen von Weltrang, aber auch Gedenkstätten für die gefallenen US-Soldaten verschiedener Kriege. In Stein gefasst ist hier mit dem Vietnam War Memorial unter anderem das Vietnamkriegstrauma der USA. An der schwarzen Granitwand suchen täglich Menschen nach den Namen ihrer Freunde oder Verwandten, die in Vietnam gestorben oder vermisst sind. Die Promenade ist der Sammelplatz der Massen bei bedeutenden nationalen Ereignissen: Rund eine Viertel Million Menschen drängten sich

hier, als Martin Luther King 1963 mit seiner Rede »I have a dream« freie, gerechte USA jenseits der Rassentrennung beschwor, und sogar zwei Millionen, als Barack Obama 2009 das Amt des 44. US-Präsidenten übernahm. Hier trifft man sich aber auch zum fröhlichen Feiern, wenn Washington zum Nationalfeiertag am 4. Juli die größte Party des Landes schmeißt mit allem, was die USA lieben: mit Paraden und Patriotismus, Livemusik, Barbecues und einem gigantischen Feuerwerk, das den Himmel über dem Kapitol in buntes Licht taucht.

Ende des 18. Jahrhunderts wurde Washington als Planstadt in einem Flächenquadrat von zehn Meilen Kantenlänge entworfen. Tatsächlich brauchte man für die Hauptstadt des jungen Landes weitaus weniger Raum, und bis heute ist sie als Zentrum einer Weltmacht erstaunlich klein geblieben. Rund 600 000 Einwohner leben direkt im Stadtgebiet im District of Columbia, der unter den US-Bundesstaaten eine Sonderstellung einnimmt. Washington präsentiert sich prächtig im Zentrum zu beiden Seiten der National Mall, elegant und mit hoher Lebensqualität in historischen Vierteln wie Georgetown. In keinem Staat der USA leben mehr Menschen mit überdurchschnittlichem Einkommen als im District of Columbia, und doch ist hier auch der Anteil der Armen extrem hoch. Washington prägen führende Museen, Universitäten und Forschungseinrichtungen, und doch kann ein erheblicher Prozentsatz seiner Bewohner Englisch kaum lesen oder schreiben. So widersprüchlich und facettenreich, erfolgreich und gescheitert wie die USA, so vielfältig zeigt sich auch ihre Hauptstadt. Unbedingt sehenswert.

Die beste Reisezeit

Washington hat ausgeprägte Jahreszeiten, jedoch ist das Wetter ganzjährig feucht. Im Winter fallen die Temperaturen häufig unter den Gefrierpunkt und es schneit teilweise heftig. Die beste Reisezeit sind die wärmsten Monate **Juli** und **August**, wenn die Temperaturen über 26 °C klettern. Angenehm sind auch **April** und **Oktober**, mit etwa 20 °C. Zu Ostern kann man beim traditionellen »White House Easter Egg Roll« zusammen mit der Präsidentenfamilie Ostereier suchen (die Tickets werden online verlost).

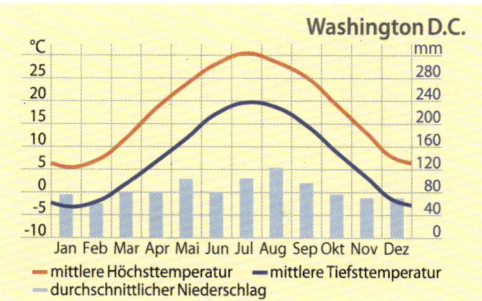

Die Highlights

 Das *Kapitol* zählt zu den Top-Sehenswürdigkeiten in Washington. Im unterirdischen Besucherzentrum informiert eine umfassende Ausstellung über die Geschichte der USA.

 Im *Weißen Haus* spaziert man über die »Korridore der Macht« – Karten für Besichtigungen erhält man im Besucherzentrum. Stehen Sie früh auf, sie werden ab 7 Uhr morgens ausgeteilt und sind schnell vergeben.

 Die *National Mall* zwischen Lincoln Memorial und Kapitol ist das Herzstück des Zentrums. Sie säumen diverse Kriegsdenkmäler, der Botanische Garten der USA sowie elf der 19 Museen der Smithsonian Institution.

 Die *National Gallery of Art* an der National Mall gehört zu den wichtigsten Museen der USA.

 Das *National Air and Space Museum* an der National Mall ist für Technikfreunde sehenswert.

 Das *Vietnam Veterans Memorial* ist das beeindruckendste Denkmal für die gefallenen Soldaten an der National Mall.

 Georgetown, Logan Circle und *Adams Morgan* sind malerische Viertel mit historischer Bebauung, Läden, Cafés und Restaurants mit Küchen aus aller Welt. Denken Sie abends daran, dass Washington keine besonders sichere Stadt ist.

Besondere Tipps

Für Filmfreaks: »Forrest Gump« und »Independence Day« sind nur zwei Blockbuster, die hier gedreht wurden. Führungen zu den Drehorten (auch mit Segway) bietet unter anderem Best Tours of Washington D.C.

Für Zuhause: Sportfans freuen sich über ein Souvenir der Washington Redskins, dem erfolgreichen Football-Team der Stadt.

Für gesellschaftlich Interessierte: Die »Washington-Trilogie« (Das große Umlegen/King Suckerman/Eine süße Ewigkeit) von George P. Pelecanos beschreibt Washington im 20. Jahrhundert aus Sicht der Einwanderer.

Info: www.washington.org

← Das Kapitol der Vereingten Staaten von Amerika
← Das Lincoln Memorial ehrt den 16. Präsidenten
← Bunte Vielfalt in den Straßen von Georgetown
↑ Ein Besuch im Weißen Haus ist nur begrenzt möglich

Hightech in der Smaragdstadt

Fruchtbare Wälder und fischreiche Gewässer lockten schon vor rund 15 000 Jahren Menschen an die Pazifische Nordwestküste der USA. Vor der Kulisse des mächtigen Mount Rainier lag zwischen dem Puget Sound, dem Washington Lake und den Olympic Mountains einst das Land der Duwamish. Die Stadt, die sich heute auf diesem traumhaft schönen Landstrich wie Rom auf sieben Hügeln erstreckt, heißt nach ihrem berühmtesten Häuptling: Seattle. Den tiefgrünen riesigen Wäldern der Region verdankte Seattle im 19. Jahrhundert seinen Aufstieg als Zentrum der Holzwirtschaft, ihren vielen Grünflächen ihren Beinamen Emerald City, die »Smaragdstadt«.

In der Zeit des Goldrauschs von Klondike diente Seattle ab 1897 zum Tor nach Alaska und dessen Bodenschätze. Heute ist sein Hafen ein bedeutendes Tor nach Asien. Seattles Verbundenheit mit dem fernen Nachbarn im Osten zeigt sich auch an seiner großen asiatischen Gemeinde, von der nicht zuletzt die ausgezeichnete Gastroszene der Stadt mit zahlreichen asiatischen Restaurants profitiert. Bei der Seafair sind jedoch alle Communitys der Stadt beim Feiern und guten Essen vereint. Fast den ganzen Juli bietet das bunte Sommerfest ein abwechslungsreiches Programm mit Straßenfesten in den verschiedenen Vierteln, Sportveranstaltungen, der Wahl der Miss Seafair und einem Fackelumzug in Kostümen. Ein weiterer Höhepunkt ist die Vorführung der »Blue Angels« genannten Kunstfliegerstaffel der US-Army.

Seattles ältestes Viertel ist der Pioneer Square im Südwesten der Downtown. In dem denkmalgeschützten Quartier reihen sich Buchhandlungen, Kunstgalerien, Cafés und Nachtclubs aneinander. Hier stehen neoromanische Ziegelhäuser aus dem 19. Jahrhundert und der 1914 erbaute Smith Tower. Vom ältesten Wolkenkratzer der Stadt ist es nicht weit zum traditionsreichen Pike Place Market, wo ein Kaffeehaus namens Starbucks in den 1970er-Jahren eine Weltkarriere startete. Bekannter ist die Stadt jedoch als Hightechmetropole, schließlich steht im Vorort Redmonton die Zentrale des Softwareriesen Microsoft und der Luftfahrtkonzern Boeing lässt hier Flugzeuge bauen. Unter Musikkennern ist Seattle dagegen Synonym für Grunge und Indie Rock, in der Geburtsstadt von Jimi Hendrix begeistert aber auch alljährlich am Memorial Day Ende Mai Folk und Weltmusik beim kostenlosen Northwest Folk Festival. Seattle überzeugt – dank seines breiten Kulturangebots, seiner fantastischen Sport- und Freizeitmöglichkeiten und seiner lässigen Atmosphäre. In den USA rangiert es in puncto Lebensqualität an der Spitze, als Besucher muss man sich hier einfach wohlfühlen.

Die beste Reisezeit

»In Seattle regnet es neun Monate im Jahr!«, bemerkt Meg Ryans Filmbruder in »Schlaflos in Seattle«. Aber etwas besser als sein Ruf ist das Wetter doch. Tatsächlich regnet es nicht mehr, aber häufiger als in vielen anderen Städten der USA. Zwischen Oktober und April kann es tagelang neblig sein, nieseln und regnen, im Mai wird das Wetter schon etwas besser. Der *Juli* ist in der Regel der trockenste, sonnigste und wärmste Monat des Jahres, dicht gefolgt vom **August**. Auf Regen sollte man jedoch immer eingestellt sein.

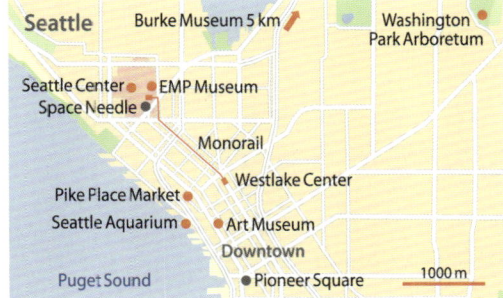

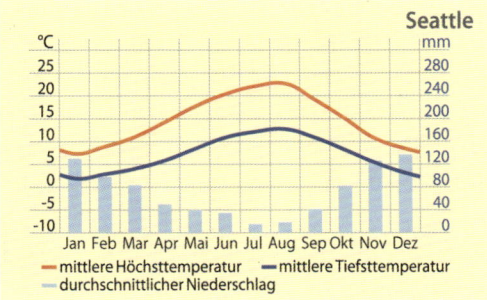

mittlere Höchsttemperatur — mittlere Tiefsttemperatur — durchschnittlicher Niederschlag

Die Highlights

 Das *Seattle Center* ist das Gelände der Weltausstellung von 1962. Hier stehen unter anderem das Pacific Science Center für Raumfahrt und Astronomie und die berühmte Space Needle. Vom Drehrestaurant des Turms hat man einen herrlichen Blick über die Stadt und den Hafen.

 Ebenfalls im Seattle Center steht das *EMP Museum für Rockmusik und Science Fiction*. Das Gebäude von Frank Gehry schaut aus wie eine geschmolzene Gitarre.

 Auf dem malerischen *Pike Place Market* werden seit 1907 frisches Gemüse und Meeresfrüchte verkauft. Er ist einer der ältesten bestehenden Produzentenmärkte der USA.

 Das *Seattle Art Museum* präsentiert Kunst von allen Kontinenten aus der Antike bis zur Gegenwart. Zum Museum gehören auch der *Olympics Sculpture Park* und das *Seattle Asian Art Museum*.

 Das hochinteressante *Seattle Aquarium* ist dem Umweltschutz verpflichtet.

 Das Burke Museum of Natural History and Culture präsentiert eine riesige natur- und kulturgeschichtliche Sammlung, darunter exzellente Kunst der Nordwestküstenindianer.

 Im *Washington Park Arboretum* gedeihen auf rund 90 ha über 4500 Pflanzenarten – ein faszinierendes lebendes Pflanzenmuseum.

Besondere Tipps

Für Architekturfans: Die Seattle Central Library in der 4th Avenue 1000 beeindruckt durch ihre Ausstattung und durch ihre Architektur. Der elfgeschossige Bau aus Stahl und Glas wurde von Rem Koolhaas entworfen.
Für Eisenbahnfreunde: Pendeln Sie auf jeden Fall mit der Monorail zwischen Downtown und Seattle Center. Der Blick ist großartig.
Für Auge und Ohr: Seattle ist die Stadt des Avantgarde-Jazz, von Grunge und Indie Rock. Zudem dient es für zahlreiche Filme und Fernsehserien als Kulisse.
Info: www.seattle.gov

← Blick auf die Skyline bei Abendsonne
← Marine und Hausboote auf dem Lake Union
← Das Experience Music Projekt: ein Besuchermuss
↑ Segelboot im Puget Sound vor Downtown Seattle

Die fotogene Schöne im äußersten Westen

Nicht zufällig rangiert Vancouver in Listen der schönsten Städte des Planeten regelmäßig auf den vorderen Rängen – übrigens auch in den Umfragen nach den Orten, in denen es sich besonders gut leben lässt. Und Kreuzfahrt-Passagiere zählen Vancouver zu den fotogensten Hafeneinfahrten der Welt. Wenn ihr schwimmendes Hotel am Pier des Canada-Place-Komplexes festmacht, erinnert das charakteristische Gebäude mit seinen Zeltdächern an Vancouvers größte Stunde: die Weltausstellung Expo 86. Zu dieser Gelegenheit wurde auch die erste Strecke des Skytrain für den Stadtverkehr fertiggestellt. Heute ist er mit fast 70 Kilometern Länge die größte vollautomatische Bahn der Welt. Zu den Olympischen Winterspielen 2010 blickte die Welt erneut nach Vancouver. Weil viele der Wettbewerbe im 125 Kilometer entfernten Wintersportort Whistler stattfanden, musste der Sea-to-Sky-Highway (Highway 99) ausgebaut werden. Die traumhaft schöne Autobahn führt im Stadtgebiet über die Lions Gate Bridge. Die spektakuläre Hän-

gebrücke zählt zu den Wahrzeichen Vancouvers. Vancouvers Skyline bildet einen beeindruckenden Kontrast zu dem umliegenden attraktiven Puzzle aus Bergen und Buchten. So urban und weltläufig sich die Stadt in ihrem Kultur- und Wirtschaftsleben gibt, so ist sie doch auch immer eine »Outdoor City«. Überdurchschnittlich viele Autos transportieren Kanus auf dem Dach, und den vielen Allradwagen sieht man an, dass sie nicht nur zur Vorfahrt an der Oper genutzt werden. Die lokalen Fernsehsender berichten in epischer Breite über das Wetter in den Bergen oder den Wellenhöhen auf dem Pazifik. Da sich in Vancouvers weiten Naturhafen der Seegang in Grenzen hält, eignet er sich auch gut für die vielen Wasserflugzeuge, die hier täglich starten und landen. Für Kanada ist dies ein typischer Anblick, denn die »Seaplanes« sind in der unwegsamen Wildnis des zweitgrößten Landes der Welt echte Volksvehikel.

Um einen ganz besonderen Anblick zu genießen, strömen alljährlich im August zur »Celebration of Light« 1,4 Millionen Zuschauer nach Vancouver – nicht schlecht für eine Stadt, die nur rund 600 000 Einwohner zählt. Der Feuerwerkswettkampf hat sich seit seiner ersten Austragung 1990 zu einem der größten Festivals in Vancouvers Provinz British Columbia entwickelt. Immer drei Nationen treten bei dem aufsehenerregenden Spektakel gegeneinander an. Zu den Mehrfachsiegern gehören Spanien, Gastgeber Kanada und China, das Mutterland aller Feuerwerke. Das Schauspiel passt gut zu dieser Stadt, die in herrlicher Landschaft an Kanadas Westküste stets selbst für einen großen Auftritt sorgt.

Die Highlights

 Lookout – Von dem Turm im Harbour Centre reicht der Blick vom Aussichtsdeck und dem Drehrestaurant in 130 m Höhe über Vancouver bis zu den Bergen.

 Gastown – In Vancouvers ältestem Quartier drängen sich Coffeeshops, Bistros und IT-Design-Firmen. Die Water Street mit der Dampfuhr bildet das touristische Zentrum.

 Stanley Park – In den 405 ha großen Park kommen jährlich ca. acht Millionen Besucher. Die Hauptattraktion für Touristen ist die Totempfahl-Sammlung.

 Museum of Anthropology – Das Museum der Universität von British Columbia gehört wegen seiner Indianer- und Südpazifik-Sammlungen zu den besten Museen Kanadas.

 Vancouver Aquarium – Das Aquarium im Stanley Park setzt einen Schwerpunkt auf den Nordwesten, zeigt aber auch tropisches Unterwasserleben.

 Granville Island – Die Halbinsel wird von Touristen vor allem wegen des Marktes angesteuert. Hier verkaufen viele lokale Künstler ihre Arbeiten.

 Grouse Mountain – Auf Vancouvers 1231 m hohen Hausberg fährt eine Kabinenseilbahn.

Die beste Reisezeit

Im *Sommer* ist es in Vancouver überwiegend warm – meist deutlich unter 30 °C – und trocken. Umso häufiger regnet es im Herbst und Winter. Schnee ist kein ständiger Begleiter des Winters, zumindest in Downtown Vancouver. Auf den umliegenden Bergen und seinen Skipisten mangelt es hingegen nicht am »weißen Gold«. In der sommerlichen Hauptsaison sind die Hotelpreise oft etwas günstiger als im Rest des Jahres, weil die Hotels vorwiegend auf Geschäftsreisende und Tagungsteilnehmer abzielen.

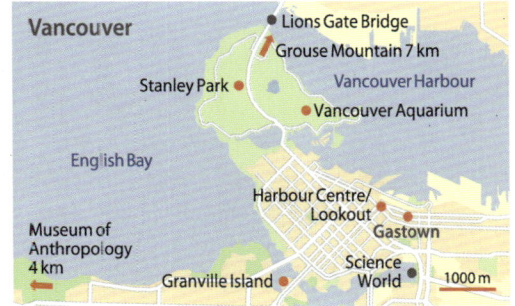

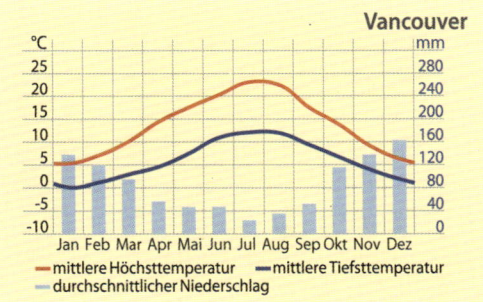

Besondere Tipps

Für Regenwaldläufer: Die 135 m lange Seilbrücke Capilano Suspension Bridge führt in 70 m Höhe über eine Schlucht im Regenwald.

Für Inselhopper: Victoria auf Vancouver Island, British Columbias Hauptstadt, ist per Wasserflugzeug etwa 30 Minuten entfernt. Sehenswert sind das Parlament und das Royal British Columbia Museum.

Für Eisenbahnfreunde: Der »Rocky Mountaineer« erschließt mit Ein- und Mehrtagestouren auf verschiedenen Routen das Gebirge. Der Zug führt Doppelstockwaggons mit Panorama-Glasdach.

Info: www.tourismvancouver.com/visitors

← False Creek und Downtown Vancouver
← Totempfahl der Kwakiutl-Indianer im Stanley Park
← Die English Bay ist ein beliebter Erholungsort
↑ Auch Belugas schwimmen im Vancouver Aquarium

Stetson-Hüte auf der Skipiste

Calgary ist heute eine der größten Metropolen Kanadas, im 19. Jahrhundert war es dagegen noch eine biedere Provinzstadt zwischen Prärie und Rocky Mountains. Das änderte sich auch kaum, als 1902 Öl entdeckt wurde – der Ölboom begann erst 1947. Bald schossen die ersten Wolkenkratzer in den Himmel, mittlerweile hat die Millionenstadt eine stattliche Skyline. Mit den Öldollars verwandelte sich auch die Stadt in eine kosmopolitische Kommune, wie ein Bummel über die Stephen Avenue oder die 17th Avenue mit ihren Cafés und Geschäften beweist. Den letzten Schliff erhielt diese Entwicklung mit den Olympischen Winterspielen 1988. Seither ist Calgary international quasi auf der Landkarte, vor allem als Ausgangsflughafen für Reisen in die kanadischen Rockies, im Sommer ein grandioses Hochgebirgsziel, im Winter unter Skiern berühmt für seinen staubfeinen Champagner-Schnee. Die Calgarians soll man angeblich daran erkennen, dass sie mit dem Stetson statt mit der Pudelmütze auf die Piste gehen.

Solche Cowboyhüte, ganz in Weiß, trugen selbstverständlich auch Kate und William, als sie 2011 die Calgary Stampede eröffneten. Die Stampede begann 1886 mit einer Produktschau lokaler Farmer und Rancher, das Rodeo kam später hinzu. Das junge königliche Paar agierte im Auftrag von Williams Oma, Kanadas Staatsoberhaupt. Die Queen, bekanntlich ein Pferdefreund, selbst hat das zehntägige Western Festival im Juli bereits zweimal besucht. Ihr tun es alljährlich mehr als eine Million Besucher gleich, die zum »größten Rodeo der Welt« zusammenströmen, nicht mitgezählt die Millionen, die den Live-Übertragungen im Fernsehen folgen: Reiter auf wild buckelnden Pferden, Cowboys, die Stiere niederringen, Cowgirls, die im gestreckten Galopp um ein »Fass« reiten und so fort. Stets geht es hier um sechsstellige Preisgelder, wie auch beim nicht minder beliebten Chuckwagon Race mit Pferdekarren, die einst als rollende Küchen die Cowboys beim Viehtrieb beherrschten. Zur Stampede gehören unter anderem aber auch eine große Parade, ein Zeltdorf der Indianer in der Provinz Alberta und eine Landwirtschaftsschau. Während der Stampede-Tage tragen viele Calgarians Western-Outfit, und die Öl- und Finanzmetropole macht ihrem Spitznamen »Cowtown« alle Ehre. Jeden Tag gibt es – meist zugunsten karitativer Zwecke – unzählige Barbecues und Pancake Breakfasts. Zum größten dieser Pfannkuchen-Frühstücke strömen 60 000 Menschen in einem Einkaufszentrum zusammen. Diese Arbeitswoche dürfte nicht zu den produktivsten gehören …

Die beste Reisezeit

Calgary liegt 1048 m hoch, was der Metropole ein spezielles Klima beschert. Die Sommer sind kurz und selten heiß, *Juli* und *August* sind mit etwa 23 °C statistisch die wärmsten Monate. Die Winter sind lausekalt bei etwa minus 15 °C. Die Minusrekorde für Januar und Februar liegen unter minus 44 °C. Doch auch darauf ist kein Verlass, dank des Chinook, ein warmer Fallwind im Winter, der über die Rockies kommt und in Calgary die Temperatur um bis zu 15 °C nach oben treibt.

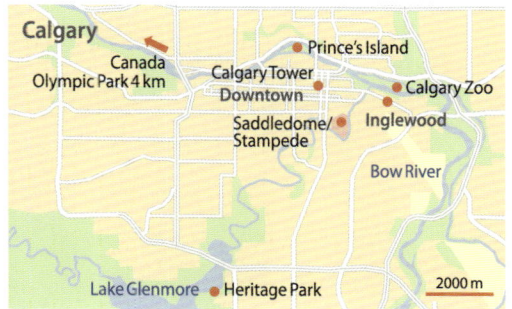

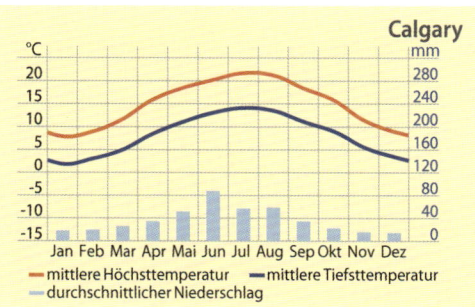

Die Highlights

 Saddledome – Die wie ein Sattel geformte Sportarena ist ein Wahrzeichen Calgarys. Hier spielen u.a. die Eishockey-Profis der Calgary Flames.

 Canada Olympic Park – Besucher können von der höchsten Sprungschanze am Drahtseil zu Tal gleiten und im Winter im Bob mitfahren.

 Inglewood – Calgarys ältester Stadtteil ist heute »urban chic«, eine beliebte Adresse mit Restaurants, Cafés, Antikläden und Galerien.

 Prince's Island – Die Insel im Bow River ist einer der beliebtesten Parks der Stadt. Hier finden diverse Festivals und im Sommer das Theaterprogramm »Shakespeare in the Park« statt.

 Calgary Tower – Von dem 190 m hohen Turm mit Drehrestaurant sieht man bis zu den Rocky Mountains. Unten ist er an Calgarys Skywalks, die erhöhten Fußgängersteige, angeschlossen.

 Calgary Zoo – Er ist nach Regionen organisiert, etwa Afrika oder Australien und natürlich Kanada. Dazu gehören auch ein botanischer und ein prähistorischer Park.

 Heritage Park – In »Kanadas größtem Dorf mit lebendiger Geschichte« erklären Akteure in Kostümen anhand der Ausstellung den einstigen Alltag.

Besondere Tipps

Für Bergfans: Die Rocky Mountains zählen zu den schönsten Regionen Kanadas. Ziele wie Banff oder Jasper und ihre Nationalparks genießen Weltruhm.

Für Indianerfans: Am Head-Smashed-In Buffalo Jump jagten die Blackfoot früher Büffel über eine 10-Meter-Klippe, unter der sie die Tiere leicht erlegen konnten.

Für Unerschrockene: Wer in Calgary zu Prärie-Austern eingeladen wird, sollte wissen, was kommt: Bullen-Hoden, angeblich eine Delikatesse der Cowboy Cuisine. Buzzards Restaurant serviert sie zum »Testicle Festival« im Juli und August.

Info: www.visitcalgary.com

← Blick auf die Skyline von Downtown Calgary
← Eine historische Dampfbahn im Heritage Park
← Die Calgary Stampede lockt viele Zuschauer an
↑ Indianer in Kostüm bei der Calgary Stampede

Dollars, Rum und Liebespulver

Die Lexika zählen rund 40 Orte, Provinzen und Flüsse mit dem Namen San Juan auf – Johannes der Täufer war stets populär in der Spanisch sprechenden Welt. Jedoch ist nur eines der vielen San Juans eine Hauptstadt: das auf Puerto Rico. Seinen Schutzpatron feiert San Juan gebührend alljährlich am 24. Juni, dem Geburtstag des Heiligen. Diesen Brauch teilen sich die Puertoricaner mit vielen Nationen, bis hin zu Skandinaviens Mittsommerfesten. Und wie bei den trinkfesten Nordmännern stellt die Nacht vor dem Festtag den wahren Höhepunkt dar. Auf der ganzen Insel wird »La Noche de San Juan Bautista« vor allem an den Stränden mit großen Freudenfeuern und Partys gefeiert, viele lassen sich dreimal (oder siebenmal) ins Meer fallen, um den »Täufer« zu ehren. Und überall mangelt es

nicht am Lebenselixier der Insel: an mehr oder minder hochprozentigem Rum.

Der Zuckerrohrschnaps gilt als Nationalgetränk der Insel, seit ihn Gouverneur Ponce de León 1508 mit sich brachte. Nicht nur die spanischen Edelmänner schätzten den Stoff, auch Piraten sprachen ihm gerne zu. Die Seeräuber, aber auch die englischen und niederländischen Admirale, die sich Puerto Rico, den »reichen Hafen«, mit Kanone und Schwert einverleiben wollten, scheiterten an den Festungen San Juans. Erst den Amerikanern gelang 1898 die Eroberung, seither gehört die viertgrößte Insel der Karibik (nach Kuba, Hispaniola und Jamaika) zu den USA, ein wenig zumindest. In Puerto Rico dürfen sie zwar den US-Präsidenten nicht mitwählen, aber dafür stammen 80 Prozent aller Rumverkäufe in den USA aus Puerto Rico.

Und die US-Vettern kommen gerne zum Urlaub nach Puerto Rico, zumal sie zumindest in San Juan einen amerikanischen Alltag vorfinden. Verwirren kann sie nur, dass ihr Dollar hier zwar die offizielle Währung ist, aber meist »Peso« genannt wird, und dass die historischen Attraktionen doppelt so alt sind wie in »God's Own Country«. Und wenn man den Führern durch die Festungen und die Altstadt folgt, erfährt man auch, dass hier magische Kräfte wirken – Geister von spanischen Konquistadoren oder gesetzlosen Piraten etwa. Nur für den schönsten allen Zaubers, die Liebe, brauchen die Frauen von San Juan keine Gestalten aus der Vergangenheit. Die Meisterinnen der Cocina Criolla, der kreolischen Küche, kochen nur eine Süßspeise aus Zucker und Kokosnuss und fertig ist das Polvo de amor, das Liebespulver. Es ist eine Versuchung wert.

Die beste Reisezeit

Puerto Ricos Ureinwohner, die Taino, gelten als Erfinder der Hängematte, die auf ein entspanntes Leben hindeutet, wie es das subtropische Klima erfordert. Die Temperaturen liegen ganzjährig zwischen 22 und 26 °C, im Sommer kann es bei Südwind auch deutlich wärmer werden. Das Klima sorgt stets für warmen Regen, im Februar und März etwas weniger. Die Hauptsaison zwischen **Dezember** und **April** wird eher vom kalten Wetter in den USA bestimmt. Von Juni bis November sind Hurrikan-Warnungen zu beachten.

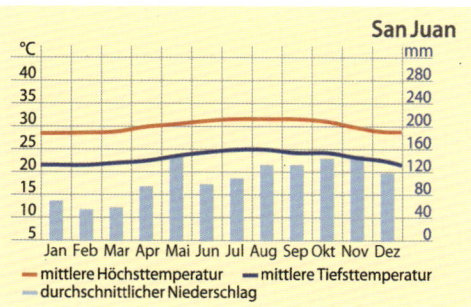

Die Highlights

Altstadt – San Juans Altstadt gilt mit ihren bunten Häusern, kleinen Plätzen, Restaurants und Bars als eine der schönsten in der Karibik.

El Castillo San Felipe del Morro – Die Festung an der Hafeneinfahrt bildet mit dem Castillo San Cristóbal und der Stadtmauer die historische Hauptattraktion. Sie gehört zum UNESCO-Welterbe.

La Fortaleza (Palacio de Santa Catalina) – Der Palast an der See ist seit 1540 der Sitz des Gouverneurs und überrascht mit seiner himmelblauen Wehrmauer. Auch er gehört zum UNESCO-Welterbe.

El Catedral de San Juan Bautista – Die Kathedrale von 1521 ist ein Wahrzeichen der Altstadt. Sie beherbergt das Grab des Stadtgründers Ponce de León.

Museo de Arte de Puerto Rico – Es lockt mit Kunst der Insel seit dem 17. Jahrhundert, einem kühlen Skulpturen-Park und gutem Restaurant.

Teatro Tapia – Als eine der ältesten Bühnen Amerikas wurde es vor rund 190 Jahren im Stil italienischer Opern erbaut. Gezeigt werden u.a. Musicals und Ballett.

Casa Bacardi Rum Tour – Das »Bacardi-Haus« jenseits der Bucht (Fähre) bietet viel Geschichte, keine Fabrikbesichtigung, zwei Gratis-Drinks.

Besondere Tipps

Zum Baden: Condado und Isla Verde sind die besten stadtnahen Strände. Condado ist zugleich für nobles Shopping und sein Nachtleben bekannt.

Zum Weltall-Lauschen: In einer Erdkuhle bei Arecibo beobachtet das größte Radioteleskop der Welt das Weltall (ø 305 m). Die denkmalgeschützte Anlage hat ein attraktives Besucherzentrum.

Zum Wandern: Der nationale Regenwald El Yunque bei Rio Grande liegt um den Gipfel des mehr als 1000 m hohen Berges Yunque. Die Dschungelvegetation mit Flüssen und Wasserfällen ist ein populäres Wanderrevier.
Info: www.topuertorico.org

← Blick auf die Festung an der Hafeneinfahrt
← Helle Häuser im Kolonialstil in bunten Farben
← Menschen tanzen auf dem Castillo San Juan
↑ Das Gobernor's House in Old San Juan

Willkommen im »Paris Lateinamerikas«!

Buenos Aires ist ein Paradies für Nachtschwärmer. Die Porteños, wie die Bewohner der Stadt genannt werden, plaudern, tanzen und flirten liebend gern bis in die frühen Morgenstunden. Restaurants, Cafés und Discos gibt es dazu genug. Viele Lokale servieren erst frühestens ab 21 Uhr das Abendessen, und die Happy Hour dauert mancherorts bis Mitternacht. Nachdem Buenos Aires die Wirtschaftskrise von 2001 überstanden hatte, sind Palermo und andere historische Viertel wieder saniert worden. Ein ganz neuer, schicker Bezirk entstand in der Hafengegend von Puerto Madero an den Ufern des Río de la Plata. Dort verwandelten sich alte Lagerhäuser in hypermoderne Mehrzweckgebäude mit Nachtclubs, Geschäften und Restaurants. Der französische Designer Philippe Starck gestaltete zum Beispiel das Faena Hotel + Universe. Im ganz in Weiß und Rot gehaltenen Bistro des wohl extravagantesten Hotels der Stadt prangen weiße Einhornköpfe an den Wänden und werfen überdimensionale Kronleuchter strahlendes Licht in den Raum. Gleich in der Nähe serviert die Cabaña de las Lilas das beste Steak des ganzen Landes. Es ist so zart, dass es sich mit dem Löffel schneiden lässt.

Zu Recht wird Buenos Aires oft als »Paris Lateinamerikas« beschrieben. Kilometerweit reihen sich hier Belle-Époque-Häuser mit eleganten Mosaikfassaden und anmutig geschwungenen Balkonen aneinander. Sie stammen aus der Zeit um die Wende zum 20. Jahrhundert, als sich die Haute Bourgeoisie dank eines gigantischen Exportbooms eine Stadtlandschaft bauen lassen konnte, die Georges-Eugène Haussmann zur Ehre gereicht hätte. In Altstadtvierteln wie San Telmo scheint die Uhr um 1900 stehen geblieben zu sein. Dort bieten auf dem sonntäglichen Flohmarkt Händler buntglasige Sodaflaschen mit Siphonverschluss an und aus den mahagonigetäfelten Bars an der Plaza Dorrego erklingen sehnsüchtig-sinnliche Tangorhythmen. Damen in Netzstrümpfen und Herren mit Al-Capone-Hüten wiegen sich dazu gekonnt im Takt. Zeitgenössisches zeigt hingegen das Museum für moderne Kunst mit einem guten Überblick über lateinamerikanisches Schaffen im 20. und 21. Jahrhundert. Evita Peróns Mythos wird dagegen in dem nach ihr benannten Museum am Leben erhalten. Angesichts ihrer formvollendeten Dior-Roben kann man sich gut vorstellen, wie eindrucksvoll die zierliche Präsidentengattin auftrat. Ein Besuch des opulent gestalteten Teatro Colón sollte auf jeder Liste stehen: Das erste Opernhaus des Landes zählt weltweit zu den fünf Bühnen mit der besten Akustik.

Die beste Reisezeit

Buenos Aires ist zu jeder Jahreszeit eine Reise wert, nicht zuletzt weil die Temperaturen in der Millionenmetropole selten unter 17 °C sinken. Am besten empfiehlt sich jedoch ein Besuch in Argentiniens Hauptstadt im Frühjahr zwischen **Oktober** und Anfang **Dezember**. Zu dieser Zeit schwanken die Höchsttemperaturen zwischen 20 und 25 °C, außerdem finden mehrere Tangofestivals statt. Wenn von Mitte Dezember bis Ende Februar die heißen Winde von Brasilien einfallen, steigen die Temperaturen auf bis zu 35 °C an.

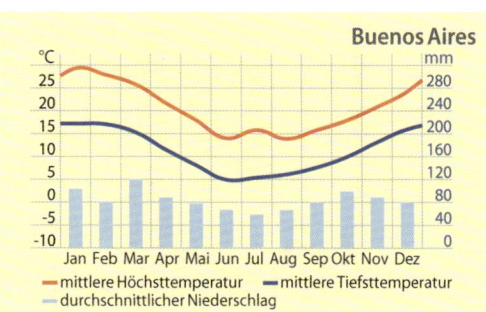

Die Highlights

 Avenida de Mayo – An der Prachtstraße stehen bedeutende Gebäude, an der Plaza de Mayo der Präsidentenpalast Rosa Casada und die Hauptkirche Catedral Metropolitana.

 Avenida 9 de Júlio – An der mit 127 m und 16 Fahrspuren breitesten Straße der Welt sieht man den berühmten Obelisken und die weltbekannte Oper Teatro Colón.

 Evita Perón Museum – Es residiert in einem Palais, das Evita Perón in ein Heim für ledige Mütter umwandeln ließ. Im nahen Friedhof von La Recolata liegt Evitas Grab.

 La Boca – Das Hafenviertel am Río Riachuelo leuchtet gelb und blau in den Farben des Fußballclubs Boca Juniors. In der Fußgängerzone von El Caminito tanzen Tangokünstler.

 Museo Nacional de Bellas Artes – Das Museum besitzt eine der bedeutendsten Kunstsammlungen Lateinamerikas.

 Museo de Arte Latinoamericano de Buenos Aires – Das topmoderne Museum ist eine der wichtigsten Adressen für lateinamerikanische Kunst des 20. Jahrhunderts.

 Manzana de las Luces – Zu dem kolonialzeitlichen Ensemble südlich der Plaza de Mayo gehören die Kirche Iglesia de San Ignacio, weitere historische Gebäude sowie ein Tunnelnetz aus dem 18. Jahrhundert.

Besondere Tipps

Zum Hören: Als Einstimmung auf einen Tangourlaub eignet sich eine der vielen CDs des Komponisten und Bandoneonspielers Astor Piazzolla, dem Begründer des »Tango Nuevo«.

Zum Lesen: In seinem Roman »Santa Evita« erzählt der argentinische Schriftsteller Tomás Eloy Martínez, wie der einbalsamierte Leichnam der Präsidentengattin auf skurrile Reisen ging. Beruht auf Tatsachen!

Zum Genießen: Ein Ausflug in die Weinberge von Mendoza gefällig? Die Vino-Reise-Agentur www.aventurawine.com macht es möglich.

Info: www.bue.gov.ar

← Blick auf die Prachtallee, 9 de Julio Avenue
← In La Boca spielen Straßenbands Tango
← Farbenfröhlichkeit in der Caminito Street, La Boca
↑ Das imposante National Congress Building

Geheimtipp mit UNESCO-Siegel

Zugegeben: Lima macht es einem nicht leicht. Die wuchernde Acht-Millionen-Stadt ist über weite Strecken so grau wie der Hochnebel, der viele Tage im Jahr über der Stadt hängt. Wer hierher kommt, sei, so heißt es, nur auf der Durchreise nach Machu Picchu, der grandiosen Inka-Ruine hoch in den Anden. Limas Altstadt ist jedoch ein koloniales Schmuckstück (und UNESCO-Welterbe) mit eindrucksvollen Gotteshäusern und Stadtpalästen. Kein Wunder, diente Lima, 1535 vom spanischen Konquistador Francisco Pizarro persönlich gegründet, jahrhundertelang als Hauptstadt des spanischen Vizekönigreichs Peru. Typisch sind die geschnitzten Holzbalkons der Häuser. Es lohnt sich, über Altstadtstraßen wie die Ucayali, Conde de Superunda oder Huancavelica zu bummeln. Eine einst reiche Kommune, die heute noch mehr historische Bauwerke präsentieren könnte, hätte nicht

ein Erdbeben 1687 große Teile der Stadt zerstört. Unter der spanischen Kolonialherrschaft reflektierten die Bauten die jeweils im »Mutterland« vorherrschenden Trends, nach der Unabhängigkeit folgten die Baumeister eher französischen Vorbildern. Ein Beispiel ist die »Große Dame« der Hotellerie, das »Gran Bolivar« (1924) an der Plaza San Martin – vielleicht nicht mehr die beste Herberge Limas, aber fraglos eine der besten Hotelbars. Ernest Hemingway soll hier einen Pisco-Sour-Rekord gesetzt haben, aber es scheint, niemand weiß, wie viele der trinkfeste Schreiber gekippt hat. Wenn's denn überhaupt stimmt …

Allgemein weiß man in Lima auch zu feiern. Schon Wochen vor der größten Party des Jahres hört man Trommlergruppen in Limas Straßen. Sie üben ihre rhythmischen Märsche ein, auf dass sie beim Gran Corso applausträchtig mitmarschieren können. Die Parade ist der Höhepunkt der Unabhängigkeitsfeiern, die alljährlich Ende Juli zelebriert werden. Zu den »Fiestas Patrias« säumen Tausende von Limeños, wie sich die Hauptstädter von Peru nennen, für Stunden die Umzugsroute und bewundern die aufwendig gestalteten Festwagen. Drei Tage dauert die Fiesta, die an das Ende der spanischen Kolonialherrschaft 1824 erinnert. Viele Programme – auch in den Museen – ergänzen die zentralen Veranstaltungen, und in manchen Restaurants legen sich die Küchenchefs besonders ins Zeug. Lima hat schließlich den Ruf der ersten Adresse für Kulinarisches in Südamerika zu verteidigen. Kurzum, wer als Tourist die Fiestas Patrias erlebt, kann sich kaum vorstellen, weshalb Lima touristisch eher ein Schattendasein fristet.

Die beste Reisezeit

Die gesamte peruanische Küste ist geprägt von oft wüstenartigen Landschaften, und auch in Lima ist es meist trocken. Die Stadt liegt zwar geografisch in den Subtropen, doch schiebt sich im Pazifik der kalte Humboldt-Strom entlang der Küste gen Norden. Er sorgt dafür, dass in den Sommermonaten **Dezember** bis **April** die Tage sonnig bei 24 bis 29 °C sind. Im kühleren (Süd-)Winter von Juni bis August klettert das Thermometer im Durchschnitt auf 15 bis 20 °C, doch liegt oft grauer Nebel über Lima.

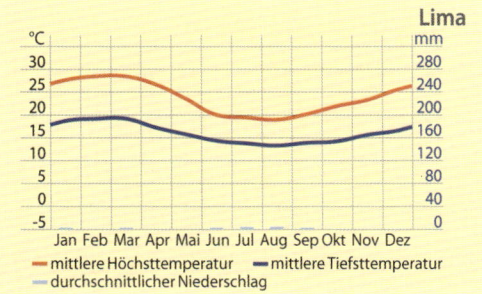

Die Highlights

Plaza Mayor – Das Herz der Altstadt wird gesäumt von den kolonialen Prachtfassaden des Regierungspalastes, des Rathauses, des Erzbischofssitzes und der Kathedrale.

Die Kathedrale – Limas katholische Hauptkirche mit den zwei Fronttürmen und drei Schiffen wurde bereits 1535 begonnen. In der Kathedrale liegt das Grab von Francisco Pizarro.

Convento de San Francisco – Der 1673 entstandene Komplex in der Altstadt ist ein Schmuckstück des spanischen Barocks. Seine Katakomben dienten einst als Friedhof.

Palacio de Torre Tagle – Das Gebäude ist einer der Stadtpaläste im spanischen Barockstil, für die Lima berühmt war. Besichtigungen sind meist nur nach Anmeldung möglich.

Museo de la Nacion – Die Sammlung in dem wuchtigen Neubau bietet eine gute Vorbereitung für den Besuch der historischen Inka-Stätten.

Museo Arqueológico Rafael Larco Herrera Museo Larco – Die riesige Sammlung präkolumbischer Kunst umfasst auch eine Gold/Silber-Galerie und erotische Darstellungen.

Huaca Pucllana – Die imposante Pyramide aus Lehmziegeln steht im Stadtteil Miraflores. Sie war ein religiöses Zentrum der Lima-Kultur in Vor-Inka-Zeiten.

Besondere Tipps

Zum Trinken: Pisco Sour, eine Mischung aus Traubenschnaps, Limettensaft, Eiweiß, Zuckersirup und etwas Bitter, ist Perus Nationalgetränk.

Zum Schlemmen: Perus Nationalgericht Ceviche sind in Limettensaft marinierte rohe Fischhappen mit Mais und Süßkartoffeln. Die Speise hat sich in Variationen über ganz Südamerika verbreitet.

Zum Entdecken: Pachacamac, rund 1800 Jahre alt, liegt ca. 40 km vom Zentrum entfernt und war einst eine wichtige Orakelstätte. Die Grabungsstätte umfasst Paläste und Tempel.

Info: www.visitperu.com

← Der Wachwechsel vor dem Regierungspalast
← Archbishops Palast mit seinen Holzbalkonen
← Historische Vasen im Museo de la Nacion
↑ Die Tradition lebt in den Kostümen weiter

Oase der Sinne

Der mittelpunkt der Stadt ist der uralte Jemaa el-Fna im Herzen der Medina, der Altstadt. Einst wurden auf dem »Versammlung der Toten« genannten Parade-, Markt- und Exekutionsplatz die Köpfe der Hingerichteten präsentiert, heute gibt sich der Jemaa el-Fna fröhlich-orientalisch mit Imbissständen, Wahrsagern, Affendompteuren und Kräuterärzten. Für die UNESCO ist er ein »Meisterwerk des mündlichen und immateriellen Erbes der Menschheit«. Ein Fest für Augen und Nase sind die verschiedenen Souks im Gassenlabyrinth nördlich des Platzes. Kaufen und Verkaufen hat in Marrakesch Tradition: Jahrhundertelang lebte die Stadt am Fuß des Hohen Atlas vom Handel mit südlicheren Gefilden Afrikas und den Spaniern nördlich des Meeres. Elfenbein findet man in den Souks heute nicht mehr, aber bunte Lederwaren, Teppiche und Wollstränge, Metallarbeiten und duftende Gewürze. »Pisé« heißt das Baumaterial der alten Mauern aus Lehm, Stroh, Kalk und Erdpigmenten, das der Stadt ihre typische rosa-rötliche Färbung verleiht. Bögen

und kurvige Linien, filigrane Holzschnitzereien und die bunten geometrischen Muster der Zellij-Kachelmosaike erfreuen das Auge in den Häusern, Palästen und Moscheen der Medina. Das kräftige Grün der Obst- und Olivenbäume, der leichte Duft und die Farben der Blüten, das sanfte Plätschern von Brunnen und die weiche Luft im Schatten der hohen Palmen locken in die herrlichen Parks und Gärten der Stadt. Hören, sehen, riechen, schmecken, spüren – rundum ein sinnlicher Genuss.

Ideal für einen Besuch ist das Frühjahr, etwa zu den Konzerten der »Rencontres Musicales« im März. Zelebriert wird diese Begegnung klassischer europäischer und arabisch-andalusischer Musik u. a. auf dem uralten Jemaa el-Fna.

Wer es heiß und intensiv mag, kommt rund um den 1. Juli zum Auftakt des Festival National des Arts Populaires in der Avenue Mohamed V. Hunderte Musiker und Tänzer aus ganz Marokko versammeln sich dort zur Parade. Die Hitze kann die gute Stimmung nicht trüben, zu bunt sind die Trachten und Kostüme, zu mitreißend die Rhythmen und Melodien. Bereits seit 1946 steht Marrakesch alljährlich ganz im Zeichen der traditionellen Kultur des Landes. Die beeindruckendste Kulisse für Berbermusiker aus dem Hohen Atlas, Trancetänzer der Gnawa und viele andere Künstler bietet der El-Badi-Palast. Ende des 16. Jahrhunderts errichtete ein Heer von Arbeitern für den Saadier-Sultan Ahmed al-Mansur den sagenhaft opulenten Komplex mit Pavillons, Gärten und Wasserbecken. Wo einst Blattgold und Marmor die Wände bedeckten, stehen zwar heute kahle Lehmmauern, doch noch immer ist die riesige Anlage imponierend.

Die beste Reisezeit

In Marrakesch ist es ganzjährig mild bis heiß. Das angenehmste Klima herrscht im späten *Frühjahr* sowie im *September* und *Oktober*, und auch im März kann es zu den »Rencontres Musicales« bereits recht warm sein. Zum Festival National im Juli und im August erreicht die Sommerhitze mit über 30 °C ihren Höhepunkt. Mit leichten Niederschlägen muss man am ehesten von November bis März rechnen, am kühlsten ist es von Dezember bis Februar. Dann können die Temperaturen nachts schon mal empfindlich fallen.

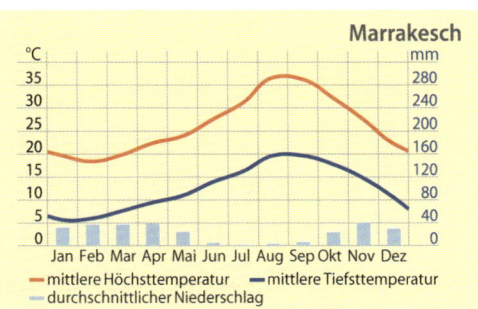

Die Highlights

Die *Medina* gehört seit 1985 zum UNESCO-Welterbe. Ihr Herzstück ist der große Platz Jemaa el-Fna. Abends lockt dort der Nachtmarkt mit gutem Essen und Unterhaltung.

Der *Menara-Garten* und die *Agdal-Gärten* zählen zum UNESCO-Welterbe. Die zwei grünen Oasen aus der Almohadenzeit (12. Jahrhundert) liegen westlich und südlich der Altstadt.

Die *Souks* in den Gassen nördlich des Jemaa el-Fna bieten ein faszinierendes Einkaufserlebnis – feilschen ist hier Pflicht!

Die *Koutoubia* ist das Wahrzeichen von Marrakesch. Die auffällige Moschee ist jedoch nur für Muslime zugänglich.

Die *Saadier-Mausoleen* aus dem 16. und 17. Jahrhundert waren lange Zeit vergessen. Heute können die Grabmäler von Marokkos einstiger Herrscherdynastie wieder bewundert werden.

Die *Medersa ben Youssef* diente vom 14. Jahrhundert bis 1960 als Religionsschule. Das Gebäude aus dem Goldenen Zeitalter der marokkanischen Architektur ist auch Nicht-Muslimen zugänglich.

Der *Jardin Jacques Majorelle* (1886–1962) ist ein fantastisches Gesamtkunstwerk, 1980 restauriert von Yves Saint Laurent. Zu bestaunen sind Werke des französischen Malers – ein Traumgarten mit Pflanzen und Brunnen.

Besondere Tipps

Zum Mitnehmen: Babouches (weiche Lederschlappen), Keramiken, Schmuck, Teppiche – Marrakesch ist bekannt für sein breites Angebot an Kunsthandwerk. Heiß begehrt ist aber auch hochwertiges Arganöl.

Zum Übernachten: Am stilvollsten wohnt man in Marrakesch in einem Riad in der Medina. Diese typisch marokkanischen Häuser mit Innenhof bieten häufig eine faszinierende Ausstattung und Architektur.

Zum Lesen: »Mythos Marrakesch« von Helge Sobik – ein Bildband mit beeindruckenden Fotografien bekannter Fotografen.

Info: www.visitmorocco.com

← Imbissbuden auf dem Platz Jemaa el-Fna
← Ein Teil der Stadtmauer ist umgeben von Palmen
← Menschen im Souk in der Medina
↑ Auch abgerichtete Falken dienen der Unterhaltung

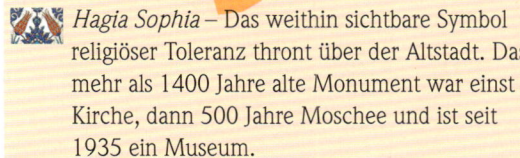

Märchen aus Tausendundeiner Nacht

Mit geschätzt 16 Millionen Einwohnern ist Istanbul heute eine der größten Städte der Welt und zudem einmalig gelegen: Keine andere Metropole kann sich rühmen, auf zwei Kontinenten zu liegen. Dazwischen bildet der Bosporus, eine der gefährlichsten und am dichtesten befahrenen Seestraßen, die Verbindung zwischen Schwarzem und Mittelmeer. Zwei imposante Hängebrücken verbinden den traditionsverbundenen asiatischen und den modernen europäischen Teil der Stadt. Die meisten Sehenswürdigkeiten findet man auf der europäischen Seite rund um die lang gestreckte Bucht des Goldenen Horns. Hier lockt die faszinierende Altstadt, in ihrer Gesamtheit ein Teil des UNESCO-Welterbes. Ein ausgedehnter Spaziergang führt durch verwinkelte Gassen und über offene Plätze zu den wichtigsten Attraktionen, gute Kondition vorausgesetzt. Ansonsten nimmt man besser ein Taxi oder die Straßenbahn, denn die Distanzen zwischen den verschiedenen Highlights sind oft groß. Der perfekte

Ausgangspunkt für eine Besichtigungstour ist das antike Hippodrom unweit der Blauen Moschee, der Hagia Sophia und der Yerebatan-Zisterne. Damit hat man gleich vier der wichtigsten Sehenswürdigkeiten der Stadt auf einen Streich abgehakt. Übrigens: Auch wenn die Blaue Moschee als berühmtestes Gotteshaus der Stadt gilt, ist die gewaltige Süleymaniye-Moschee doch die schönste.

Kulturjunkies dürfen den Topkapi-Palast mit seiner prachtvollen Schatzkammer, dem ehemaligen Harem und den prachtvollen Gärten nicht verpassen. Fashion-Victims dagegen kommen auf der Einkaufsmeile »İstiklal« zwischen Tünel und Taksimplatz auf ihre Kosten. Von dort ist es nur ein Katzensprung zum Galata-Turm mit seiner offenen Aussichtsplattform. Der große Basar ist in jedem Fall einen Besuch wert – auch wenn es hier eher touristisch zugeht. Am Abend genießt man nach dem hektischen Trubel der Altstadt bei einem Spaziergang am Bosporus die unvergleichliche Atmosphäre dieser märchenhaften Stadt.

Einmal im Jahr wird die Meerenge zum Schauplatz der Cross-Continental Competition. Dabei stürzen sich im Juli oft mehr als 1000 wagemutige Freizeitschwimmer zwischen 14 und 80 Jahren aus über 40 Nationen in die Fluten. Teilweise legen sie die rund 6,5 Kilometer lange Strecke zwischen dem Schwarzmeerfährhafen Kalinca am asiatischen Ufer und dem Kuruçe me Cemil Park im europäischen Teil der Stadt in weniger als 45 Minuten zurück. Wer nicht schwimmen mag, kann die Distanz auch im Ruder- oder Segelboot zurücklegen. Rund um den Wettbewerb findet auf beiden Seiten des Bosporus ein ausgelassenes Volksfest statt.

Die beste Reisezeit

Istanbul hat ein mildes Seeklima, doch klettert im Juli und August das Thermometer oft auf über 30 °C. In dieser Zeit machen viele die Nacht zum Tag, und die Stadt kommt bis in die frühen Morgenstunden kaum zur Ruhe – ideal für Nachtschwärmer. Im *Frühjahr* und *Herbst* bietet Istanbul angenehm warme Tage und laue Nächte. Im April lockt das »Tulpenfest« im Emirgan-Park oberhalb des Bosporus. Mit etwas Glück kann man schon im Februar und bis weit in den November hinein in den Straßencafés im Freien sitzen.

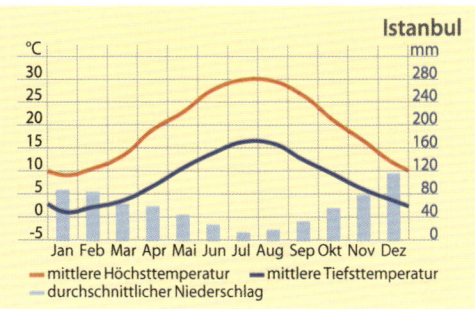

Die Highlights

Hagia Sophia – Das weithin sichtbare Symbol religiöser Toleranz thront über der Altstadt. Das mehr als 1400 Jahre alte Monument war einst Kirche, dann 500 Jahre Moschee und ist seit 1935 ein Museum.

Yerebatan-Sarnici – Der antike Säulenwald in einer unterirdischen Zisterne aus byzantinischer Zeit ist atemberaubend schön!

Süleymaniye-Camii – Das dominierende architektonische Bauwerk in der Silhouette der Stadt konkurriert mit der Blauen Moschee um den Titel des schönsten Gotteshauses Istanbuls.

Kapali Çarşi – Bei der Souvenirjagd auf dem größten Basar der Welt darf man das Handeln nicht vergessen!

Topkapi-Sarayi – In dem einstigen Epizentrum des Osmanischen Reiches staunen Besucher heute in dem Sultanspalast über die Pracht vergangener Tage.

Galata Kulesi – Auf dem 1348 von den Genuesern errichteten Turm im Stadtviertel Karaköy bietet die offene Galerie einen wunderbaren Blick auf die Altstadt.

İstiklal – Die Fußgängerzone im Stadtteil Beyoğlu präsentiert sich mit unzähligen Geschäften und Restaurants als pulsierendes Herz des europäischen Teils der Stadt. Nicht verpassen: Eine Fahrt in der historischen Straßenbahn.

Besondere Tipps

Zum Lesen: »Istanbul. Erinnerungen an eine Stadt« Autobiografische Essays des türkischen Literatur-Nobelpreisträgers Orhan Pamuk. Eine ergreifende literarische Hommage.

Zum Schlemmen: Frische Baklava – die süßeste Versuchung der Stadt, aber nur von Karaköy Güllüoglu. Einfach den Taxifahrer fragen – kennt jeder.

Zum Sehen: Der einfühlsame Autorenfilm »Hamam – Das Türkische Bad« erzählt über ein vom Verfall bedrohtes Badehaus und eine ungewöhnliche Liebe.

Info: www.istanbul.com

← Blick in die gewaltige Hagia Sophia
← Die Straßenbahn ist ein beliebtes Transportmittel
← Der riesige Säulenwald in der Yerebatan Sarnici
↑ Blick auf den Süleymaniye-Camil

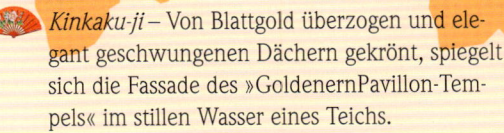

Japans kunsthistorisches Schatzhaus

Kyoto wird gern als kunsthistorisches Schatzhaus Japans bezeichnet. Ganz zu Recht, immerhin gehören zahlreiche Tempel und Schreine der alten Kaiserstadt zum UNESCO-Welterbe. Darüber hinaus ist Kyoto eine moderne Großstadt mit Lebensart. Man geht gerne bummeln und shoppen oder genießt einen Spaziergang am Fluss. Neben traditionellen Lokalen mit edlem Ambiente sind schicke Cafés entstanden, oft mit einem eklektischen Touch. Souvenirs findet man in der Sanjo-dori und der überdachten Einkaufspassage Teramachi, bunte Fotomotive in der Nishiki-koji. In der schmalen Gasse gibt es alles, was man für die japanische Küche braucht. Wer sich für Keramik interessiert, stöbert in den Straßen, die zu dem spektakulär am Hang gelegenen Heiligtum Kiyomizu-dera hinaufführen. Buddhistische Tempel, Shinto-Schreine und kaiserliche Villen mit herrlichen Gärten, in denen alle Details kunstfertig und doch organisch aufeinander abgestimmt sind – man muss zwangsläufig

eine Auswahl treffen. Am intensivsten erschließt sich die historische Atmosphäre an weniger besuchten Orten, beispielsweise im Zen-Kloster Daitoku-ji und dem Shisen-do, einst die Villa eines gelehrten Samurais.

Nirgendwo in Japan wird die Tradition so gepflegt wie in Kyoto. Das gilt auch für die Feste, die sich im Lauf der Jahrhunderte entwickelt haben. Prachtvolle historische Kostüme prägen zwei große Shinto-Festlichkeiten: das Aoi-Matsuri im Mai und das Jidai-Matsuri im Oktober. Zur Kirschblüte erstrahlen die Bäume am Kiyomizu-dera und im Maruyama-Park im Scheinwerferlicht. Im Juli sind in der alten Kaiserstadt an verschiedenen Orten den Gottheiten geweihte Schreine (Mikoshi) ausgestellt, die in der Mitte des Monats durch die Straßen ziehen. Andernorts werden sie getragen, hier sind sie teilweise zu mehrstöckigen, urtümlich anmutenden Wagen mutiert, die von über 30-köpfigen Teams an dicken Strohseilen über das Pflaster gezogen werden. Angefeuert werden die Mannschaften von zwei Männern, die auf der Vorderachse stehen und mit weit ausholenden Fächerbewegungen den Takt vorgeben. Die Wände der Wagen sind mit prachtvollen Teppichen geschmückt, im oberen Stock sitzen Musikanten mit Flöten, Gongs und Trommeln. Selbst auf dem reich verzierten, vergoldeten Dach, das von einem frisch geschlagenen Baum gekrönt wird, hocken Männer im traditionellen Gewand. Spannend wird es, wenn die mit starren Achsen ausgestatteten, zwölf Tonnen schweren Ungetüme um die Ecke müssen. Das schafft man nur mit einer ausgeklügelten Strategie, viel Schweiß und lautem Hau ruck.

Die Highlights

Kinkaku-ji – Von Blattgold überzogen und elegant geschwungenen Dächern gekrönt, spiegelt sich die Fassade des »GoldenernPavillon-Tempels« im stillen Wasser eines Teichs.

Ryoan-ji – Der nüchterne und doch geheimnisvolle Steingarten des »Tempels des zur Ruhe gekommenen Drachen« ist der reinste Ausdruck des Zen, der viele Aspekte der japanischen Kultur geprägt hat.

Nijo-jo – In dem Schloss, das als Machtdemonstration des Shogun in der Kaiserstadt diente, erschließen sich die weitläufigen Strukturen der japanischen Architektur.

Hanami-koji – Das Sträßchen im alten Vergnügungsviertel Gion wurde in seinen ursprünglichen Zustand zurückversetzt. Hier kann man traditionelle Atmosphäre schnuppern.

Philosophenweg – Er führt an einem kleinen Bach entlang durch eine besonders idyllische Gegend Kyotos, vorbei an Tempeln und gemütlichen Cafés.

Kiyomizu-dera – Von dem berühmten Tempel, der am östlichen Berghang auf einer einzigartigen Holzkonstruktion thront, blickt man über die ganze Stadt.

Byodoin – Ein Ausflug zur Phönixhalle des südlich von Kyoto gelegenen Tempels führt ein Jahrtausend zurück in die Gründungszeit Kyotos.

Die beste Reisezeit

Die Saison beginnt in Kyoto mit der Kirschblüte **Anfang April**, zu der die Stadt allerdings mit Ausflüglern übersät ist. Ruhiger und genauso schön ist es in den berühmten Gärten der Tempel und Schreine das ganze übrige Jahr bis in den Dezember hinein. Der Sommer ist heiß mit Temperaturen um 30 °C, aber es herrscht weniger Trubel. Spektakulär sind die flammenden Farben der Laubverfärbung im **November**. Im Januar und Februar ist es bei Temperaturen knapp über 0 °C unangenehm kalt und zugig.

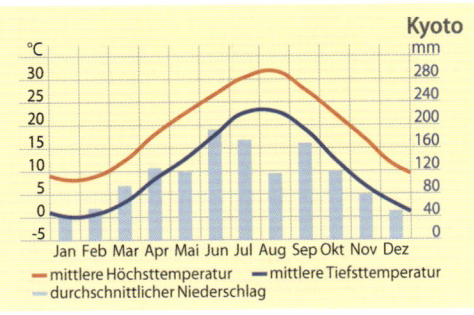

Besondere Tipps

Für Theaterfans: Die opulenten, leicht schrillen Kabuki-Dramen wird jeder Theaterfreund genießen, auch wenn er kein Wort versteht (es gibt allerdings Kopfhörer mit englischer Übersetzung). Gespielt wird im Minami-za.

Für Genießer: Ein exquisiter Genuss für Gaumen und Augen ist »Kaiseki-ryori«, das klassische japanische Menü für besondere Tage. Tipp: das Hyotei am Nanzen-ji.

Für Geschichtsinteressierte: »Das Kopfkissenbuch der Dame Sei Shonagon« ist ein amüsanter Einblick in die höfische Welt des japanischen Mittelalters.

Info: www.kyoto.travel/ge

← Festwagen auf dem Gion Matsuri Festival
← Geishas bewahren noch immer ihr Geheimnis
← Kinder begleiten das Gion Matsuri Festival
↑ Der Kinkakuji-Tempel liegt in grüner Umgebung

Wo Pfeffer einst Gold wert war

Die Stadt, die zehn Millionen Einwohner anpeilt, wird wohl nur von Lokalpatrioten zu den schönsten Städten der Welt gezählt. Aber zwischen den Banktürmen der City und den Slums am City-Rand finden sich jede Menge charmante Relikte der ersten wirtschaftlichen Blüte Jakartas. Damals hieß die Stadt noch Batavia und war die reiche Kapitale des niederländischen Kolonialreichs auf den Gewürzinseln – Pfeffer und andere exotische Würzstoffe waren seinerzeit Gold wert. Natürlich trugen die Kolonialherren auch ihren Baustil mit in die Tropen. So scheint beispielsweise in der Altstadt die »Kota Intan Zugbrücke« aus dem 17. Jahrhundert geradewegs einer Gracht in Amsterdam nachgebaut zu sein. Naturgemäß jüngeren Datums ist der Bahnhof »Kota Station«, der um 1870 entstand und bei dem Europas Art déco erfolgreich mit malaiischen Moti-

ven gekreuzt wurde. Der Bahnhof dient immer noch seinem ursprünglichen Zweck, dasselbe gilt für das nahe, aber ungleich ältere Café Batavia. Bar und Restaurant bieten neben Drinks und guter Küche auch historisches Ambiente: Viele prominente oder wohlbetuchte Gäste zieren heute als Foto oder Gemälde die eng bepackten Wände des Traditionshauses. Vor rund 200 Jahren entstand es als komfortables »Wasserloch« der Kolonialelite. Wasser? Es wird wohl eher alter Genever gewesen sein ...Das heutige Indonesien besteht aus knapp 360 verschiedenen Völkern und hat damit etwa 240 Millionen Einwohner, die sich überdies auf gut 17 500 Inseln verteilen. Es ist naturgemäß nicht leicht, solch ein Land zusammenzuhalten, weshalb hier der Unabhängigkeitstag besonders wichtig ist. Schon Tage zuvor taucht sich Jakarta in Rot-Weiß, die Farben der indonesischen Nationalflagge. In den Auslagen der Geschäfte, in Bahnhöfen und Parks, vor Museen und Theatern, natürlich auch vor allen Regierungsgebäuden gibt es die »Merah Putih«, was übersetzt schlicht »Rot-Weiß« heißt. Die Stadtviertel organisieren Sportfeste, Kochwettbewerbe und allerlei Rummel. Alles kulminiert am 17. August, wenn die Hauptstadt einem Meer von Fahnen gleicht. Aber der Unabhängigkeitstag besteht nicht nur aus nationalen Zeremonien, sondern auch aus Feuerwerk, Konzerten und Spielen. Vor allem »Panjat Pinang«, das Erklimmen von Betelpalm-Stämmen, erfreut sich großer Begeisterung. Die Stämme tragen an der Spitze dekorierte Fahrräder und andere Preise, Lehm und Öl von unten bis oben macht aus dem Aufstieg oft einen Slapstick-Auftritt.

Die beste Reisezeit

Jakarta liegt nahe am Äquator und damit in den Tropen. Das bedeutet, die Temperaturen liegen ganzjährig bei 27 bis 29 °C Während der Regenzeit (Dezember bis März) können wahre Sintfluten über Jakarta niedergehen, die Trockenzeit hingegen (**Juni bis September)** ist empfehlenswert, da dann nur sporadisch mit Tropenschauern zu rechnen ist. Die Monsunfluten der Regenperiode sind wichtig für jene, die in Javas Hinterland reisen wollen. In der Stadt sind sie für gewöhnlich weniger bedeutsam.

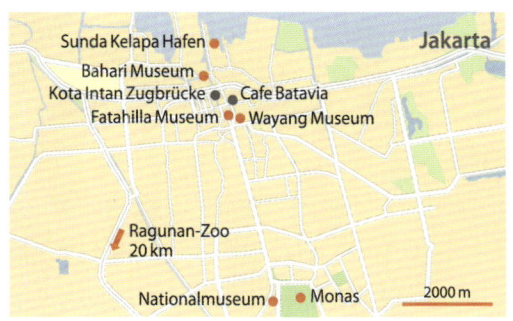

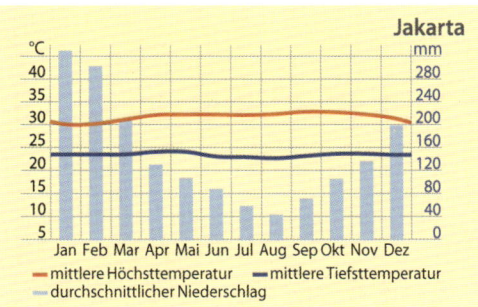

- mittlere Höchsttemperatur - mittlere Tiefsttemperatur
- durchschnittlicher Niederschlag

Die Highlights

- *Monas*, das Nationalmonument, ist ein 132 m hoher Turm, der in 115 m Höhe eine Aussichtsplattform trägt. Im Sockel befindet sich das Geschichtsmuseum Indonesiens.

- Das *Nationalmuseum* von 1868 legt prähistorische und anthropologische Schwerpunkte. Berühmt sind die buddhistischen und hinduistischen Statuen.

- Das *Fatahilla Museum* im Herzen der Altstadt war einst als »Stadthuis« das Zentrum der Kolonialverwaltung. Heute beherbergt es das Museum zur Stadtgeschichte.

- Das *Wayang Museum*, ein weiterer Kolonialbau am Fatahilla Platz, ist dem traditionellen Puppenspiel gewidmet.

- Im *Sunda Kelapa*, dem Hafen in der Altstadt, machen noch wie einst hölzerne Frachtsegler (»Pisini«) fest, ihre Fracht wird wie früher an Bord getragen.

- Das *Museum Bahari* (Maritimes Museum) im Sunda Kelapa Hafen informiert u. a. über die Pisini-Schoner – die letzte Hochsee-Seglerflotte der Welt.

- Der *Ragunan-Zoo* präsentiert die Tierwelt ganz Indonesiens, darunter auch die »letzten Drachen«, die Komodo-Warane.

Besondere Tipps

Für Sammler: Auf der Surabaya Straße haben die Antikhändler ihre Buden. Sofern man gerne feilscht, findet man hier gut ausgefallene Souvenirs.

Für Geschichtsinteressierte: Istana Merdeka, der historische Präsidentenpalast, dient heute zeremoniellen Zwecken. Besichtigung am Wochenende nach Voranmeldung im Staatssekretariat.

Für den Spaß: Taman Mini Indonesia ist ein Park mit Nachbauten traditioneller Häuser aus ganz Indonesien, inklusive einem Teich, in dem das Inselreich nachgebildet ist.

Info: www.jakarta-tourism.go.id

← Kletterwettstreit beim Palmenrennen
← Blick in das Café Batavia im Kolonialstil
← Kunstvolle Schnitzereien in Jakarta
↑ Innenarchitektur vom Pacific Place Einkaufszentrum

Ausgangspunkt für Südseeträume

Tahiti – der Name weckt seit den Tagen der »Bounty«-Meuterer Sehnsüchte. Die Hauptstadt des französischen Überseegebiets, Papeete, ist zwar weit weniger bekannt, aber der vermeintliche Zauber Tahitis – allzeit Sonne und warme See, tropischer Überfluss und freie Liebe – wirkt bis heute nach. Er lässt sich auch noch finden, selbst auf dieser geschäftigen Südsee-Insel. Man spürt ihn, wenn man ins bergige Inland mit seinen Wasserfällen und scheinbar unentdeckten Badeseen hinauffährt oder auf einem kleinen Auslegerboot auf der türkisfarbenen Lagune zwischen Küste und Korallenriff kreuzt. Die meisten Besucher belassen es aber bei einer Rundfahrt entlang des Meeressaums, zumal an diesem 115 Kilometer langen »Muss« die meisten Attraktionen liegen. Und wenn die Reise im Uhrzeigersinn fast schon wieder Papeete erreicht und die schöne Nachbarinsel Moorea ins Bild

rückt, versteht man, weshalb die Faszination Tahitis immer noch Bestand hat, trotz hoher Preise. Gegen diese bietet in Papeete »Les Roulottes« Abhilfe: Die bunten Kleinlaster – mittlerweile eine Touristenattraktion – rollen am frühen Abend auf die Pier für Passagierschiffe. Im Inneren bergen sie Garküchen, in denen zu zivilen Preisen französische, polynesische und pazifische Küche zelebriert wird. Jede Köchin, jeder Koch hat seine Spezialitäten. Als Gratisbeilage gibt es erst einen Sonnenuntergang in Megacolor und dann eine quirlige Tropennacht. C'est magnifique!

In dieser modernen Version des Paradieses, von dem schon Goethe oder der französische Navigator Bougainville schwärmten, wird auch gerne gefeiert. »Heiva« nennen die Insulaner jedes größere Fest, zu dem sie zusammenkommen. In Französisch-Polynesien ist die »Heiva Tahiti« die Fete aller Feten, die alle anderen Feiern zu Dorffesten degradiert. Alljährlich im Juni und Juli steht Papeete für sechs Wochen ganz im Zeichen der traditionellen Künste, zumindest an den Wochenenden. Eine herausragende Rolle spielen dabei die überlieferten Tänze, allen voran der sinnliche Tamuré, und die Musik. Sie wird teilweise mit so ungewohnten Instrumenten wie Nasenflöten oder Muschelhörnern dargeboten. Nicht minder beliebt sind die Bootsrennen und die »strongmen«, die beim Steinstemmen und anderen Disziplinen ihre Muskeln spielen lassen. Frankreichs Nationalfeiertag, der 14. Juli, wird in das Fest als einer der Höhepunkte nahtlos integriert. Und wie bei jedem Fest in der Südsee werden reichlich Speisen aufgetragen und es mangelt nicht an eiskaltem Hinano, dem Bier von Tahiti.

Die beste Reisezeit

Rund 26 °C und das jeden Tag – Urlauber lieben die konstante Wärme, auf die feuchte Schwüle könnten sie allerdings gut verzichten. Doch wenn diese nach Einbruch der Dunkelheit leichter wird, schmeckt der kühle Sancerre aus dem Mutterland umso besser. Allerdings wird Tahiti reichlich mit Regen versorgt. Er fällt am meisten im Dezember und Januar, am wenigsten im *August* und *September*. Immerhin ist er stets ein warmer Regen. Und wer würde den nicht mögen?

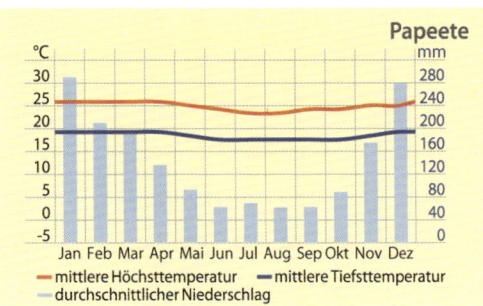

Die Highlights

 Markt – Papeetes Markt ist die farbenprächtigste Attraktion der Stadt. Unten werden Lebensmittel verkauft, oben Souvenirs und bunte Pareo-Tücher.

 Waterfront – Die geschäftige Straße an der Küste ist dank ihrer Restaurants, Bars und Nachtcafés ein beliebter Treff am Abend.

 Pointe Vénus – Hier untersuchte James Cook 1796 den Transit des Planeten Venus, und es lockt ein beliebter Badestrand aus dem typischen schwarzen Vulkansand.

 Marae Arahuraru – Der bestrestaurierte Tempelrest ist eine Plattform für rituelle Verrichtungen. Hier werden während des Heiva Tahiti historische Szenen nachgestellt.

 Gauguin Museum – Das Museum am Rand des Botanischen Gartens erinnert an die turbulenten Jahre des Malers in Polynesien. Die Bilder sind nur Kopien.

 Botanical Gardens – Der Botanische Garten ist nach seinem Gründer Harrison Smith benannt. Hier sieht man die gesamte tropische Flora und viele Schildkröten.

 Tahiti Museum – Die Sammlung bietet einen Überblick zur Geschichte und polynesischen Kultur der Inseln, von Tätowierungen bis zu Langstreckenfahrten mit dem Kanu.

Besondere Tipps

Für Inselhopper: Der Frachter »Aranui III« ist teilweise als Kreuzfahrtschiff komfortabel ausgebaut. Er nimmt Passagiere mit auf seine Versorgungsfahrten durch die Marquesas-Inseln.

Für Schlemmer: Französisch-Polynesiens Nationalgericht »Poisson Cru«, roher Thunfisch mit kleingeschnittenem, in Zitrone mariniertem Gemüse, wird kalt in gewürzter Kokosmilch serviert.

Für zarte Gaumen: Vanille aus Tahiti ist besonders aromatisch. Die fermentierten Schoten werden in verkorkten Glasröhrchen transportiert.

Info: www.tahititourisme.de

←Städtischer Markt in Papeete
←Starke Männer paddeln nach Papeete
←Parade zum Heiva Festival ganz in Weiß
↑ Die Perlen begeistern alle Frauen

Mit Laptop und Lederhose

Punkt zwölf Uhr legen alle Touristen ihren Kopf in den Nacken und starren am Marienplatz gebannt nach oben zum Glockenspiel im Rathaus. In München, der Weltstadt mit Herz, Laptop und Lederhose, findet der Gast alles plakativ Schöne wie extra für ihn zusammengestellt: die Zwiebeltürme der Frauenkirche, das dekorativ aufgebaute Obst und Gemüse auf dem Viktualienmarkt samt Männern, die aus Ein-Liter-Krügen gemütlich im Freien ihr Bier trinken. Zwischen derber Stimmung im »Hofbräuhaus« und versnobter Eleganz auf der Maximilianstraße, zwischen dem weltbekannten FC Bayern und den ebenso weltberühmten Pinakotheken hat sich die Millionenstadt ein unverwechselbares Image aufgebaut: so lebensfreudig wie sympathisch, so modern wie traditionsbewusst und so weltoffen wie münchnerisch. München ist – wie Paris oder Venedig – eine Marke, mit der jeder sofort konkrete Vorstellungen verbindet. Die Biergärten zum Beispiel: ob im Hirschgarten, am Chinesischen Turm, im »Seehaus« am Kleinhesseloher See – auf dem 1906 die Weltmeisterschaft im Eiskunstlauf stattfand! – oder beim weitgehend Touristen-freien »Aumeister«. Das ist München! Im Englischen Garten baden die Leute nackt. Am Monopteros macht ein Pfeifchen die Runde, als sei Uschi Obermeier auch noch da. Und ganz nebenbei hat man einen der schönsten Blicke auf die Stadt, mit der nahen Theatinerkirche im Vordergrund.

Nur das berühmte Schwabing schwächelt. Es ist bis heute immer noch ein schönes Viertel, aber schon längst keine Weltanschauung mehr wie früher. Wer nach Weltanschauungen sucht, nimmt heutzutage die fünfte Jahreszeit in Anspruch, wenn mit Beginn der Fasten- auch die Starkbierzeit und das »Derbleck'n« auf dem Nockherberg beginnt. Dann knöpft sich Bruder Barnabas mit spitzer Zunge die Politiker vor und kommentiert knallhart und trotzdem charmant die Lage.

Oder man geht mit der globalisierten Welt, wenn gegen 21 Uhr auf der Wiesn die Stimmung in den 14 Festzelten mit jeweils bis zu 10 000 Sitzplätzen brodelt. Manchmal kocht sie schon auch über. Zu Besuch sind Amerikaner und Japaner, Schotten im Rock und Italiener aus dem Wohnmobil, es kommen gepiercte Mädchen im Dirndl und jung gebliebene Opas mit Charivari. Auf der Wiesn werden Scheidungen revidiert und Tausende von One-Night-Stands angeleiert. Es herrscht freudiger Ausnahmezustand zwischen Bier und Blasmusik, Lämpchen und Zuckerwatte, Achterbahn und Schaubuden mit Enthauptungen auf offener Bühne.

Die Highlights

- Das Zentrum Münchens ist der gut 20 000 Quadratmeter große *Marienplatz* mit Rathaus, Glockenspiel und Münchner Kindl. Dort feiert der FC Bayern Meisterschaften, finden Großdemonstrationen und der Weihnachtsmarkt statt.

- Die *Frauenkirche*, die korrekt der Dom zu unserer lieben Frau heißt, ist mit ihren Zwiebeltürmen ein Symbol der Stadt und fast 20 000 Menschen.

- Eine Maß Bier im weltberühmten *Hofbräuhaus* darf bei keinem München-Besuch fehlen.

- Die *Residenz* ist so groß, dass allein drei Theater untergebracht sind: das National-, das Residenz- und das atemberaubend schöne Cuvilliéstheater.

- Die *Maximilianstraße* – auf diesem halben Kilometer gibt's Hochkultur und Szenebars, Edelboutiquen, Luxushotel und ein hohes Promi-Aufkommen …

- Das *Deutsche Museum*, eines der größten, bedeutendsten und am häufigsten besuchten Museen für Technik und Naturwissenschaften der Welt, ist ein Muss.

- Und natürlich ist das Königsschloss *Nymphenburg* sehenswert, eine symmetrische Anlage mit herrlichem Park, deren Mittelpavillon ab 1664 errichtet wurde.

Die beste Reisezeit

München ist eine Großstadt, die man das ganze Jahr über bereisen kann. Von **Mai** bis kurz nach der Wiesn, also bis **Oktober**, liegt man wettermäßig recht sicher (trotz Julihochwasser oder Schauern im August). Ist Föhn, also ein glasklarer Tag mit Alpenpanorama, an dem warme Fallwinde aus dem Süden strömen, dann kann's sogar im November kurzzeitig Frühling werden. Die Temperaturunterschiede sind enorm: 30 °C im August sind keine Seltenheit, minus 10 °C im Januar aber auch nicht …

Besondere Tipps

Zum Essen: Bayerische Wirtshäuser, in denen man typische Münchner Weißwürste probieren sollte: »Andechser am Dom«, »Augustiner«, »Donisl« und »Weißes Bräuhaus«.

Zum Mitnehmen: Ein Hut mit Gamsbart? Schnupftabak? Ein Münchner Kindl? Charivari? Oder nur ein Bayern-Trikot? Es gibt alles in allen Größen, Formen, Farben – außer den FCB in Blau.

Zum Erleben: Der Englische Garten, der größte Stadtpark der Welt mit 372 ha und bis zu 250 000 Besuchern an Spitzentagen, lockt nicht nur im Sommer.

Info: www.muenchen.de

← Stadtansicht mit Frauenkirche und Rathaus
← Das Cuvilliés-Theater: feierliches Rokoko
← Junge Leute feiern auf dem Oktoberfest
↑ Der Englische Garten bietet Erholung in der Stadt

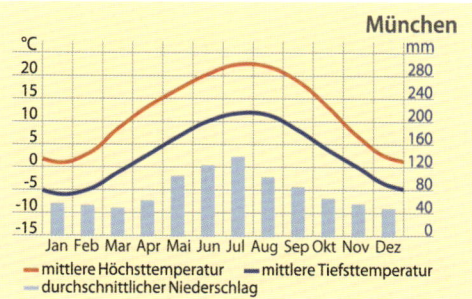

Die Leningrad Cowboys trinken Sahti

Helsinki ist spätestens seit den Filmen von Akis Kaurismäki nicht mehr nur als die finnische Hauptstadt bekannt. Es gilt als liebenswert, aber ein bisschen abgedreht. In Helsinki darf prinzipiell erst mal jeder, wie er will. Und das hat eine bunte und sehr lebendige Mischung gedeihen lassen. Und sie sind modern, die Finnen. Ein interaktiver Stadtführer ist im Angebot, ebenso eigene Apps über die Stadt.

Was natürlich zum Alltag gehört, ist eine Sauna. Das merkt man, wenn man die älteste öffentliche Sauna Finnlands besucht. Sie ist in einem Arbeiterwohnblock untergebracht und hat so gar nichts von modernen Wellnessanlagen. Authentizität ist das Zauberwort. Zum Abkühlen duscht man kalt und setzt sich dann auf einen Plastikstuhl direkt am Bürgersteig, weshalb ein Handtuch dringend zu empfehlen ist. Und da darf es ruhig auch das relativ günstige Dosenbier dazu sein. Die Eigenbehandlung mit Birkenzweigen ist übrigens kein erotisches Ritual, sondern dient der besseren Durchblutung. Wer aber unbedingt schwimmen statt nur duschen will, kann das ja im Winter völlig textilfrei im Jugendstilbad Yrjönkatu oder im Sommer an den wunderschönen Stränden Helsinkis tun (z.B. auf der Insel Pihlajasaari).

Natürlich hat Helsinki Sehenswürdigkeiten wie den beeindruckenden Senatsplatz, das Olympiastadion oder das Denkmal für den Komponisten Jean Sibelius. Aber diese erscheinen einem während eines Besuches irgendwie nur als Beiwerk. Beiwerk zum Baltikabier in der Moskva Bar, der »Jääbaari« (Eisbar) oder der Bar der »Leningrad Cowboys«. Die Finnen wollen niemandem etwas beweisen. Sie leben im Hier und Jetzt, mit einem klaren Blick in die Zukunft. Das hat ihnen auch für 2012 den Titel »Designhauptstadt« eingebracht. Eine unglaublich innovative Destination mit hohem »Fun-Faktor«.

Beim »Baltic-Herring-Market«, der jedes Jahr Anfang Oktober auf dem Marktplatz stattfindet, wird hingegen Tradition gelebt! Mit Heringen und Sprotten beladene Kähne fahren in den Hafen ein, wo der Fang verkauft wird. Schon im Jahre 1743 wurde der Markt unter schwedischer Aufsicht als Teil des Friedens zu Turku durchgeführt. Heute handelt es sich zwar immer noch um einen Delikatessen-Fischmarkt, aber mit Tausenden Besuchern wird das Ganze auch zum großen Fest. Einheimische und Gäste genießen im sonnigen Herbst Livemusik, Straßenkünstler, wärmende Getränke und natürlich die Fischdelikatessen.

Die Highlights

 Die Domkirche *Tuomiokirkko* am Senatsplatz von 1850 überstrahlt nicht nur die Innenstadt, sondern ist auch das weltweit bekannteste Denkmal Helsinkis.

 Das Weltkulturerbe *Suomenlinna* ist die größte Meeresfestung Skandinaviens. Heute findet man hier Museen, die Marineschule und ganz viel Natur direkt vor dem Hafen von Helsinki.

 Die *Kotiharju Sauna* ist die älteste öffentliche Sauna Finnlands mit großen Teilen der Origineinrichtung von 1928. Nicht stylisch, aber sehr authentisch.

 Eila Hiltunen hat das *Sibelius-Monument* entworfen und gebaut – zu Ehren des finnischen Komponisten Jean Sibelius (1865–1957).

 Die 1969 fertiggestellte *Felsenkirche* wurde direkt in einen Felsen gesprengt. Die Kirche verfügt über eine exzellente Akustik.

 Yrjönkadun uimahalli ist das älteste Hallenbad Finnlands. Das Gebäude wurde 1928 von dem finnischen Architekten Väinö Vähäkallio im Stil römischer Thermen entworfen.

 Die *Esplanade* ist die Shopping- und Flaniermeile Helsinkis. Sie beginnt am Marktplatz und lockt mit Modeboutiquen, Design-Möbelgeschäften Kunden an.

Die beste Reisezeit

Die beste Zeit, um Helsinki zu bereisen, ist sicher der **Sommer**. Saison ist zwischen **Juni** und Ende **August**. Der Polartag sorgt in dieser Zeit für besonders lange Tage, und auch mit sonnigem Wetter kann man rechnen. Der Herbst wird zwar schon deutlich kühler, kann aber auch noch mit sonnigen Tagen aufwarten. Der Winter ist nicht empfehlenswert. Die Sehenswürdigkeiten mit Außenbereich schließen, die Temperaturen klettern nur selten über den Gefrierpunkt und die Tage werden sehr kurz.

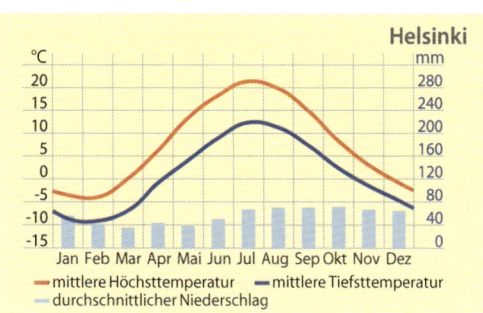

Besondere Tipps

Zum Trinken: Die Bar »Zetor« gehört der finnischen Kult-Band »Leningrad Cowboys«. Traktoren der Marke »Zetor« und große Papp-Kühe bestimmen das Bild. Hier wird auch das bekannte finnische Bier Sahti serviert.

Zum Sehen: »The Helsinki School« von 2005. Junge dänische Fotografen präsentieren ihre besten Bilder. Ungewöhnliche Blicke auf Stadt, Land und Leute.

Zum Essen: Makkaraperunat besteht traditionell aus Bratkartoffeln, klein geschnittenen Brühwürstchen, eingelegten Gurken und Zwiebeln.

Info: www.helsinki.fi/en

← Blick über den Hafen mit der Orthodoxen Kirche
← Die Uspenski-Kathedrale am Abend
← Beleuchtetes Hafenbecken und Dom von Helsinki
↑ Regierungspalais am Senatsplatz mit Zar-Alexander-Denkmal

Auf dem Weg zur Erneuerung

Eine junge Hauptstadt mit einer langen und wechselvollen Geschichte – wahrscheinlich lässt sich Bratislava so am besten charakterisieren. Die slowakische Metropole leidet immer noch an einem Image, das sogar zu Sowjetzeiten nicht gestimmt hat, ist aber definitiv auf dem Weg zur Erneuerung. Gegen Wien kann sie sich jedoch bislang kaum durchsetzen, ist die berühmte Schwester im Westen doch nicht nur größer, sondern auch von sozialistischen Gruselbauten weitgehend verschont geblieben.

Bratislava wartet im Stadtkern mit Perlen des Spätbarocks auf; viele Bauwerke zeugen davon, dass die Habsburger hier einst zeitweise sogar ihre Hauptstadt hatten. Mit Jugendstilchic bezaubert das Café U Rolanda direkt am Hauptplatz, wo mit dem Alten Rathaus eines der ältesten Gebäude der Stadt steht. Die slowakischen Präsidenten residieren im Palais Grassalkovich außerhalb des Innenstadtrings. In unmittelbarer Nähe steht das Erzbischöfliche Palais – Kirche und Staat bilden hier

immer noch weitgehend eine Einheit. Dominiert wird die Stadt allerdings von der Pressburg (slowakisch »Bratislava«), die rund 80 Meter oberhalb der Altstadt thront. Sie wurde erst in den 1960er Jahren wieder originalgetreu aufgebaut, beherbergt natürlich ein Museum und wird gern für Empfänge genutzt. Hier und im Rest der Stadt finden die Burgfestspiele statt: Theater, Musik und Komödie vor einer atemberaubenden Kulisse zwischen Mitte Juni und Anfang September. Der Sad Janka Král'a am rechten Donauufer ist eine der ältesten öffentlichen Parkanlagen in ganz Europa. Ebenfalls von der Burg blickt man direkt auf eine Lebensader der Stadt, die Donau. Der Strom hat seit dem Fall des Eisernen Vorhangs unter anderem mit dem »Twin City Liner« die Moderne in die Stadt gebracht. Der Katamaran pendelt täglich in kürzester Zeit zwischen Bratislava und Wien. Direkt nach der Ankunft in der slowakischen Hauptstadt kann man in Ruhe die Neue Brücke bewundern, eines der wichtigsten Bauwerke des 20. Jahrhunderts. Auf ihrem Pylon erinnert ein spektakuläres, nicht ganz preiswertes Restaurant in 80 Metern Höhe an eine fliegende Untertasse.

Bratislavas Zentrum wurde in seinem alten Glanz wiederhergestellt, damit reiht sich die Stadt heute mit Wien und Budapest in die Idee der alten Donaumonarchie zumindest optisch wieder ein. Immerhin wurden im Martinsdom Habsburger gekrönt und in der Franziskanerkirche Ritter geschlagen. Bratislava ist nicht so polyglott wie Wien und weniger charmant als Budapest. Aber gerade seinen faszinierenden Kern zu entdecken, macht es so spannend.

Die beste Reisezeit

Bratislava hat ein kontinentales Klima mit sehr kalten Wintern und heißen Sommern. Zwar treten in den heißen Monaten *Juli* und *August* immer wieder Gewitter auf, dennoch herrscht zu dieser Zeit meist gutes bis sehr gutes Badewetter mit durchschnittlichen Höchsttemperaturen von rund 27 °C. Skifahrer, die Bratislava als Startpunkt nehmen, können im Winter mindestens drei Monate lang mit guten Schneeverhältnissen in naher Umgebung rechnen. Und wie für jede Stadt gilt auch hier: die richtige Kleidung entscheidet.

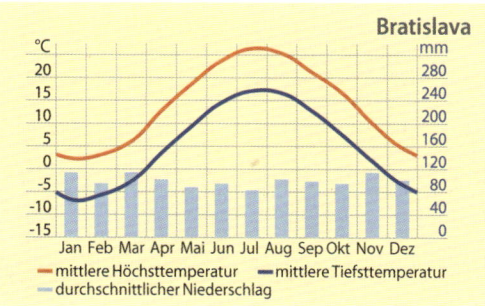

Die Highlights

 Pressburg – Die Burg gilt als Sinnbild der Freiheit. Hoch über der Stadt gelegen, hat man von dort einen schönen Blick auf Bratislava.

 Café U Rolanda – Das sorgfältig restaurierte Jugendstilcafé lockt mit einer Kuchenauswahl, bei der niemand es bei einem einzigen Stück belässt.

 Palais Grassalkovich – Das Palais ist der Sitz des slowakischen Staatsoberhauptes. Das Gebäude selbst kann man nicht betreten, jedoch im Park des Palais spazieren gehen.

 Altes Rathaus – Das ehemalige Wohnhaus des Richters Jakob wurde um 1370 gebaut und ist heute Sitz des Städtischen Museums Bratislava.

 Sad Janka Král'a – Im »Aupark«, einer beeindruckenden Parkanlage im englischen Stil, kann man die Seele baumeln lassen.

 Neue Brücke – Das spektakuläre Bauwerk wirkt wie ein Raumschiff, das mitten auf der Donau gelandet ist. Das Restaurant ist erstklassig und der Blick von dort atemberaubend.

 Martinsdom – Vor die größte Hallenkirche in Bratislava wurde in der sozialistischen Ära eine sechsspurige Straße gebaut. Der Verkehr braust immer noch vor der Eingangstür, dennoch lohnt die Kirche einen Besuch.

Besondere Tipps

Zum Fotografieren: Die Figuren »Cumil«, »Schöne Naci« und »Paparazzo« in der Fußgängerzone sind allseits beliebte Fotomotive.

Zum Übernachten: Das »Falkensteiner Hotel« ist ein Vier-Sterne-Haus und bietet eine modisch-elegante Innenarchitektur und in jedem Zimmer eine eigene Espressomaschine.

Zum Entdecken: Rund 20 Minuten von Bratislavas Stadtgrenze entfernt kann man im niederösterreichischen Nationalpark Donau-Auen seltene Pflanzen und Tiere bestaunen.

Info: www.bratislava.sk

← Blick auf Bratislava an der Donau
← Die Pressburg liegt hoch über der Stadt
← Spätbarocke Architekturperlen in der Altstadt
↑ Gardesoldaten begleiten die Burgfestspiele

Frankreichs faszinierendes Zentrum

Mode, Kunst, Philosophie, Architektur, Küche, Revolution – und Romantik: Paris löst bei jedem andere Assoziationen aus, sein elegantes Savoir-vivre bezaubert jedoch jeden gleich. Die faszinierende Metropole ist Frankreichs unbestrittener politischer, kultureller und wirtschaftlicher Mittelpunkt. In kaum einem anderen Flächenstaat der Welt spielt die Hauptstadt eine solch überragende Rolle. Über zwölf Millionen Menschen leben in der Pariser Metropolregion, fast ein Fünftel aller Bewohner des Landes.

Seit Jahrhunderten entscheiden sich die Geschicke Frankreichs in der Weltstadt an der Seine, deren altes Herz in der Mitte des Stroms auf der Ile de la Cité schlägt. Vom Wasser vor Überfällen geschützt, siedelten auf der Insel vor über 2000 Jahren die keltischen Parisii, die der Stadt ihren Namen gaben. Heute strömen Besucherscharen aus aller Welt über den Pont Neuf, um einige der berühmtesten Bauwerke Europas zu bestaunen. Von der gotischen Kirche Notre-Dame blicken hier freche Chimères (Wasserspeier) auf die Menschenmassen herab, in der Sainte-Chapelle schaffen die Buntglasfenster einen Raum aus farbigem Licht.

Am linken Ufer, der Rive Gauche, führt der Boulevard St-Michel zum Quartier Latin, Zentrum der Pariser Kommune 1871 und der Studentenrevolte von 1968. Im Schatten der altehrwürdigen Sorbonne lockt das reizende Viertel mit Cafés, Restaurants und Nachtclubs. Heute ist es jedoch weitaus schicker als in früheren Jahrzehnten, als hier und im anschließenden St-Germain Künstler und Intellektuelle das legendäre Leben der Pariser Bohème genossen. Richtung Westen ragt seit der Weltausstellung 1889 der Eiffelturm auf. Vom Aussichtsdeck des filigranen Stahlriesen reicht der Blick weit über die Stadt und ihr Umland: Man entdeckt Montmartre im Osten und die Wolkenkratzer von La Défense im Westen. Jenseits der Seine sieht man auf dem Straßenstern der Place de l'Étoile den monumentalen Arc de Triomphe, folgt mit den Augen den prächtigen Champs-Élysées und der eleganten Rue de Rivoli bis zum Louvre. An der gläsernen Eingangspyramide des riesigen Komplexes stehen täglich Tausende Schlange, um einmal der »Mona Lisa« entgegenlächeln zu können. Die Kunst wird in Paris jedoch nicht nur in den über hundert Museen gefeiert. Zur »Nuit Blanche« Anfang Oktober verwandeln Künstler aus aller Welt den öffentlichen Raum der Stadt mit Installationen, Performances und Objekten eine Nacht lang in eine grandiose, unbedingt sehenswerte Kunstausstellung.

Die Highlights

🌹 Die Kathedrale *Notre Dame* und die *Sainte Chapelle*, architektonische Meisterwerke der Gotik, stehen auf der Ile de la Cité.

🌹 Der *Eiffelturm* ist in Wirklichkeit riesiger, als er auf Bildern erscheint. Der Blick von der weltberühmten Architekturikone reicht bei klarem Wetter bis nach Chartre.

🌹 Der *Louvre* war im Mittelalter eine Festung und wurde in den folgenden Jahrhunderten aus- und umgebaut. I. M. Peis Glaspyramide von 1989 ist mittlerweile ein weiteres Wahrzeichen der Stadt.

🌹 Das *Centre Pompidou* mit dem Museum für moderne Kunst wirkt wie nach außen »gekrempelt«. Auch das *Musée d'Orsay* und das *Musée du Quay Branly* sind architektonisch äußerst interessant.

🌹 Über den *Champs-Élysées* zum Arc de Triomphe – ein Spaziergang der Superlative auf einem der prächtigsten Boulevards mit excellenter städtebaulicher Achse.

🌹 Das malerische *Montmartre* mit seinem Wahrzeichen der »Zuckerbäckerkirche« Sacré-Cœur ist das berühmteste Pariser Künstlerviertel.

🌹 Schloss und Gärten von *Versailles* sind der Inbegriff einer Palastanlage des Absolutismus.

Die beste Reisezeit

Verliebte zieht es angeblich immer im Frühling nach Paris, auf den Mai sollten sie jedoch besser schon warten. Auch wenn es in diesem Monat relativ häufig regnet, klettern die Temperaturen schon wieder auf rund 20 °C. Dann kann man die Parks und Straßencafés wunderbar genießen. Am schönsten ist Paris von **Juni** bis **Anfang Oktober**, wenn es sommerlich warm und relativ trocken ist. Zur »Nuit Blanche« und zu den Festen und Militärparaden am Nationalfeiertag, dem 14. Juli, ist das Wetter meist sehr angenehm.

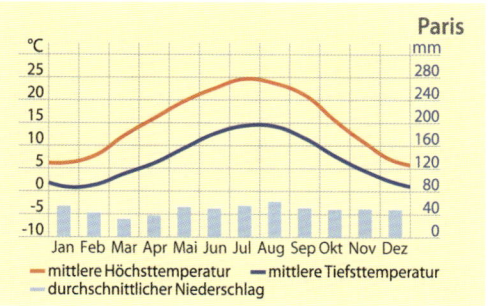

Besondere Tipps

Zum Flanieren: Die öffentlichen Verkehrsmittel sind effizient und unterhaltsam. In der Metro spielen Musiker; von der Standseilbahn auf den Montmartre hat man einen schönen Blick.

Zum Gedenken: Auf dem Parkfriedhof Cimetière du Père Lachaise ruhen u. a. Heinrich Heine, Oscar Wilde und Marcel Proust.

Zum Genießen: Cafés sind fester Bestandteil des Pariser Lebensgefühls. Im Café de Flore, im benachbarten Deux Magots und im Café Procope kehrten große Denker und Schriftsteller ein.

Info: www.parisinfo.com

← Im prestigeträchtigen Kaufhaus Galeries Lafayette
← Die Champs-Élysées führen zum Arc de Triomphe
← Die bei der Nuit Blanche beleuchtete Notre Dame
↑ Früher bei Literaten beliebt: Café Flore in St. Germain

Von Marseillaise bis Ratatouille

Frankreichs erste Assoziation mit dem Stichwort Marseille ist patriotischer Art, schließlich ist die »Marseillaise« Frankreichs Nationalhymne. Das Kriegslied trugen Kämpfer aus Marseille während der Französischen Revolution nach Paris. Allerdings hört man es in Marseille nicht so gerne, dass die Hymne ursprünglich aus dem Elsass stammt. Gewidmet war die Komposition dem Marschall von Frankreich, Nikolaus Graf Luckner. Der wiederum wurde im ostbayerischen Cham geboren, weshalb dort jeden Mittag ein Glockenspiel die flotte Melodie erklingen lässt. In Frankreich hängt Marseille zudem leider noch immer der schlechte Ruf der 1970er-Jahre nach, als der Name der Stadt mit organisierter Kriminalität, Verschmutzung und Bevölkerungsschwund verbunden war. Zum Teil hing

dies mit der starken illegalen Einwanderung aus Nordafrika zusammen, die die Stadt zum Zentrum des Islams in Frankreich machte. Einwanderung war für Marseille jedoch nie ein Fremdwort: Viele Völker aus dem ganzen Mittelmeerraum haben mit ihren Kenntnissen und Kulturen zur Vitalität und Wirtschaftskraft der südfranzösischen Stadt beigetragen. Bereits um 600 v. Chr. gründeten Griechen hier einen Handelshafen. Bis heute ist er prägend für Marseille, auch wenn die großen Schiffe inzwischen außerhalb des historischen Stadtkerns festmachen. Den Griechen folgten die Römer, Goten, Sarazenen und andere mehr. Sie alle haben ihre Spuren hinterlassen, kulinarisch zum Beispiel in Form des beliebten Couscous aus Nordafrika oder der aus der arabischen Küche stammenden Bulgur-Gerichte. Prägend ist zugleich die provenzalische Küche, beispielsweise mit Ratatouille, einer geschmorten Gemüsemischung, für das jede Hausfrau in Marseille ihr Rezept hat.

Eine ganz andere Seite zeigt Frankreichs zweitgrößte Stadt während des »Septembre en mer«. September am Meer? Ein Badevergnügen, wenn es sich um das Mittelmeer handelt. Marseiller aber will zu dieser Gelegenheit andere Vergnügungen bieten. Das Festival an der französischen Côte d'Azur hat in der Stadt sein Epizentrum. Von Jahr zu Jahr erweitert es Programm weiter von Wassersport bis zu Kultur aller Art, von Umweltaktivitäten bis zu Einkaufsfreuden. Planschen im Mare Nostrum – »unser Meer«, wie die alten Römer sagten – bewerten die Organisatoren des Festivals als angenehmen Zusatznutzen in dieser Zeit zwischen Sommer- und Wintersaison. Die Besucher übrigens auch.

Die beste Reisezeit

In Marseille herrscht typisch mediterranes Klima. Die Sommer sind trocken und recht heiß mit Temperaturen um 30 °C. Der Winter zeichnet sich durch viele Niederschläge und milde Temperaturen aus. Die Wassertemperaturen liegen im *Juli* und *August* meist über 20 °C, im angenehm warmen *September* noch um diese Marke. In den Sommermonaten macht sich auch der Mistral bemerkbar, ein kühler Fallwind, der, aus der inneren Provence kommend, bisweilen die schützende Bergkette überwindet.

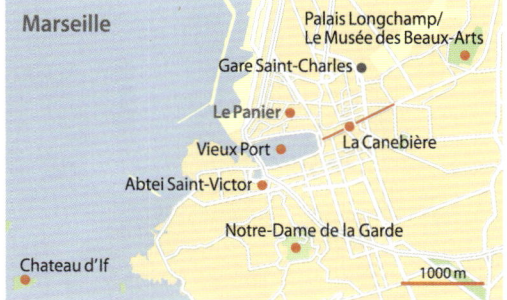

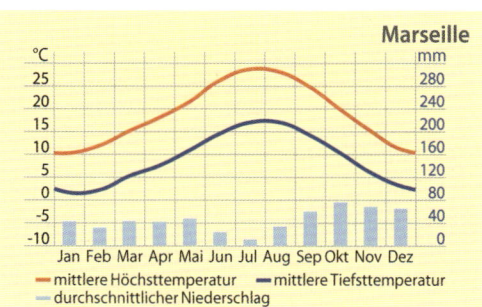

Die Highlights

 La Canebière – Marseilles Flaniermeile zieht sich über einen Kilometer durch die Stadt, vom ruppigen Norden in den teuren Süden und zum Alten Hafen.

 Vieux Port – Der Alte Hafen ist mit seinen Cafés und Boutiquen das touristische Zentrum. Flankiert wird die Hafeneinfahrt von zwei alten Festungen.

 Quartier du Panier – Die Altstadt wurde zwar von den Deutschen im Zweiten Weltkrieg weithin zerstört, aber einige erhaltene Bauwerke und eine lebendige Szenerie lohnen einen Bummel.

 Notre-Dame de la Garde – Die Kirche hoch über Marseille ist das Wahrzeichen der Stadt, ein prächtiger Aussichtspunkt und am 15. August ein großes Pilgerziel.

 Abbaye Saint-Victor – Die Abtei oberhalb des Hafens war jahrhundertelang ein Zentrum der Christianisierung am Mittelmeer. Die Katakomben können besichtigt werden.

 Musée des Beaux-Arts – Zu dem Kunstmuseum im historischen Palais Longchamp ist ein Saal dem in Marseille geborenen Honoré Daumier gewidmet.

 Château d'If – Die historische Festung auf der Insel If ist ein populäres Touristenziel, seitdem Alexander Dumas seinen »Graf von Monte Christo« dort ansiedelte.

Besondere Tipps

Für Naturfreunde: Die Calanques zwischen Marseille und Cassis sind die höchsten Klippen des Landes. Mit ihren Badebuchten und vielen Höhlen gehören sie zu den schönsten Landschaften Frankreichs.

Für Eisenbahnfans: Der Bahnhof Gare Saint-Charles von 1848 ist mit seiner imposanten Freitreppe Ziel vieler Eisenbahnfans. Per TGV sind es knapp drei Stunden nach Paris.

Für Köche: Im Restaurant Miramar kann man erlernen, wie man echte Marseiller Bouillabaisse kocht. Ein Besuch im Fischmarkt gehört zum Programm.
Info: www.marseille-tourisme.com

← Blick über den alten Hafen von Marseille
← Longchamps Palace im Quartier des Cinq-Avenues
← Deckendekor in Notre Dame de la Garde
↑ Goldstatue auf Notre-Dame de la Garde

Boomtown und Kulturmetropole

Barcelona ist Spaniens kosmopolitisches Tor zur Welt und ein Wirtschaftsmotor des Landes. Die katalanische Metropole am Mittelmeer bietet zudem ein reiches Kulturleben und blickt auf eine wechselvolle Geschichte zurück. Besucher führt ein erster Weg meist in den mittelalterlichen Kern der Stadt. Dort, im Barri Gòtic, wartet die gotische Catedral de Santa Eulàlia mit einer Oase des Friedens auf: einem Kreuzgang mit üppigem Palmengarten und plätschernden Brunnen. Nahebei erstreckt sich das berühmte Picasso-Museum über mehrere Paläste. Ein Muss für Fans des Architekten Antonio Gaudí ist der Passeig de Gràcia und der Parc Güell. Die Wohnhäuser und der Parkentwurf sehen fast aus wie lebende Organismen. Gaudís Meisterstück aber ist die Kirche La Sagrada Família. Barcelonas Wahrzeichen blieb bis zum heutigen Tage unvollendet. Das größte Naherholungsziel der Millionenmetropole ist der Haushügel Montjuïc. Er bietet einen großartigen Blick über die Stadt, auf dem Gelände stehen zudem zwei spannende Museen. Die Fundació Joan Miró präsentiert Werke des katalanischen Meisters und zählt zu den wichtigsten Kunstmuseen Spaniens. Das Museu Nacional d'Art de Catalunya ist mit einzigartiger Kunst von der Romanik bis zur Moderne bestückt.

Jedes Jahr in der letzten Septemberwoche ist »Land unter« in der katalanischen Metropole – die größte Party der Stadt beginnt: »La Mercè«! Fünf Tage wird in der ganzen Stadt zu Ehren der Schutzpatronin Barcelonas gefeiert, einer Jungfrau, die den Sarazenen trotzte. »Castellers« versuchen, gewaltige Menschenburgen aufzutürmen, wobei am Schluss ein Kind auf die Spitze klettern muss – hoffentlich schwindelfrei. Wenn man die Correfoc-Feuerdrachen sehen will: besser Schutzkleidung tragen. Aus monströsen Wunderkerzen schwarzrot geschminkter Horden, die sich »Teufel« nennen, ergießen sich Sprühregen aus Glut in die Menge. Vergleichsweise sanft geht es bei der Parade der »Gigantes« zu. Kolossale Statuen, die Könige und Adelige darstellen, werden dabei tanzend und sich im Kreis drehend quer durch die Stadt getragen. Krönender Abschluss der ausgelassenen Tage ist das Feuerwerk am Hafen, bei dem die Pyrotechniker sich gegenseitig zu übertrumpfen suchen. »La Mercè« findet zum Großteil auf den Ramblas statt, der Flaniermeile, die mit ihren Kiosken, Blumenhändlern, Musikanten und Imbissständen das platanengesäumte Reich der Fußgänger ist. Schräges gibt es auch zum San-Jordi-Fest im April. Wildfremde Menschen tauschen auf der Straße Rosen und Bücher aus! Und im Juni werden überall auf der Straße Freudenfeuer zu Ehren des heiligen Johannes entfacht – und sei es mit alten Möbeln …

Die Highlights

 Las Ramblas – Der Boulevard wird gerne »Spaniens berühmtester Kilometer« genannt. Er lädt zum Flanieren bis hinunter zur Kolumbussäule am Hafen ein.

 Barri Gòtic – In der verwinkelten Altstadt steht die gotische Catedral de Santa Eulàlia mit prächtig geschmücktem Chor und lauschigem Kreuzgang.

 Museu Picasso – Das Museum residiert in Stadtpalästen aus dem 14. und 15.Jahrhundert. Es besticht durch seine Räumlichkeiten fast ebenso wie durch die vielen Exponate des katalanischen Meisters.

 Passeig de Gràcia – Ihn säumen die bedeutendsten Wohnhäuser, die Antonio Gaudí entworfen hat und gehört zum UNESCO-Welterbe. Ebenso bedeutend ist der von ihm konzipierte beschauliche *Park Güell*.

 La Sagrada Família – Die surreal anmutende Kirche ist eine Ikone der Modernisme-Architektur und gehört zum UNESCO-Welterbe.

 Fundació Joan Miró – Das Museum zeigt Werke von Joan Miró, eines bedeutenden Vertreters des abstrakten Surrealismus.

 Museu Nacional d'Art de Catalunya – Die unvergleichlichen Exponate der romanischen Abteilung des Museums zählen weltweit zu den bedeutendsten dieser Kunstepoche.

Die beste Reisezeit

Barcelona ist eine Stadt, die zu jeder Jahreszeit zu bereisen ist. Allerdings sind vor allem ***Frühjahr und Herbst*** empfehlenswert, dann ist es weder zu heiß noch zu kühl. Im Winter kann es zu ergiebigen Regenfällen kommen, nicht umsonst ist Katalonien eine vergleichsweise grüne iberische Region. Im Juli und August legt sich die Sommerhitze mit teilweise über 30 °C bisweilen drückend über die Stadt, ein wenig Erfrischung bringen dann kühlende Brisen vom Meer und vom Hausberg Montjuïc.

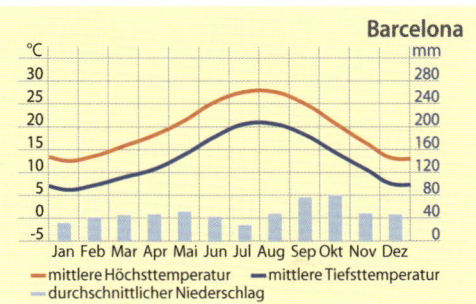

Besondere Tipps

Zum Lesen: »Der große Roman über Barcelona« – die Kurzgeschichten von Sergi Pàmies porträtieren mit provokantem Blick das Stadtleben.

Zum Ausgehen: Das »Café de l'Opera« ist ein bis spät in die Nacht geöffnetes Jugendstil-Café mit Tischchen an den Ramblas. Das Traditionslokal »Los Caracoles« besteht seit 1786. Am besten vor den spanischen Essenszeiten kommen.

Zum Übernachten: Das »Oriente« und das »Montecarlo« sind Jugendstilklassiker unter den Hotels. Das hat seinen Preis.

Info: www.barcelona.de

← Bei der Festa de la Merce bilden Menschen einen Turm
← Gaudì belebt das Stadtbild mit kunstvollen Fassaden
← Ansicht der berühmten Sagrada Familia von Gaudì
↑ Blick über den Park Guell, ebenfalls von Gaudì

Eine Bühne des Lebens

Neapel ist eine Stadt, die niemanden kalt lässt und einst schon Goethe faszinierte: »Neapel ist ein Paradies, jedermann lebt in einer Art von trunkner Selbstvergessenheit. Mir geht es ebenso, ich erkenne mich kaum, ich scheine mir ein ganz anderer Mensch.« In der Stadt im Bannkreis des Vesuvs lebt man noch heute zwischen Glaube und Aberglaube, geht in die Kirche ebenso wie zu den Lottozahlendeutern, die Träume in vermeintlich reale Gewinnchancen umwandeln. Zweimal im Jahr – am ersten Maiwochenende und am 19. September – kommen die Menschen im Dom San Gennaro zusammen und hoffen auf das »Blutwunder« des heiligen Januarius. Verflüssigt sich das in zwei Ampullen aufbewahrte Blut des Schutzpatrons der Stadt, ist Neapel ein weiteres Jahr vor Unheil geschützt und die Gläubigen jubilieren.

Besucher lieben die Millionenmetropole am Golf von Neapel wegen ihrer Mischung aus Eleganz und Energie. Neapel ist lebendig, ob an den Märkten rund um das Viertel Forcella, wo die Marktschreier frische Schwertfische und Muscheln ebenso anpreisen wie sexy Dessous oder Kinderspielzeug, oder in der schicken Shoppingmeile der Galleria Umberto I; sei es hoch oben im eleganten Viertel Vomero, zu dem die berühmte Zahnradbahn »Funiculare« hinauffährt, oder unten am Hafen, wo die Schiffe zu den Inseln Capri, Ischia und Procida ablegen.

Als Fremder erkundet man die Stadt am besten zu Fuß – die wichtigsten Sehenswürdigkeiten liegen nah beieinander – und lässt sich von ihren Schwingungen beflügeln. Das pulsierende Herz der Metropole ist die schnurgerade Straße Spaccanapoli, die die Altstadt in zwei Teile teilt. Sie ist die Hauptbühne eines einzigen großen Volkstheaters, in dem coole Jungs mit gegeltem Haar und dunkler Sonnenbrille auf Rollern durch enge Gassen knattern, dicke Mammas bunte Heiligenbildchen und Zigaretten ungewisser Herkunft verkaufen und elegante Geschäftsmänner Pizza aus Pergamentpapier essen und gleichzeitig wild gestikulierend mit dem Handy telefonieren. Zu ihrer größten Inszenierung zieht sie in der Adventszeit ihren Vorhang auf, wenn die berühmten Krippenbauer in der Via San Gregorio Armeno ein Schauspiel wie aus dem Märchenbuch aufziehen. Gezeigt werden dann aus Holz geschnitzte Szenen des hiesigen Handwerks ebenso wie Politiker in drastischer Pose. Hier kann man den geschnitzten Berlusconi auf dem Schafott sehen, aber auch traditionelle Krippenspiele mit echten Darstellern, die nach alter Überlieferung von der Geburt Jesu erzählen.

Die Highlights

 Castel Nuovo – Die seit Baubeginn 1279 mehrfach umgebaute Stadtburg mit den vier Rundtürmen diente einigen Königen als Festung und Residenz.

 Santa Chiara – Kirche und Kloster aus dem 14. Jahrhundert sind vor allem wegen des Kreuzgangs mit bunten Majolikafliesen aus dem 18. Jahrhundert sehenswert.

 Museo e Galerie Nazionali di Capodimonte – Es ist eine der größten Pinakotheken der Welt mit Werken u. a. von Michelangelo, Rembrandt und Raffael.

 Museo Nazionale Archeologico – Weltweit ist es eines der bedeutendsten Museen zur klassischen Antike.

 Centro storico – Die lebhafte Altstadt gehört zum UNESCO-Welterbe. Rund um die Spaccanapoli drängen sich kleine (oft skurrile) Läden, Cafés, Märkte und Pizzerien.

 Cappella San Severo – In der Barockkirche sind eine filigrane Skulptur des »Verhüllten Christus« sowie in der Krypta zwei Skelette mit vollständig erhaltenem Adern- und Venengeflecht aus dem 18. Jahrhundert zu sehen.

 Duomo San Gennaro – Neapels Dom wurde 1315 dem 305 geköpften Märtyrer Januarius geweiht. Die Reliquien des Heiligen fanden hier ihre letzte Ruhestätte.

Die beste Reisezeit

In der Adventszeit lockt Neapel mit zahlreichen Krippenspielen sowie üppig geschmückten Straßen. Daneben sind vor allem **Spätsommer** und **Herbst** ideal für einen Besuch. Die Temperaturen liegen im September deutlich, im Oktober noch knapp über 20 °C – ideal für längere Besichtigungstouren. Regenfälle sind eher selten und treten meist in Form von kurzen Gewitterschauern auf. Auch für einen Badeausflug auf die Inseln oder an die Amalfiküste eignet sich der Herbst bestens, da das Meer noch angenehm warm ist.

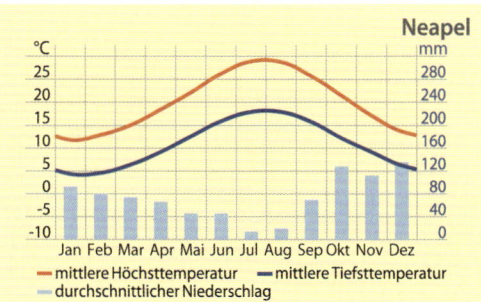

Besondere Tipps

Zum Lesen: Einen Einblick in die Seele der Neapolitaner bietet Luciano de Crescenzos unterhaltsamer Roman »Also sprach Bellavista: Neapel, Liebe, Freiheit«.

Zum Mitbringen: Neapolitaner wappnen sich mit einem »corno« oder »curniciello« (Hörnchen) gegen den bösen Blick. Viele Läden verkaufen es aus Plastik, Korallen, Gold oder Silber. Funktioniert nur als Geschenk!

Zum Sehen: Anna Bucchettis Film »Die Träume Neapels« beschreibt den Mikrokosmos eines Lottoladens und den Glauben der Neapolitaner an die Zahlenmagie.

Info: www.comune.napoli.it

← Blick über Yachthafen mit Vesuv im Hintergrund
← Das Castel Novo im Stadtzentrum
← Blut von St. Januarius, dem Patron von Neapel
↑ Erotische Kunst in den Ruinen von Pompeji

Rotröcke und Schottenkilts

Die britischen »Rotröcke« Ihrer Majestät machen optisch schon was her, aber auch die Soldaten der schottischen Truppenteile sind mit ihren karierten Röcken ein beliebtes Fotomotiv – schließlich sind wir ja in Halifax, der Hauptstadt von Neu-Schottland. »Nova Scotia« nannten schottische Siedler im 17. Jahrhundert die Halbinsel an der kanadischen Atlantikküste. Im 18. Jahrhundert war Halifax dank seines vorzüglichen Naturhafens – hinter dem im australischen Sydney wohl der größte der Welt – einer der strategisch wichtigsten Orte in Nordamerika. Der Hafen ließ Halifax entstehen, und bis heute ist er das Herz der größten Stadt in Kanadas östlichen Provinzen, den »Maritimes«, geblieben. Bei den beliebten Hafenrundfahrten werden unter anderem ehemalige Hafenschlepper oder große Amphibienfahrzeuge verwendet, die Stadt- und Hafentouren kombinieren. Auf allen Routen erfährt

man vieles über die »Halifax Explosion«, eine der größten Katastrophen, die Nordamerika erschütterte: Am 6. Dezember 1917 detonierte im Hafen das mit Munition beladene französische Frachtschiff »SS Mont-Blanc« nach einer Kollision. Im Umkreis von etwa zwei Quadratkilometern wurden alle Gebäude zerstört, in der Hafenbucht entstand ein Tsunami, rund 2000 Menschen starben. Halifax war auch einbezogen in die Titanic-Katastrophe von 1912: Viele der Opfer wurden auf drei Friedhöfen der Stadt beigesetzt. Aber es gibt auch einen erfreulichen Aspekt. Ein echter Haligonian (so bezeichnen sich die Einheimischen) baute eine der großen Passagier-Reedereien der Welt auf. Samual Cunard gründete die nach ihm benannte Gesellschaft, die bis in die heutige Zeit mit Schiffen wie der »Queen Mary 2« Reisende über die Meere schippert.

Um den Hafen zu sichern, war schon 1749 ein Militärposten auf dem Citadel Hill mitten in der Stadt entstanden. Er wuchs über die Jahre zu einer mächtigen Festung heran, die noch im Zweiten Weltkrieg eine wichtige logistische Rolle besaß. Heute dient das historische Nationalmonument jeweils im September als Kulisse für das »Citadel Encampment«. Dann treffen sich Soldaten in historisch getreuen Uniformen, lagern für zwei Tage in Zelten, oft mit ebenfalls zeitgerecht gewandeten Familienmitgliedern, und zelebrieren »living history«. Ein buntes Spektakel, auch für Touristen. Im Oktober gibt es Ähnliches für die Zeiten des Zweiten Weltkriegs. Damals wurden in Halifax die großen Konvois zusammengestellt, die Soldaten und Gerät nach Europa brachten.

Die beste Reisezeit

Sommer und **Herbst** sind die besten Reisezeiten für Halifax und Nova Scotia, im Juli und August liegen die Temperaturen bei durchschnittlich 23 °C, im September bei 19 °C. Im späten September können kalte Nächte schon für die prächtige Laubfärbung des Indian Summer sorgen. Außer im Sommer ist die Nebelwahrscheinlichkeit bei statistisch rund 100 Nebeltagen im Jahr recht hoch. Der Winter ist zwar dank der Lage am Meer weniger kalt als im kanadischen Inland, Schnee kann noch bis in den April hinein fallen.

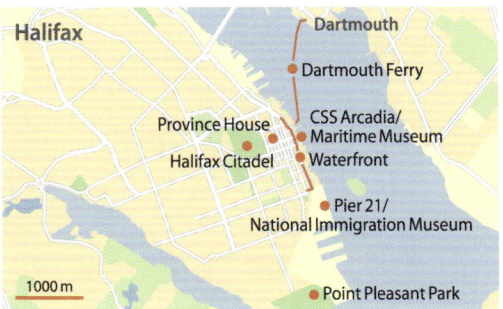

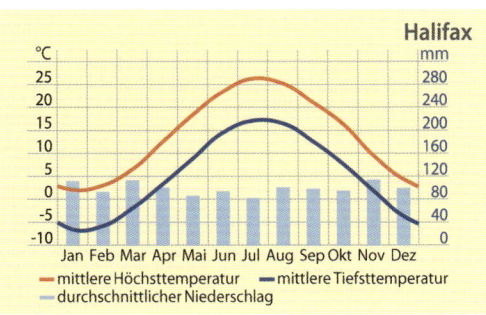

Die Highlights

Halifax Citadel – Die Zitadelle diente von 1749 bis zum Zweiten Weltkrieg als Garnison. Heute ist die Anlage ein Museum mit historischen Programmen im Sommer.

National Immigration Museum – Das Museum auf Pier 21 ist der einen Million Einwanderern gewidmet, die meist per Schiff in Halifax und damit in Kanada ankamen.

CSS Arcadia – Das einstige Forschungsschiff ist Teil des Maritime Museum of the Atlantic. Der U-Boot-Krieg und die »Titanic« zählen zu den Themen.

Waterfront – Die hölzerne Promenade führt im Hafen vorbei an historischen Gebäuden, an Museumsschiffen und verschiedenen Läden – eine maritime Flaniermeile.

Province House – Das Bauwerk von 1824 ist Kanadas ältestes Parlamentsgebäude und steht Besuchern offen. Charles Dickens nannte den Bau ein »Juwel«.

Point Pleasant Park – Am südlichsten Punkt der Stadt bietet der Park einen Blick auf die Hafeneinfahrt und den Atlantik. Zu sehen sind auch historische Militäranlagen.

Dartmouth Ferry – Die Fähre überquert in zwölf Minuten die Hafenbucht von Halifax, eine Minitour für den Preis eines Bustickets.

Besondere Tipps

Für Biertrinker: Guides in historischen Kostümen führen durch die seit 1836 tätige Alexander Keith's Brewery. Sie informieren auch über die Geschichte der Brauerei und ihrer Stadt.

Für Schlemmer: Hummer (Lobster) ist in Halifax die kulinarische Krönung. Im Naturhafen gibt es die »einzige Web-Kamera der Welt in einer Hummerfalle«.

Für Geschichtsinteressierte: Das etwa eine Busstunde entfernte historische Fort York Redoubt wurde bis in die 1940er-Jahre genutzt. Die Tunnel und Bunker sind zugänglich, hier bietet sich ein schöner Blick auf den Hafen. *Info:* www.halifaxinfo.com

← Blick aus der Luft auf die Hafenstadt Halifax
← Ein Segelboot liegt am Harbour Walk
↑ Die historische Turmuhr an der Waterfront

Traumziel Montreal 59

Die Alte in der Neuen Welt

Eine Insel und drei Berge … Nein, nicht Lummerland, das hat nur zwei Berge. Die Rede ist von einer Insel im St.-Lorenz-Strom, auch wenn deren drei Berge genau genommen nur eine Erhebung mit drei Spitzen sind. Dieser Mont Royal liegt mitten in der größten Stadt der Insel, die auch deren Namen trägt: Montreal. In den USA genoss die mit 1,6 Millionen Einwohnern wohl zweitgrößte Französisch sprechende Stadt der Welt einen weniger jugendfreien Ruf: Das »Paris im Norden« war während der Prohibition vor fast hundert Jahren ein beliebtes Reiseziel, denn Kanada kannte kein Alkoholverbot. Montreal mühte sich redlich, den Erwartungen der Nachbarn mit viel frivoler Zerstreuung zu entsprechen. Beliebt waren Burlesken, humorige Bühnenprogramme mit schlüpfrigen Szenen und anregenden Tänzen (der Striptease soll so entstanden sein). Darüber geriet zeitweise in Vergessenheit, dass Montreal Kanadas wichtigstes Wirtschaftszentrum war. Diese Rolle hat mittlerweile Toronto übernommen, Montreal gilt aber immer noch als der kulturelle Nabel des Landes. Dies spiegelt sich auch in der langen Liste seiner verschiedenen Festspiele wider. Ein kleines Festival im August hat sich dabei ganz der Kunst der Burleske verschrieben und stößt beim Publikum auf wachsendes Interesse. Vor allem die Nachbarn aus den USA kommen wieder wie einst, und zwar ganz ohne Prohibition.

Die für Nordamerika uralte Stadt wurde 1642 gegründet und hat Touristen folglich auch viel historische Architektur zu bieten. Diese stammt vornehmlich aus dem 19. Jahrhundert, als Montreals Industrie für Wohlstand sorgte. 51 Objekte als »nationale historische Stätten« verzeichnet der Stadtplan, mehr als in jeder anderen kanadischen Stadt. Montreals wirtschaftlicher Niedergang begann 1959, als der St. Lawrence Seaway mit seinen Kanälen und Schleusen Hochseefrachtern die Fahrt in die Großen Seen erlaubte und nicht mehr alle Waren in Montreal umgeschlagen werden mussten. Franko-nationale Politik tat ihr Übriges, dass Firmen nach Ontario abwanderten. Montreal steuerte gegen mit der Weltausstellung Expo 67, deren verschachtelter, noch heute umstrittener Wohnkomplex zum Wahrzeichen wurde, und mit den Olympischen Sommerspielen 1976. Aber erst im 21. Jahrhundert fasste die Stadt ökonomisch wieder Tritt. Ihr neuer Hafen ist der größte Inlandshafen der Welt. Und aus dem Alten Hafen, heute »Quais du Vieux-Port«, wurde ein attraktives Freizeitrevier. Hier startet das weltweit wohl bekannteste Unternehmen aus Montreal, der Cirque du Soleil, alle zwei Jahre sein neues Programm.

Die Highlights

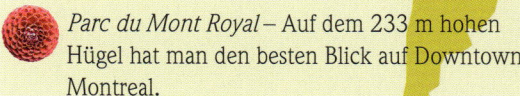
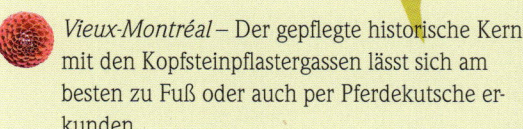

Parc du Mont Royal – Auf dem 233 m hohen Hügel hat man den besten Blick auf Downtown Montreal.

Vieux-Montréal – Der gepflegte historische Kern mit den Kopfsteinpflastergassen lässt sich am besten zu Fuß oder auch per Pferdekutsche erkunden.

Olympiastadion – Das Stadion von 1976 bietet mit seinem Schrägturm einen guten Aussichtspunkt; im Olympiapark präsentiert das innovative Museum Biodôme amerikanische Ökosysteme vom Tropenwald bis zur Polarregion.

Montréal souterrain – Das Tunnelsystem (RÉSO) unter der Innenstadt misst 32 Kilometer – der weltgrößte Komplex dieser Art.

Parc Jean Drapeau – Hier fand auf zwei Inseln die Expo 67 statt. Die geodätische Kuppel von Richard Buckminster Fuller, heute das Umweltmuseum Biosphère und ein Wahrzeichen der Stadt, war der US-Pavillion.

Rialto Theatre – Das Rialto wurde 1924 als prunkvoller Kinopalast eröffnet und steht unter Denkmalschutz. Es zeigt eine bunte Mischung von Popkonzert bis Musical.

Notre Dame – Die 1829 vollendete neogotische Basilika mit den charakteristischen Doppeltürmen ist die größte unter Montreals unzähligen Kirchen.

Die beste Reisezeit

Da in Montreal mehrere Wetterzonen zusammenstoßen und das Wetter wechselhaft ist, ist der tägliche Wetterbericht äußerst beliebt. Die Durchschnittstemperaturen liegen im *Sommer* bei rund 25 °C. Die Winter sind schneereich und bei minus 5 °C im Schnitt sehr kalt. Dann lebt das Zentrum von Montreal vornehmlich in der Untergrundstadt »Montréal souterrain«. Im Frühling bevölkern die Menschen wieder die Straßencafés, im Herbst lockt das leuchtende Farbenspiel des Indian Summer in die vielen Parks.

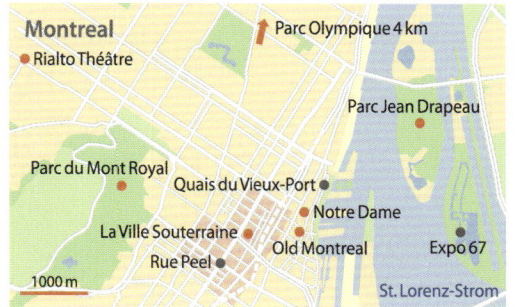

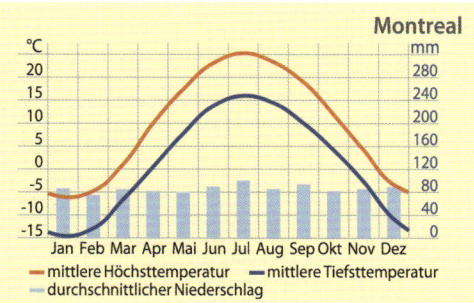

Besondere Tipps

Zum Bummeln: In Québecs Hauptstadt Ville de Québec wirkt die Altstadt fast wie eine historische Filmkulisse, besonders die schöne Terrasse Dufferin.

Zum Erkunden: Kanadas Hauptstadt Ottawa ist nur zwei Autostunden entfernt. Sehenswert sind u.a. der Parlamentshügel mit seinen historischen Bauten, die Museen und der Rideau-Kanal (UNESCO-Welterbe).

Zum Essen: Montreals Nationalgericht »Poutine« besteht aus Pommes frites mit Bratensauce und Käse. Das Grundrezept erlaubt viele Variationen, etwa mit verschiedenen Fleischarten.

Info: www.quebecregion.com

← Die Skyline von Montreal hinter dem Hafen
← Spektakuläre Architektur: das Olympiastadion
← Kutschen stehen am Place Jaques Cartier bereit
↑ Innensicht von Notre Dame de Montreal

Zum Shoppen in den Untergrund

Die meisten Besucher kommen im Sommer oder im Herbst zum Indian Summer nach Toronto, doch auch im übrigen Jahr hat die Stadt einiges zu bieten. Einzigartig ist beispielsweise das Path-System unter der Stadt, ein 28 Kilometer langes System von Fußgängertunneln. Es bildet zugleich das größte Einkaufszentrum der Welt. Über 50 Gebäude sind daran angeschlossen, von Bürotürmen über Hotels, Bahnhöfe und Theater bis zu Museen. Zu diesen gehört auch die Hockey Hall of Fame, wobei in Kanada »Hockey« immer Eishockey bedeutet und für den geliebten Nationalsport steht. Bei einem Heimspiel der »Toronto Maple Leafs«, einem der besten Teams der Welt, erleben auch Besucher das typische »Canada Feeling«. Dieses Gefühl stellt sich in der Fünf-Millionen-Metropole auf besonders facettenreiche Art dar, denn die Stadt soll Menschen aus mehr Nationen aufgenommen haben als jede andere City. Kein Wunder, dass beispielsweise Torontos offizielles Nahverkehrsunternehmen mit seinen Kunden in 70 Sprachen kommunizieren kann – gesprochen werden in der Stadt mehr als 100 Sprachen. Diese kulturelle Vielfalt prägt den Veranstaltungskalender der Stadt mit farbenfrohen Festen, bei denen Fremde in der Regel gern gesehene Gäste sind. Und sie bestimmt natürlich auch das kulinarische Angebot, nicht umsonst gilt Toronto als Kanadas Gourmetzentrum. Wer mag, kann mit Tram und Stadtbus eine lukullische Weltreise unternehmen: Im Stadtteil Roncevalles gilt es polnische Spezialitäten zu kosten, in Annex ungarische und in Danforth griechische Küche zu genießen. Quartiere wie Little Jamaica, Koreatown oder Little Portugal sprechen in Küchenfragen für sich selbst. Die ganze Fülle entdeckt man bei einer Fahrt im städtischen Teil der Yonge Street. Und wer noch mehr sehen will von der Provinz Ontario, fährt einfach weiter, denn die Yonge Street gilt als die längste Straße der Welt – mit 1896 Kilometern Länge ein berechtigter Anspruch.

Vereint feiern Torontos Nationen im November und Dezember eine zusätzliche Saison: Christmas Shopping. Dazu kann Kanadas größte Stadt und führende Touristenmetropole einen Augenschmaus bieten, der seit fast 50 Jahren die dunklen Wochen vor Weihnachten erleuchtet: die »Cavalcade of Light«. Dazu gehören auch Konzerte kanadischer Stars und Eislaufpartys auf dem Platz vor dem Rathaus. Längst hat sich das Lichterfest auch in die anderen Stadtteile ausgebreitet, vor allem seit stromsparende LED-Leuchten das ausgeprägte Umweltbewusstsein der Kanadier beruhigen.

Die Highlights

 CN Tower – Bis 2007 war der 553 m hohe Turm das höchste Bauwerk der Welt. Drehrestaurant und Aussichtsplattform locken jährlich bis zu zwei Millionen Besucher an.

 City Hall – Das Rathaus nach Plänen des finnischen Architekten Viljo Revell ist seit 1965 das Wahrzeichen Torontos. Auf dem Platz vor dem Gebäude finden viele Veranstaltungen statt.

 Union Station – Der Bahnhof wirkt wie ein mächtiger Tempel und steht unter Denkmalschutz. Hier startet der »Canadian« seine Dreieinhalb-Tage-Reise nach Vancouver.

 Eaton Centre – Torontos populärstes Einkaufszentrum liegt an der Yonge Street und ist zugleich eine Top-Touristenattraktion.

 Toronto Islands – Die Inseln sind ein beliebtes Freizeitziel und bieten einen guten Blick auf Torontos Skyline.

 Art Gallery of Ontario – Kanadas führendes Kunstmuseum wurde 2004 vom Stararchitekten Frank Gehry (ein Torontonian) umgebaut.

 Yorkville – In dem einstigen Boheme-Viertel entstand Kanadas Musikszene (Neil Young, Gordon Lightfoot etc.), heute ist es das teuerste Einkaufsrevier, ein Ort, um zu sehen und gesehen zu werden.

Die beste Reisezeit

Toronto liegt etwa auf demselben Breitengrad wie die Toskana, weshalb nahe der Stadt Wein angebaut wird. Die **Sommer** sind mit durchschnittlich 25 °C recht warm, aber aufgrund der Lage am Lake Ontario häufig feucht. Im Herbst wird es etwas kühler, bis zu 21 °C können aber auch dann noch erreicht werden. Der Winter bleibt allerdings kalt: Im Dezember dümpelt das Thermometer um minus 4 °C, im Januar um minus 7 °C, Schneestürme vom arktischen Norden bringen teils noch stärkere Temperaturabfälle.

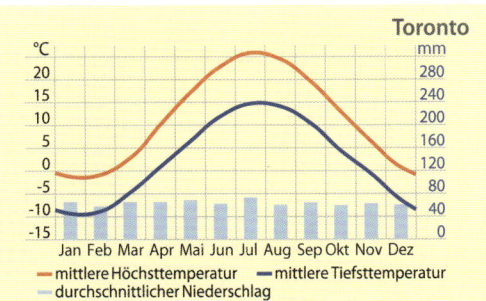

Besondere Tipps

Für einen Ausflug: Die Niagara-Fälle sind 130 km entfernt. Dort ist eine Schifffahrt mit der »Maid of the Mist« an den Fuß der Fälle ein »Muss«. Auf dem Rückweg lohnt ein Stopp in der Kleinstadt Niagara-on-the-Lake.

Für Humorvolle: »Second City«, Teil einer nordamerikanischen Theatergruppe, bringt improvisierte Comedy.

Für Leser: Ob »The World's Biggest Book Store« auf der Edward Street wirklich der größte ist, bleibt eine Definitionsfrage. Aber mehr als 20 km Buchregale sind schon rekordverdächtig.

Info: www.seetorontonow.com

← Blick über die Stadt auf die Toronto Islands
← Das Royal Ontario Museum bei Nacht
← Baseballspiel im Rogers Centre Skydome
↑ Das Gooderham Building

Am Nabel der Welt

»I want to get to the center of things«, verkündet der Neuankömmling Bud Korpenning in John Dos Passos Roman »Manhattan Transfer«, als er frisch von der amerikanischen Provinz nach New York zieht. Er nimmt gar nicht wahr, dass er bereits im Zentrum aller Dinge, am Nabel der Welt, angelangt ist. New York ging in den letzten hundert Jahren als das führende Finanz-, Kunst- und Medienzentrum in die Geschichte ein. Bebop, Disco, Hip-Hop, abstrakter Expressionismus und Pop-Art wurden hier erfunden. 17 000 Restaurants servieren schmackhafte Spezialitäten aus Ländern wie Äthiopien, Albanien, Afghanistan und Armenien. Küchenchefs wie Jean-Georges Vongerichten, Thomas Keller, Daniel Boulud, David Bouley und Jungstars wie Daniel Angerer zaubern Gourmetgerichte aus ihren Töpfen, die die Welt vorher noch nicht erschmeckt hat. Einen »Nationalpark der Wolkenkratzer« nannte Schriftsteller Kurt Vonnegut die Insel Manhattan. Unter den 100 architektonisch wertvollen Stein- und Betonriesen stechen das Empire State Building, das Chrysler Building, das Ro-

ckefeller Center und das Lipstick Building hervor. Selbst nach dem Einsturz der Zwillingstürme am World Trade Center am 11. September 2001 stieg die Stadt binnen kurzer Zeit wie ein Phönix aus der Asche wieder auf.

Angesichts der vielen modernen Bauwerke mag es vielleicht verwunderlich klingen, dass die Weihnachtszeit als eine der besten Reisezeiten in den Big Apple gilt. Doch im Advent gibt sich New York romantisch, lässt Millionen Lichter leuchten und Hunderte Bäume im rechtwinkeligen Straßennetz mit elektrischen Glitzerkleidern schmücken. In den Auslagen von Macy's, Saks Fifth Avenue, Lord & Taylor und anderen Nobelkaufhäusern lassen Designer zum Thema »Christmas« ihrer Fantasie freien Lauf. Vor dem Rockefeller Center prangt ein prächtiger Weihnachtsbaum, vor dem Eisläufer ihre Runden drehen.

Einheimische und Besucher veranstalten im Central Park eine Schneeballschlacht, im Metropolitan Museum of Art sind 300 Jahre alte Krippenfiguren aus Neapel zu bewundern und weihnachtliche Klänge erklingen. In der Radio City Music Hall in der Nähe des Broadway schwingen die Rockettes beim »Christmas Spectacular« ihre langen Beine in die Luft. Die größte Party des Landes steigt jedoch in der Silvesternacht am Times Square, wo alljährlich eine gigantische Kristallkugel an einer Stange hinunterrutscht und über eine Million Menschen von 10 bis 0 den Jahreswechsel herbeizählen. Dann wird das Neue Jahr mit Pomp und Trara begrüßt und Stars wie Mariah Carey und Beyoncé Knowles singen leicht bekleidet »Happy New Year« auf der Freilichtbühne am Broadway. Und das gratis!

Die beste Reisezeit

New York liegt in der gemäßigten Klimazone mit warmen *Sommern* und kalten Wintern. In den wärmsten Monaten Juli und August klettert das Thermometer oft über 30 °C, im kalten Januar fällt es in der Regel häufig weit unter 0 °C. Wenn im *Dezember* tausende Lichter zur Weihnachtszeit aufleuchten, gibt sich die Stadt am romantischsten. Die Temperaturen mögen dann zwar manchmal ins Minus rutschen, doch da Wollmützen hier als »fashion statement« gewertet werden, kann man sich gut wappnen.

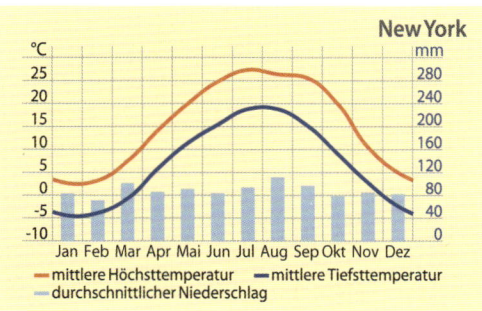

Die Highlights

 Manhattan – Manhattan und seine Stadtteile wie Chinatown, Little Italy und TriBeCa allein nehmen einige Tage in Anspruch.

 Brooklyn – Jenseits der Brooklyn Bridge locken u. a. das Brooklyn Museum of Art sowie Coney Island mit den Vergnügungsparks, dem Strand und den hervorragenden Blinis der russischen Gemeinde.

 Harlem – Das Viertel ist mit seinen 100 Jahre alten Brownstone-Reihenhäusern, dem Studio Museum und den Gottesdiensten in der Abyssinian Baptist Church wieder en vogue.

 Rockefeller Center – Von dort hat man die beste Aussicht auf die Stadt sowie auf das Empire State und das Chrysler Building.

 Metropolitan Museum of Art – Weltweit zählt es zu den wichtigsten Museen für moderne und zeitgenössische Kunst. Ein Besuch ist immer ein Erlebnis.

 Central Park – Der weitläufige Stadtpark bezaubert zu jeder Jahreszeit. Besonders empfehlenswert ist er im bunten Blätterkleid Mitte Oktober.

 Statue of Liberty National Monument – Dazu gehören die Freiheitsstatue auf Liberty Island (sie zählt zum UNESCO-Welterbe) sowie die Einwandererstation, heute ein Museum, auf Ellis Island.

Besondere Tipps

Zum Hören: Zum Einstimmen und zum Erinnern eignen sich »Take the A Train« vom Duke Ellington Orchestra und das Debütalbum »On the 6« von Jennifer Lopez (1999).

Zum Lesen: Der New-York-Roman »Manhattan Transfer« von John Dos Passos ist ein zeitloser Klassiker über den »Großstadtdschungel«.

Zum Genießen: Bagels, die urtypischen New Yorker Brötchen, schmecken besonders gut in Murray's Cheese Shop in der 254 Bleeker Street im West Village. Sie eignen sich auch gut als Mitbringsel.

Info: www.nycgo.com

← Blick über den Central Park und Manhattans Skyline
← Manhattan Bridge mit Empire State Building
← Der viel belebte Times Square bei Nacht
↑ Bei der bunten Thanksgiving Parade

Spielplatz in der Wüste

Mitten im Nirgendwo der staubtrockenen Mojave-Wüste sorgten in einem weiten Becken unterhalb der Spring Mountains einige Quellen für auffälliges Grün im grauen Braun der weiten Landschaft. *Las vegas*, »die Wiesen«, tauften vorbeiziehende Spanier den Ort – der Name hatte Bestand. Heute kommen jährlich rund 40 Millionen Besucher nach Las Vegas, die sich während ihrer Zeit in der Stadt für Wiesen höchstens in Form von Golfrasen interessieren. Seitdem 1931 das Glücksspiel in Nevada legalisiert wurde, lockt die »Sin City« verheißungsvoll mit fantastischen Versprechungen auf schnelles Geld und (verbotene) Genüsse. Rund um die Uhr wird in der »Stadt der Sünde« gezockt, gefeiert und sogar geheiratet – ein Riesenspaß für alle, die sich darauf einlassen, aber nicht den Kopf verlieren. Denn die großen Gewinne streichen bis heute nicht die Spieler ein, sondern die Investoren hinter den Kulissen. Kein Wunder, dass die Stadt in ihrer Geschichte auch immer das organisierte Verbrechen anzog. Las Vegas lebt von der Hoffnung und von der Lust am Risiko, wenn die Würfel fallen und die Roulettekugeln rollen.

Nervenkitzel kann man hier aber auch auf andere Art erfahren: Beim höchsten Sky Jump der Welt stürzen sich Wagemutige aus 60 Metern Höhe, an Gurten gesichert, vom Stratosphere Tower im freien Fall in die Tiefe. Von dort oben sieht Las Vegas in der Nacht wie ein Teppich aus glitzernden Lichtern aus, am hellsten leuchtet im gleißend bunten Neonlicht der Strip mit seinen farbig illuminierten Hotelbauten und wahnwitzigen Casinos. Rund zwei Millionen Menschen leben in der Stadt und ihrem Speckgürtel, die meisten arbeiten wie eh und je direkt im oder im Dunstkreis von Glücksspiel, Showgeschäft und Tourismus.

Auf die Realität jenseits der Welt des schönen Scheins verweist alljährlich eine Woche im Oktober das Nevada Wild Fest. In der selbst ernannten Hauptstadt der Unterhaltung lockt auch die Wohltätigkeit zugunsten behinderter Kinder mit absolut professionellem Entertainment. Hier sorgen hervorragende Livebands, Fahrgeschäfte, Geisterbahnen, Kinderspaß, Talentshows, gutes Essen, Weinproben und ein waschechter Biergarten für perfekte Zerstreuung. Gute Livemusik bietet auch die Super Run Classic Car Show im September im Vorort Henderson. Die Hauptattraktion sind jedoch die grandiosen Oldtimer, die dort vor den bewundernden Augen der Zuschauer in den Straßen paradieren. Ein Highlight ist die Roaring Engine Competition – für Autonarren ist der Wettbewerb der dröhnenden Motoren ein Muss.

Die Highlights

 Die *Casinos* sind ein Erlebnis, solange man sich strikt an sein Budget hält. Getränke gibt es für Spieler oft umsonst. Scheint sich zu rechnen.

 Die *Shows* sind professionelles Entertainment auf höchstem Niveau: im Cesar's Palace spielt Elton John, im TI Treasure Island kämpfen Piraten gegen spärlich bekleidete Sirenen etc.

 Der *Stratosphere Tower* mit 350 m Höhe bietet einen fantastischen Blick und Nervenkitzel pur. Hier kann man sich in die Schwerelosigkeit schleudern lassen, im freien Fall in die Tiefe stürzen und in einem Karussell über dem Abgrund fliegen.

 Die *Bellagio Fountains* sind ein Klassiker. Bei dem 300 m langen Wasserspiel tanzen die Fontänen untermalt von einer Lightshow zu Musik.

 Mit Musik und Licht aus Millionen LEDs wird die Fremont Street jeden Abend zur *Fremont Street Experience* in die größte Videoshow der Welt verwandelt.

 Der Vulkan vor dem *Hotel Mirage* schleudert nach Einbruch der Dunkelheit alle 15 Minuten grollend und Feuer speiend seine »Lava« 40 m hoch in die Luft – ein wahres Spektakel.

 Welcome to Fabulous Las Vegas: Das von Betty Willis 1959 entworfene Schild ist eine Ikone der Stadt und ihr beliebtestes Fotomotiv. Es steht am Südende des Strip.

Die beste Reisezeit

Am angenehmsten sind die Monate **April** und **Mai** sowie **September** und **Oktober**. Der Sommer ist Nebensaison, denn in der trockenen Wüstenstadt kann das Thermometer zwischen Juni und August auf über 40 °C klettern. Die Tagestemperaturen im September betragen immer noch um die 30 °C. Die Wintertemperaturen liegen knapp über 0 °C, aber es fiel auch schon Schnee in Las Vegas. Ansonsten spielt das Wetter jedoch keine herausragende Rolle, da man sich vorwiegend in klimatisierten Räumen aufhält.

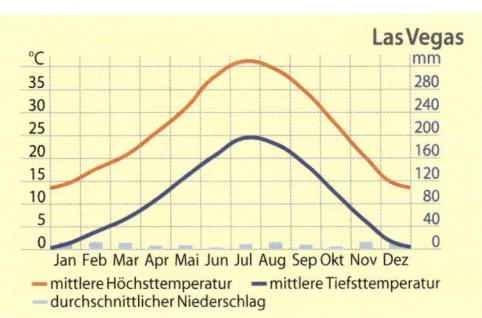

Besondere Tipps

Zum Spielen: Viele Hotels bieten Kurse zu Poker, Roulette und Co., oft auch auf hoteleigenen Videokanälen. Für Anfänger sind diese Einführungen wirklich hilfreich.

Zum Schauen: Barry Levinsons »Bugsy« handelt von dem Mobster Benjamin »Bugsy« Siegel und schildert die Anfangsjahre der Stadt. Martin Scorseses »Casino« spielt im Mafiamilieu in den 1970er- und 1980er-Jahren in Las Vegas.

Zum Lesen: Kult, Wahnsinn – und 1998 von Terry Gilliam verfilmt: »Fear and Loathing in Las Vegas« von Hunter S. Thompson.

Info: www.lasvegas.com

← Der Las Vegas Boulevard, »The Strip«
← Blick auf das Excalibur Hotel und Casino
← Knallige Leuchtreklame auf der Freemont Street
↑ Anlaufpunkt für Spontane: die Wedding Chapel

Das »goldene Tor zum Pazifik«

»If you are going to San Francisco, be sure to wear some flowers in your hair.« Mit diesem Lied sang sich Scott McKenzie im Jahr 1967 in die Hitparaden. Er konnte nicht ahnen, dass sein Song zur inoffiziellen Hymne der Stadt avancieren würde, fühlen sich doch nicht nur die Blumenkinder zu der nordkalifornischen Metropole hingezogen. Da in San Francisco jahraus, jahrein angenehme Temperaturen herrschen, sieht man zu jeder Zeit in einem der 200 Parks der Stadt Pflanzen in Blüte stehen. Was den New Yorkern der Central Park, ist San Francisco der Golden Gate Park, 412 Hektar groß und direkt am Meer gelegen. Und wie seine Stadt, so ist auch der Park ein faszinierender Schmelztiegel der Kulturen. Hier finden sich unter anderem der älteste japanische Teegarten in den Vereinigten Staaten sowie ein nach der niederländischen Königin Wilhelmina benannter Tulpengarten. Nicht allzu weit entfernt überspannt das berühmteste Wahrzeichen der Stadt das »goldene Tor zum Pazifik«, wie die Bucht von San Francisco im 19. Jahr-

hundert genannt wurde. Seit 1937 führt die über zwei Kilometer lange Golden Gate Bridge über die Meerenge von San Francisco nach Marin County. Bis 1964 war sie mit einer Hauptstützzweite von 1280 Metern die längste Hängebrücke der Welt.

San Francisco ist das Tor zum Pazifik, durch das zahllose Einwanderer auch aus Asien strömten. Abertausende chinesische Immigranten, die im 19. Jahrhundert beim Bau der transkontinentalen Eisenbahn schufteten, gründeten San Franciscos Chinatown. In dieser in Rot und Gold glänzenden Stadt in der Stadt laben sich heute Besucher in 300 Restaurants an Dim Sum und Peking-Ente und kaufen so manch kitschiges Souvenir. Die vermögenden Bewohner der Stadt zog es seit jeher aufgrund der herrlichen Aussicht auf einen der über 70 – nicht nur sieben! – Hügel, auf denen San Francisco erbaut wurde. Erkunden lassen sich die Viertel der Wohlhabenden unter anderem auf einem Spaziergang im eleganten Nob Hill oder im schicken Russian Hill. Mancher begüterter Bewohner San Franciscos lässt seine Stadt an seinem Reichtum teilhaben. So überließ zum Beispiel Carl Djerassi, der Erfinder der Antibabypille, dem San Francisco Museum of Modern Art 85 Werke aus seiner Paul-Klee-Sammlung. Für viele genauso interessant sind das alternativ geprägte, alte Hippieviertel Haight-Ashbury und The Castro. Das Homosexuellenviertel der Schwulenhauptstadt der USA ist seit den 1970er-Jahren ein Besuchermagnet. Ein Höhepunkt im Veranstaltungskalender der Stadt ist alljährlich am letzten Juniwochenende die San Francisco Pride. Rund um die Parade der Lesben, Schwulen und Transgender steigt zudem ein zweitägiges Fest.

Die beste Reisezeit

In San Francisco herrscht ein mediterranes Klima mit sehr milden, niederschlagsreichen Wintern und angenehm warmen, relativ trockenen Sommern. Die durchschnittlichen Höchsttemperaturen liegen aufgrund der Lage am kalten Pazifik zwischen **Juni und Oktober** bei nur rund 21 bis 23 °C, zudem ist es häufig neblig. Den meisten Niederschlag verzeichnet die Stadt von November bis März. Dies sollte einen jedoch keinesfalls abhalten, das chinesische Neujahr in San Franciscos Chinatown im Februar mitzufeiern.

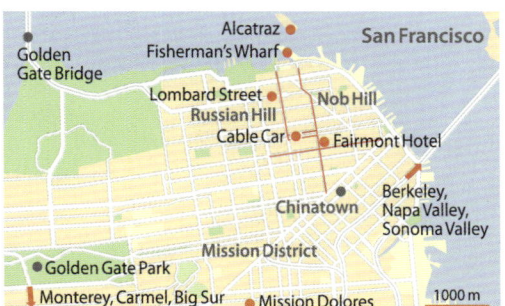

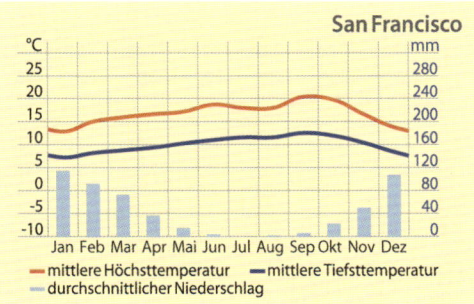

Die Highlights

Cable Car – Die historischen Straßenbahnen fahren zu Wahrzeichen wie der Lombard Street, der kurvenreichsten Straße der Welt, und zum touristischen Hafenviertel Fisherman's Wharf.

Alcatraz – In dem Inselgefängnis, heute ein Museum, schmorte einst Mafia-Boss Al Capone in einer Einzelzelle.

Mission District – Hier leben viele Einwanderer aus Mexiko, Nicaragua, El Salvador und Guatemala, erhält man lateinamerikanische Köstlichkeiten wie Tacos und Tamales im Bananenblatt. Das älteste Gebäude der Stadt ist die hiesige Mission Dolores von 1776.

Fairmont Hotel – Nach dem Nachmittagstee in dem Traditionshaus erkundet man die nahen Designerläden und das Edelkaufhaus Neiman Marcus.

Berkeley – Die Universität brachte bis jetzt über 70 Nobelpreisträger und 100 Olympiasieger hervor. Genießen Sie die entspannte Atmosphäre in den Cafés und Restaurants.

Highway 1 – Bei einer Fahrt nach Monterey, Carmel und Big Sur genießt man von der Steilküste eine herrliche Aussicht.

Winzer – Unternehmen Sie einen Abstecher in das Napa und Sonoma Valley und den dortigen Weingütern. Francis Ford Coppolas Weingut in Geyserville steht Besuchern offen.

Besondere Tipps

Für Gourmets: Im »Chez Panisse« in Berkeley lehrte Küchenchefin Alice Waters mittlerweile Tausende Köche, dass nur taufrische Zutaten in den Topf kommen sollen.

Für müde Häupter: Das »Four Seasons San Francisco« steht im kulturell aktiven Quartier Yerba Buena. Von hier aus lassen sich Galerien und Museen leicht erreichen.

Für Weintrinker: Weinliebhaber genießen die Weine aus dem Keller von Robert Mondavi, aber auch im Supermarkt sind gute, preiswerte Tropfen erhältlich.

Info: www.sanfrancisco.travel

← Die Golden Gate Bridge, das Wahrzeichen der Stadt
← Der Pier 39 in der Fisherman's Warf
← Typische Architektur am Alamo Square
↑ Blick die grüne Lombard Street hinauf

Megalopolis mit drei Kulturen

Auf zwei berühmten Plätzen der Metropole, auf der Plaza de las Tres Culturas und der gigantischen Plaza de la Constitución, dem Zócalo, sind ganze Jahrhunderte mexikanischer Geschichte in Stein gefasst: Überreste aus der präkolumbischen Epoche, Kirchen aus der spanischen Kolonialzeit und Gebäude aus der Ära des unabhängigen Mexikos begegnen sich hier. La Ciudad de México wächst täglich und ist inzwischen einen gigantische 25-Millionen-Metropole. Die Dunstglocke, die sich am Tag über die Stadt legt, wird nachts von einem Lichtermeer durchdrungen, das bis zum Horizont reicht. Vom Aussichtspunkt der »Torre Latinoamerica« kann man diese wahre Megalopolis überblicken.

Dort, wo heute der Zócalo liegt, erstreckte sich einst der Texcoco-See. Auf dessen Inseln erblühte Tenochtitlán, die Hauptstadt der aztekischen México. Mit wohl 100 000 Einwohnern zählte sie zu den größten Städten der Welt. Hernán Cortés schwärmte von ihrer Größe und Pracht, sie sei »schöner als Granada« hielt er fest, bevor er sie 1521 erbarmungslos schleifte. Vernichtet wurde damit auch das einmalige Ökosystem der México, die

in dem sumpfigen See schwimmende Gärten angelegt hatten. Wie fruchtbar diese *chinampas* waren, sieht man heute noch im Vorort Xochimilco, wo auf künstlichen Inseln Blumen und Lebensmittel gedeihen.

Wenige Schritte vom Zócalo entfernt liegen die Überreste des Templo Mayor von Tenochtitlán. Gegenüber errichteten die Spanier ab 1525 mit der Catedral Metropolitana die größte Kirche Lateinamerikas, und an der Ostseite des Platzes steht heute an der Stelle des Palasts von Moctezuma der Regierungspalast. Den Renaissancebau schmückt Diego Riveras Wandgemälde über die Geschichte Mexikos.

Wandbilder der revolutionär-kommunistisch denkenden Künstler Rivera, Orozco und Siqueros widersprechen dem Prunk des klassizistischen Palacio de Bellas Artes, nur wenige Blocks westlich des Zocaló. Den Spaziergang durch die kleine grüne Lunge der Stadt vom Bellas Artes zum Alameda-Park sollte man genießen – und auch in der prächtig geschmückten »Casa de los Azulejos« an der Avenida Madero einen Imbiss nehmen.

Im benachbarten Park Alameda Central lag einst das Heiligtum der México. Hier residierten Aztekenherrscher und Kaiser Maximilian baute sich im 19. Jahrhundert ein Schloss. Die größte Attraktion ist hier jedoch das Museo Nacional de Antropología mit seiner grandiosen präkolumbischen Sammlung: Riesenstatuen, Grabbeigaben, Kalendersteine, Maya-Schmuck und aztekische Götter. Vor dem Museum fliegen die *voladores* »fliegende Männer« an einem Mast durch die Luft und führen einen Zeremonialtanz vor.

Die beste Reisezeit

Mexico City liegt in den Tropen, deshalb wird es tagsüber das ganze Jahr über 20 °C warm. Aufgrund der Höhenlage der Stadt (2200 m) kann es nachts jedoch empfindlich kühl werden. Am mildesten sind März bis April, die Regenzeit dauert von Mai bis September. In dieser Zeit muss man vor allem nachmittags und abends mit Schauern rechnen. Besonders schön ist der **Herbst** mit warmen, langen Tagen – ideal für die Feiern zum Unabhängigkeitstag am 16. September und zum »Día de los Muertos« am 2. November.

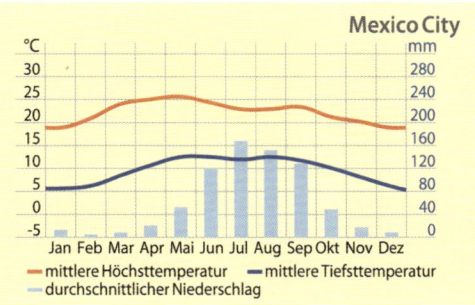

Die Highlights

Am riesigen *Zócalo* begegnen sich Reste des Aztekentempels Templo Mayor, die barocke Catedral Metropolitana und der Palacio Nacional mit Diego Riveras »murales«.

Das Theater im *Palacio de Bellas Artes* hütet Wandbilder aus dem 20. Jahrhundert. Gegenüber befindet sich die Torre Latinoamericana (mit Aussichtsplattform).

Das eindrucksvolle *Museo Nacional de Antropología* gilt als beste Ausstellung indianischer Lebenswelten in Lateinamerika.

Coyoacán und *San Ángel*, Bezirke mit kolonialer Architektur, Kunsthandwerk, und den Hausmuseen von Frida Kahlo und Diego Rivera.

UNAM – der Campus mit den reich verzierten Gebäuden gehört seit 2007 zum UNESCO-Welterbe.

Am *Día de los Muertos* feiern die Familien die kurze Rückkehr ihrer Verstorbenen auf die Erde. Das Totenfest an Allerseelen gründet auf Traditionen der Indigenas und wurde von der UNESCO in das immaterielle Kulturerbe der Menschheit aufgenommen.

Teotihuacán – Riesenstadt mit 200 000 Einwohnern um 500 n. Chr.; im Zentrum die Mondpyramide, die größer ist als die Cheops-Pyramide.

Besondere Tipps

Für die Füße: Der Touristenbus fährt auf 34 km zu 25 Haltestellen im historischen Zentrum. Unzählige Museen, Denkmäler, Parks kann man besichtigen.

Für das Auge: Sehenswert sind die Aufführungen des Ballett Nacional Folklórico im Palacio de Bellas Artes. Teilweise tritt das Ensemble auch im Museo Nacional de Antropología auf.

Für den Gaumen: Die besten Margaritas der Stadt gibt es im »Opera« auf der Avenida Madero. Cocktails mit Aussicht auf den Zócalo gibt's auf den Terrassen der Hotels »Majestic«, »Holiday Inn« und »Gran Hotel«.
Info: www.mexicocity.gob.mx

← Blick auf das imposante Palacio de Bellas Artes
← Aztekentänzerin mit traditionellem Federschmuck
← Im Museo Nacional de Antropología
↑ Gruselige Kostümierungen beim »Tag der Toten«

Metropole im Amazonas-Delta

Bethlehem, so die Bedeutung des portugiesischen Namens Belém, liegt knapp 150 Kilometer vom Atlantik entfernt. Die Hauptstadt des brasilianischen Bundesstaates Pará gehört zu den Zielen nahezu jeder Amazonas-Kreuzfahrt, obwohl sie streng genommen gar nicht am Amazonas liegt. Dank seiner günstigen Lage im riesigen Mündungsdelta des Stroms gehört Beléms Hafen zu den wichtigsten in ganz Brasilien. Vor allem der Kautschukboom Ende des 19. Jahrhunderts spülte viel Geld in die Stadt, deren Straßen von Tausenden Mangobäumen gesäumt sind. Viele historische Gebäude entstanden in dieser Epoche, darunter das prunkvolle Teatro da Paz von 1878. Es ist das Gegenstück zum berühmten Opernhaus von Manaus am Oberlauf des Amazonas. Der rund 6450 Kilometer lange Strom ist – vor allem für die kleinen Gemeinden an seinen Ufern – noch immer der wichtigste Verkehrsweg

für Fracht und für Passagiere. Wer mehr Zeit als Geld hat, ist auch zwischen den wenigen größeren Städten, die einen Flugplatz haben, mit den fotogenen alten Flussschiffen unterwegs: Nach Santarem sind es stromauf rund 60 Stunden, nach Manaus rund fünf Tage und Nächte. Flussabwärts geht es mit der Strömung deutlich schneller. Der wichtigste Einkauf in Belém ist eine bequeme Hängematte, schaukeln sich doch die meisten Passagiere an Deck in den Tropennächten in den Schlaf.

Alljährlich strömen am zweiten Sonntag im Oktober in Belém rund zwei Millionen Menschen zu einem der größten religiösen Feste der Welt zusammen: der Círio de Nazaré. Bei der dazugehörigen Prozession wird eine Statue der Gottesmutter über fast vier Kilometer von der Kathedrale zur Nazareth-Basilika getragen. An der Sänfte, in der die Statue transportiert wird, hängt ein etwa 400 Meter langes Seil. Wer es berührt, ist dem Volksglauben zufolge von allen Sünden befreit. Entsprechend umkämpft ist das Tau, dabei kommt es nicht selten zu schweren Verletzungen. Berichte darüber besitzt unter anderem das Museo do Círio. Der Pilgerzug zieht sich über Stunden hin – und wir wären nicht in Brasilien, wenn dabei nicht Samba, Mambo & Co. erklingen und in spontane Tänze umgesetzt würden. Insgesamt dauern die Festivitäten zwei Wochen. Am Tag nach dem Umzug mit der Madonna verwandelt sich der Platz vor der Basilika in einen Markt, auf dem löffelschwingende Mamas Spezialitäten anbieten. Hoch im Kurs steht etwa der leckere Eintopf Feijoda, in dem neben Rindfleisch alles vom Schwein verwendet wird. Was das im Detail ist, sollte man gar nicht wissen wollen …

Die Highlights

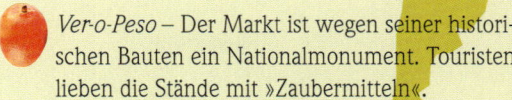

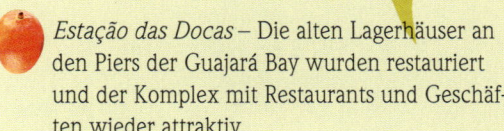

Ver-o-Peso – Der Markt ist wegen seiner historischen Bauten ein Nationalmonument. Touristen lieben die Stände mit »Zaubermitteln«.

Estação das Docas – Die alten Lagerhäuser an den Piers der Guajará Bay wurden restauriert und der Komplex mit Restaurants und Geschäften wieder attraktiv.

Forte do Castelo – Die Festung wurde um 1616 von den Portugiesen begonnen und beherbergt heute ein Museum über indigene Kulturen. Die Mauern bieten eine schöne Sicht auf die Stadt.

Catedral Metropolitana – Beléms Kathedrale entstand um 1750 im »Kolonialbarock-Stil«. Lange vernachlässigt, ist sie heute nach Renovierung ein Juwel.

Museu Paraense Emilio Goeldi – Das Museum zur Naturgeschichte ist zugleich ein Park mit freilaufenden Amazonas-Tieren. In einem Teich wachsen riesenblättrige Seerosen (*Vitória amazonica*).

Jardim Botânico Bosque Rodrigues Alves – Der Botanische Garten zeigt auf 16 ha über 2500 Amazonas-Pflanzenarten, darunter zahlreiche Orchideen.

Icoaraci – In diesem Vorort fertigen Töpfer schöne Kopien von Keramiken, die vor bis zu 1000 Jahren von Ureinwohnern auf der Insel Marajó gefertigt wurden.

Die beste Reisezeit

Da Belém nur 160 km vom Äquator entfernt liegt, herrscht dort ganzjährig heißes, feuchtes, äquatoriales Tropenklima. Der tropische Regenwald entlang des Amazonas trägt seinen Namen zu Recht: Selbst die trockensten Monate **Oktober** und **November** bringen es im Durchschnitt auf über 110 mm Niederschlag, im ganzen Jahr fallen statistisch fast 2900 mm Regen. Auch die Temperaturen im Amazonas-Delta sind ganzjährig schweißtreibend und gleichbleibend zwischen 22 und 32 °C.

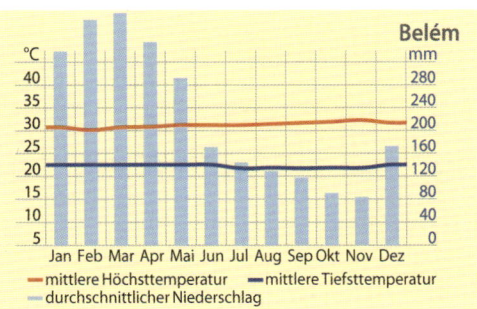

Besondere Tipps

Für Fotografen: Marajó ist die größte Flussinsel der Welt und etwa so groß wie die Schweiz. Über das beliebte Ausflugsziel fliegen kleine Flugzeuge und liefern schöne Fotomotive.

Für Naturerlebnisse: Der rund 15 km entfernte Bioparque Amazon gibt einen guten Überblick über die Tiere des Regenwalds. Von dort starten Alligator-Safaris in die umliegenden Wasserwege.

Für Edelsteinfans: Das Museu de Gemas präsentiert Kristalle, Edelsteine und sonstige Gesteinsproben der Provinz Pará. Juweliere demonstrieren hier ihre Kunst.
Info: www.braziltour.com

← Der Ver-o-Peso Markt in Belém-Hafen
← Prozession zu Ehren der Madonna von Nazareth
← Korbmacher verkauft seine Produkte auf dem Markt
↑ Begleiter auf der Fähre von Maurum nach Belém

Liebeskulisse in Zeiten der Cholera

Cartagena de Indias, so der offizielle Name der kolumbianischen Stadt, kommt vielen Touristen schon beim ersten Besuch seltsam bekannt vor. Das liegt an den vielen Spielfilmen, die vor der bunten Kulisse der Altstadt oder den trutzigen Bollwerken der Festung und der Stadtmauern nebst türkisblauem Hintergrund der Karibik gedreht wurden. Der bekannteste war wohl »Die Liebe in den Zeiten der Cholera« nach dem gleichnamigen Roman des kolumbianischen Literatur-Nobelpreisträgers Gabriel García Márquez. Der wichtigste Schauplatz des weltweiten Bestsellers wurde im Text zwar nie mit Namen genannt, aber die präzisen Beschreibungen lassen keinen Zweifel: Es ist Cartagena im ausgehenden 19. Jahrhundert. Einem anderen Hollywoodstreifen verdankt die Stadt übrigens die Tatsache, dass sie von vielen Touristen ebenso hartnä-

ckig wie falsch »Cartageña« (also mit »nj«) genannt wird. Aber Cartagena hat schon Schlimmeres hinter sich gebracht, allem voran die Piraten des 16. und 17. Jahrhunderts. Sie schätzten den spanischen Hafen, in dem Gold und Silber für den Transport über den Atlantik verladen wurde, als reiche Beute. Die spanische Krone investierte deshalb horrende Summen in die Befestigung von Stadt und Hafen. Heute sind die Investoren eher südamerikanische Millionäre, die Apartments in Hochhäusern mit Seeblick erstehen als Kapitalanlage, aber auch gerne als Feriendomizil.

Andernorts in der Welt sind Schönheitswettbewerbe längst in eine Nische der Unterhaltungsszene abgedrängt, nicht jedoch in Südamerika und dort vor allem an der karibischen Küste des Halbkontinents. So wundert es denn nicht, dass die Wahl der »Miss Colombia« in Cartagena als Höhepunkt der alljährlichen Unabhängigkeitsfeiern in den ersten beiden Novemberwochen gilt. Selbstverständlich wird die Bikini-Parade der Schönheiten am Pool des Hilton Hotels im Fernsehen landesweit live übertragen. In den Tagen vor der Krönung der Schönheitskönigin findet ein großes Volksfest mit einer Parade, die an einen Karnevalsumzug erinnert, und mit Feuerwerk am Abend statt. All das hätten sich die Väter der Republik wohl auch nicht träumen lassen, als sie am 11. November 1811 die Befreiung von der spanischen Kolonialherrschaft erreicht hatten. Die iberischen Herrscher hinterließen ihren kolumbianischen Untertanen allerdings ein architektonisches Erbe, das Cartagena in einem Wettstreit um die Krone als schönste Stadt Lateinamerikas beste Chancen bietet.

Die Highlights

 Altstadt – Die komplett von einer Stadtmauer umgebene Altstadt bildet ein geschlossenes, überwiegend koloniales Ensemble. Sie ist touristisch, aber überaus fotogen und gehört zum UNESCO-Welterbe.

 Palacio de la Inquisición – Der Inquisitionspalast an der schönen Plaza de Bolívar war Sitz der spanischen Religions- und Foltergerichte, die Einrichtung ist historisch.

 Museo del Oro y Arqueología – Das Museum an der Plaza de Bolívar ist vor allem wegen seiner historischen Gold-Sammlung einen Besuch wert.

 Kathedrale – Der Kathedrale von 1785 sieht man von außen an, dass sie wie andere Kirchen dieser Zeit in Cartagena bei Piratenangriffen als Wehrkirche diente.

 Kirche und Kloster *San Pedro Claver* – Der Komplex ist dem »Sklaven der Sklaven« Pedro Claver geweiht. Der Jesuit, ein früher Pionier der Menschrechte, ist in der Klosterkirche in einem Glassarg beigesetzt.

 Castillo de San Felipe – In dieser größten Festung Lateinamerikas können unterirdische Gänge besichtigt werden.

 Convento La Popa – Das befestigte Augustinerkloster von 1604 liegt auf einem 150 m hohen Hügel mit guter Sicht über Cartagena.

Die beste Reisezeit

Von Wirbelstürmen bleibt Cartagena meist verschont, doch insbesondere zwischen November und Februar kann es häufig windig werden. Dieser bringt Erfrischung bei ganzjährigen Durchschnittstemperaturen von über 30 °C und einer hohen Luftfeuchtigkeit von rund 80 %. Die Monate **Dezember** bis **März** verzeichnen geringe Niederschläge, sodass Cartagenas berühmte Prozessionen in der Karwoche in der Regel bei Sonnenschein stattfinden. Mai bis August fallen in die erste, Oktober und November in die zweite Regenzeit.

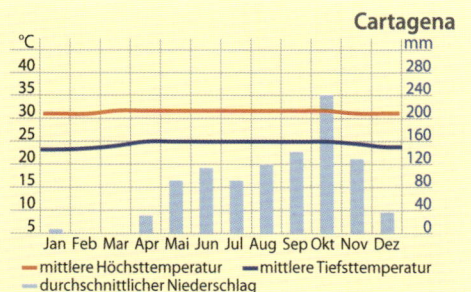

Besondere Tipps

Zum Entspannen: Der Vulkan Totumo ist nur 15 m hoch. In seinem kleinen Krater lässt sich bequem ein Schlammbad nehmen.

Zum Tauchen: Die Islas del Rosario sind ein vorgelagerter kleiner Archipel und Nationalpark. Ihre Korallenriffe sind ein beliebtes Tauch- und Schnorchelrevier (45 Minuten Bootsfahrt).

Zum Entdecken: Im etwa 30 Fahrminuten entfernten Jardin Botanico de Guillermo Piñeres gedeihen Pflanzen aus allen Teilen Kolumbiens. Der Park liegt 150 m hoch und ist klimatisch angenehmer als die heiße City.

Info: www.cartagenacaribe.com

← Marktfrau in bunten Farben und mit Früchten
← Musiker am Plaza Santo Domingo
← Blick in die belebte Calle de Armagura
↑ Stillleben mit frischen Kokosnüssen

Chiles nonchalante Hauptstadt

Die Lage von Santiago de Chile ist einmalig, erreicht man doch von dort genauso schnell die Strände des Pazifiks wie die Skiberge der Anden. Auch kulinarisch profitieren die Hauptstädter: von den exzellenten Weinen des umliegenden Valle Central und den köstlichen Meeresfrüchten aus dem Ozean. Seit Ende der Militärdiktatur 1990 hat Santiago erfolgreich den bleiernen Mantel der Unterdrückung abgeworfen, der das öffentliche Leben der Stadt lähmte. Heute bietet Santiago spannende Kunst und Kultur sowie eine lebhafte Restaurant- und Clubszene. Mittlerweile besitzt kaum eine andere Metropole in Südamerika mehr Lebensqualität als Chiles Hauptstadt.

Rund sieben Millionen Menschen, über ein Drittel der gesamten Bevölkerung, leben in Chiles ausufernder Metropolregion. Das Herz der Stadt schlägt seit ihrer Gründung 1541 an der Plaza de Armas. Hier erbauten die spanischen Eroberer den Gouverneurspalast, das Gericht, die Catedral Metropolitana und die Wohnsitze der Conquistadores. Auch heute pulsiert das Leben rund um den hübschen Platz, auf dem Kleinkünstler die Passanten unterhalten. Rundum stehen bedeutende Gebäude, präsentieren Museen die Geschichte der Stadt, des Landes und der präkolumbischen Ära.

Verlässt man die Plaza, gelangt man zum quirligen Mercado Central und durch lebhafte Einkaufsstraßen zum Präsidentenpalast La Moneda, dem ein topmodernes Kulturzentrum angeschlossen ist. Nur ein Katzensprung entfernt liegt der Finanzdistrikt La City mit der eleganten Börse. Westlich des Zentrums widmen sich im baumreichen Parque Quinta Normal fünf Museen der Kunst, Natur und Technik. Ein Spaziergang führt von dort durch Santiagos älteste Wohnviertel mit gefälligen neoklassizistischen Gebäuden Richtung Süden zum Parque Bernardo O'Higgins. Santiagos zweitgrößter Park ist zu den »Fiestas Patrias« am 18. und 19. September das wichtigste Ziel der Hauptstädter. Dann wird Chiles Unabhängigkeit ausgelassen mit Pisco, dem Nationalgetränk der Chilenen, oder Chicha, einer Art Bier, Asados (auf Deutsch »Gegrilltes«), Empanadas, gefüllten Teigtaschen, Livemusik und Tanz gefeiert. Den schönsten Blick über die Stadt und bis zu den Anden hat man auf der anderen Seite des Río Mapocho im Parque Metropolitano auf dem Cerro San Cristobal. Verlässt man die Hauptstadt des schmalen Chile, muss man sich entscheiden zwischen der staubtrockenen Atacama-Wüste hoch im Norden und dem windigen Kap Hoorn tief im Süden.

Die Highlights

 Die *Plaza de Armas* ist von bedeutenden Gebäuden umgeben: dem neoklassizistischen Justizpalast, dem Rathaus, der Hauptpost Correo Central, der roten Casa Colorada und dem Palacio de la Real Audiencia.

 Die *Catedral Metropolitana* an der Plaza des Armas ist Chiles bedeutendste Kirche. Die Barockperle aus dem 18. Jahrhundert wurde mehrfach umgebaut.

 Das *Museo Chileno de Arte Precolombino* im Palacio Real de la Casa Aduana zählt zu den besten Museen für präkolumbische Kunst weltweit.

 La Moneda, der imposante Präsidentenpalast, beherbergt ein exzellentes Kulturzentrum.

 Der hügelige *Parque Metropolitano* umfasst auch einen Zoo und ein Weinmuseum (mit Verkostung!). Von den Seilbahnen auf den Cerro San Cristobal hat man einen herrlichen Blick.

 Die *Casa Museo La Chascona* am Parque Metropolitano war das Wohnhaus von Pablo Neruda. Sehenswert sind im Umkreis das Museo de la Moda und der Skulpturenpark.

 Das *Museo de la Memoria y los Derechos Humanos*, brandneu und gläsern, in der Maucana 501 erinnert an die Gräuel der Militärdiktatur.

Die beste Reisezeit

Santiago de Chile genießt ein mildes Klima mit ganzjährig warmen Temperaturen und vielen Sonnenstunden. Die meisten Niederschläge verzeichnet der Juli, doch selbst dann klettern die Temperaturen in der Stadt durchschnittlich auf rund 15 °C. Zu den »Fiestas Patrias« im **September** ist das Wetter in der Regel frühlingshaft warm und trocken. Am heißesten ist es in den Hochsommermonaten Januar und Februar, wenn zahlreiche Theatertruppen beim Festival »Internacional Teatro a Mil« in Santiagos Straßen auftreten.

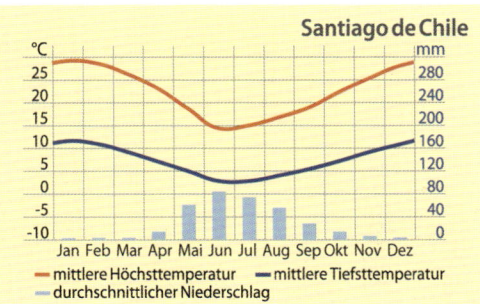

Besondere Tipps

Zum Mitnehmen: Chile gehört zu den größten Abbauregionen für Lapislazuli. Hübsche Schmuckstücke aus dem Halbedelstein finden Sie in vielen Läden.

Zum Hören: Chiles originärer Beitrag zur lateinamerikanischen Musik ist die *Nueva Canción Chilena*. Sie entstand in den 1960er-Jahren und verbindet Andenrhythmen mit sozialkritischen und politischen Texten.

Zum Lesen: »Das Geisterhaus« von Isabel Allende erzählt Chiles Entwicklung von den 1920er-Jahren bis zur Militärdiktatur ab 1973.

Info: www.ciudad.cl

← Blick auf die Plaza de Armas
← Andengipfel ragen hinter der Stadt auf
← Wasserspass im Parque Forestal
↑ Die herrschaftliche Plaza Cerro Santa Lucia

Namibias windiges Zentrum

Ein bisschen existiert Namibia im Windschatten des großen Nachbarn Südafrika. Das gilt auch für Windhoek, das politische und wirtschaftliche Zentrum des Landes. Nur gut 450 000 Menschen leben in Namibias kleiner Hauptstadt, die in einem Talkessel fast 1700 Meter hoch gelegen ist. Windhoek wirkt noch immer stark geprägt durch das deutsche Kolonialerbe, auch wenn mittlerweile einige Straßen umbenannt wurden. Die Kaiserstraße zum Beispiel heißt heute Independence Avenue. Monumentale Gebäude wie das Neue Gericht und das Bürgerzentrum sollen dem Städtchen etwas Metropolenflair verleihen, das jedoch gerade durch seinen charmant kleinstädtischen Charme Besucher bezaubert. Eine Hauptattraktion ist nahe der Robert Mugabe Avenue (eine Umbenennung wäre heute wohl wünschenswert) der sogenannte Tintenpalast. Das sehenswerte Parlamentsgebäude wurde 1912 von dem deutschen Architekten Gottlieb Redecker

im Kolonialstil erbaut. Der dazugehörige Parlamentsgarten ist eine Oase mitten in der Stadt. Nicht weit entfernt steht die Christuskirche auf einer Anhöhe. Ihre Altarfenster wurden von Kaiser Wilhelm gestiftet, und ihre Orgel in Ludwigsburg bei Stuttgart gebaut. Aufgrund seiner fremdbestimmten Geschichte wartet Windhoek zudem mit mancher Überraschung auf, unter anderem mit den drei Stadtburgen Sanderburg, Heinitzburg und Schwerinsburg. Letztere wurde in eine Gaststätte und später von einem ostdeutschen Adeligen zu einem Schloss umgebaut.

Während andere Hauptstädte »hip« sein müssen, genießt Windhoek das Privileg, heute noch nett sein zu dürfen. Hier ist alles überschaubar geblieben – auch die Sehenswürdigkeiten wie der Uhrturm der ehemaligen Africabank, das Nationalmuseum, die Nationalgalerie oder das TransNamib-Museum. Etwas außerhalb der Stadt liegt der »Heldenacker«. Diese große Gedenkanlage wurde von einer nordkoreanischen Firma gebaut und ist geschmacklich ein schlimmer Unfall. Tatsächlich mutet sie an, als würde gleich Diktator Kim (inzwischen dessen Sohn) um die Ecke kommen.

Daneben hat Windhoek auch wirklich Modernes zu bieten. Wer sich für zeitgenössische afrikanische Kunst interessiert, besucht die Bushman Art Gallery. Aktuelle Kulturtrends erlebt man im lebhaften Kulturzentrum in der Old Brewery in der Stadtmitte. Gute Musik bietet Mitte September zudem das Windhoek Music Festival. Bei diesem dreitägigen Open-Air-Festival lassen sich rund 20 000 Besucher von nationalen und internationalen Topacts begeistern.

Die beste Reisezeit

Auch wenn Namibia im Süden Afrikas liegt, ist Hitze nicht immer tonangebend. In der Hauptreisezeit, im Südsommer zwischen **Ende September** und **Anfang April**, wird es zwar oft brütend heiß bei weit über 30 °C, doch weht – wie der Name schon sagt – meist ein angenehmes Lüftchen durch Windhoek. Zwischen Mai und Ende August kann das Thermometer nachts bisweilen in die Minusgrade rutschen. Allgemein ist es trocken, selbst in der Regenzeit von Januar bis März ist häufig mit Sonnenschein zu rechnen.

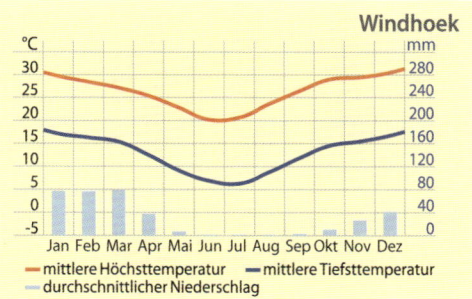

Die Highlights

 Tintenpalast – Das sehr deutsche Parlamentsgebäude ist aus Quarzsandstein gebaut, da bis auf Eingangstür und Altar nur regionale Materialien verwendet werden sollten.

 Independence Avenue – Hier kann man entspannt in Läden mit individueller Beratung und meist auf Deutsch shoppen.

 Christuskirche – Windhoeks zentrale lutherische Kirche ist im Stil der Neoromanik gestaltet. Allerdings haben sich während der Bauzeit bis 1910 einige Jugendstilanteile darin verirrt.

 Schwerinsburg – Sie ist eine von Windhoeks drei Burgen. Der ursprüngliche einfache Verteidigungsturm wurde erweitert und schon bald zum Gasthaus umfunktioniert.

 Old Brewery – Auf dem Gelände der einstigen Namibia Breweries befindet sich heute ein Kulturzentrum. Hier kann man auch sehr gut essen, trinken und einkaufen.

 Bushman Art Gallery – Sie ist wohl die größte Kunstgalerie in Namibia, die afrikanische Kunst der jüngsten Vergangenheit und Gegenwart präsentiert und verkauft. Auch Nippes und Mitbringsel können hier erworben werden.

 TransNamib Eisenbahnmuseum – Das Museum präsentiert im historischen Bahnhofsgebäude die Geschichte der Eisenbahn im Südwesten Afrikas.

Besondere Tipps

Zum Essen: Das Restaurant Gathemann an der Indepence Avenue wird von Schweizern geleitet. Hier überzeugen der Service und die exzellente Küche.

Zum Sporteln: Raus aus Windhoek und rein in die Wüste. Namibias Veranstalter bieten rasante Ski- und Boardfahrten auf den hohen Sanddünen an. Eine faszinierende Alternative zum kalten Schnee.

Zum Übernachten: Das zentral gelegene »Heinitzburg« ist mit vier Sternen nicht das luxuriöseste Hotel Windhoeks, bietet aber einen fantastischen Blick über die Stadt.

Info: www.windhoekcc.org.na

← Die Christuskirche ist ein Wahrzeichen der Stadt
← Den schönsten Blick auf Windhoek bieten diese großzügigen Villen
↑ Perfekter Service im Olive Grove Guesthouse

Ostasiens Hauptstadt der Kunst, Kultur und Musik

Nein, Peking ist nicht mehr einfach nur die monumentale Hauptstadt der Volksrepublik China und Zentrum der weltgrößten Kommunistischen Partei. Die moderne 19-Millionen-Metropole ist kultureller Mittelpunkt zumindest der ostasiatischen Welt geworden. Die Pekinger mögen sich zwar als Bewahrer der chinesischen Kultur – auch der chinesisch-kommunistischen – fühlen, aber sie sind gleichzeitig die Avantgarde neuer Entwicklungen und das zeigen sie auch auf anderen großen Festivals wie dem Jue Music and Art Festival für alternative, kreative und progressive Kunst und Musik im März oder dem Midi Festival im Mai, dem größten Musikfestival der Stadt neben Modern Sky.

Zudem beherbergt Peking eine der größten Künstlerkommunen der Welt mit vielen Tausend Künstlern, die in alten verlassenen Fabriken wie der Factory 798 oder dem benachbarten Caochangdi ihre kreative Heimat gefunden haben und dort ihre Werke in Hunderten von Galerien ausstellen.

Zahllose herausragende Museen, darunter das Nationalmuseum am endlosen Platz des Himmli-schen Friedens oder das Capital Museum laden zu weiteren Entdeckungen ein. Am faszinierendsten ist freilich das Palastmuseum in der Verbotenen Stadt mit seinen atemberaubenden Kunstschätzen. Jenseits der Palastmauern führen die typischen Pekinger Gassen, die Hutong, zu mächtigen kaiserlichen Anlagen wie der Kaiserlichen Akademie, den Konfuzius-Tempel oder den benachbarten Lama-Tempel. Doch hie und da trifft man in den engen Gassen mit den typischen Vier-Harmonien-Höfen auch noch auf das alte Peking, das man am besten mit dem Fahrrad erkunden sollte. Am schönsten ist die Gegend um die Drei Hinteren Seen, in deren Hutongs man noch zahlreiche alte Prinzen-Paläste oder Residenzen berühmter Pekinger Künstler und Schriftsteller des frühen 20. Jahrhunderts besuchen kann.

Sensationell ist Chinas größtes Outdoor-Musikfestival Modern Sky, das 2011 aus Platzmangel vor die Tore der Stadt umziehen musste. Weiterhin strömte Pekings Jugend in Scharen zu ihren musikalischen Idolen, die von den Nöten und Ängsten angesichts der rasanten Veränderungen des Landes und der damit verbundenen Orientierungslosigkeit sangen. Jedes Jahr Anfang Oktober rocken bis zu 120 Bands aus China und aller Welt auf mehreren Bühnen – nirgendwo sonst bekommt man einen besseren Eindruck von Chinas lebhafter Musikszene und von Pekings gut gelaunter Jugend. Und wenn die Großen der Branche, seien es die Retros, Carsick Cars, Brain Failure oder Haya loslegen, dann ist nichts mehr zu spüren vom Ruf der Hauptstädter, derb, plump und zurückhaltend zu sein, denn dann feiern und singen sie drei Tage lang.

Die beste Reisezeit

Die Pekinger sind stolz auf ihre vier ausgeprägten Jahreszeiten und diese erleichtern auch die Auswahl der Reisezeit. Die Stadt hat ein gemäßigtes Kontinentalklima mit sehr heißen, schwülen Sommern. Zusätzlich fallen dann in der Regenzeit 70–90 % der gesamten Niederschläge. Im Winter, in Peking von November bis März, wird es vor allem eins – eisig kalt. Es bleiben der milde Frühling von **März bis Mai** und der angenehme Herbst von **September bis Oktober**, wenn die Westberge im satten Rot der Ahornbäume glühen.

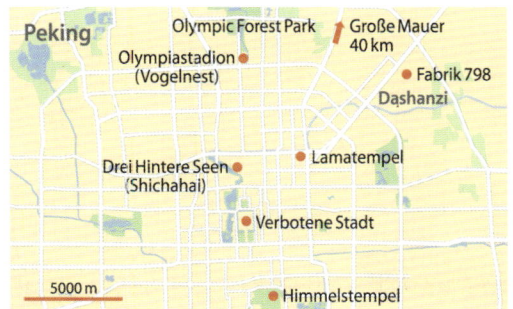

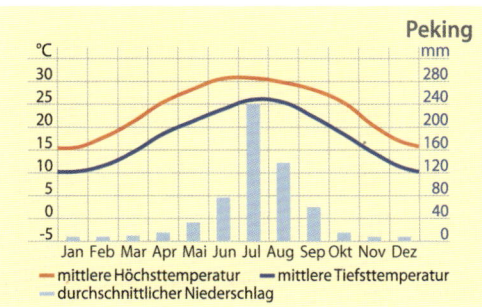

mittlere Höchsttemperatur — mittlere Tiefsttemperatur
durchschnittlicher Niederschlag

Die Highlights

Die *Verbotene Stadt* galt als Nahtstelle von Himmel und Erde und ist das steingewordene Monument chinesischer Kosmologie und Philosophie.

Der *Himmelstempel* war die private Begegnungsstätte des Kaisers mit dem Himmel. Heute ist er ein quirliger Treff der Pekinger, die hier singen, tanzen und spielen.

Lamatempel – Zentrum des tibetischen Buddhismus in der Hauptstadt. Eindrucksvoll ist die Statue des Zukunftsbuddhas, die aus einem riesigen Baumstamm geschnitzt wurde.

Die *Drei Hinteren Seen* waren im alten Peking ein nobles Wohnviertel. Heute haben sich die Ufer zum malerischen Zentrum der Nachtschwärmer gemausert.

»Vogelnest« wird das *Olympiastadion* liebevoll genannt. Mit dem eindrucksvollen Nest haben die Architekten Herzog & de Meuron eine »bekletterbare öffentliche Skulptur« geschaffen.

Nein, man sieht die *Große Mauer* nicht vom Mond aus. Sie bleibt dennoch das imposanteste Bauwerk Chinas, auf dem man auch noch herrlich wandern kann.

Die *Fabrik 798* war die Keimzelle für Pekings Aufstieg zur Weltmetropole der Kunst. Noch heute ist es avantgardistisch, mutig und voller Fantasie.

Besondere Tipps

Für den Mund: Die beste Peking-Ente bekommt man im Dadong Roast Duck Restaurant in der Nanxincang Int'l. Plaza, 22A Dongsi-10-Tiao: fettarm, kross und unglaublich zart.

Für Auge und Ohr: »China – Das Hörbuch« von Antje Hinz führt seine Hörer in 20 Kapiteln durch die chinesische Welt von Ahnenkult bis Peking-Oper.

Für zu Hause: Papierdrachen aus Peking gehören zu den besten Chinas. Sie sind handgemacht und selbst die kleinsten können fliegen.

Infos: www.modernsky.com

← Chinese Ethnic Culture Park mit Olympiastadion
← Morgensport im Jingshan Park am Nordtor
← Perfekt restauriert – der Lama Tempel (Yonghe Gong)
↑ Traditionelle Zitherspielerin im Belhai Park

Ein Feuerwerk an Leben

Shanghai ist cool, aufregend und anstrengend. Die Stadt besticht nicht gerade durch ihren Charme, aber sie ist Chinas Trendsetterin in Sachen Lifestyle. Der Bund, die lange Uferpromenade, ist der Stolz und heimliche Mittelpunkt Shanghais. Selten findet man in einer chinesischen Stadt so viel Freiraum, der noch dazu einen Blick in die Seele des Ortes ermöglicht. Die Seele Shanghais – das bedeutet Geschäftsmäßigkeit, Wohlstand und berstender Stolz. Bis heute ziehen die Shanghaier ihr außerordentliches Selbstbewusstsein daraus, dass ihre Stadt immer moderner, besser, modischer, fortschrittlicher und schneller war und ist als alle anderen Städte Chinas. Da spielt es keine Rolle, dass sich die großen Sehenswürdigkeiten rar machen. Aber einige Highlights gibt es dann doch. So gehört der Yu-Garten zu einem der schönsten klassischen chinesischen Gärten im Yangzi-Delta, das Shanghai Museum ist eines der besten Museen des Landes zur Geschichte Chinas. Die herrlichen, mit Platanen bestandenen Straßen der ehemaligen französischen Konzession entführen in eine Welt, in der man sich noch heute ganz dem Savoir-vivre hingibt, und Dutzende Künstlerviertel wie das M50 oder Tianzifang sollen demonstrieren, dass sich selbst in der Bankenmetropole Shanghai nicht alles nur ums Geld dreht. Mit dem »Shanghai International Filmfestival« im Juni hat man darüber hinaus erfolgreich an Shanghais alte Bedeutung als Hollywood Chinas angeknüpft, auch wenn man zähneknirschend einräumen muss, dass die großen Blockbuster in Peking gedreht werden.

Sensationell ist auch das Shanghai International Music Fireworks Festival in der ersten Oktoberwoche. Bei der wichtigsten Show für internationale Feuerwerkskünstler in Asien verwandeln die weltbesten Pyromanen Schwarzpulver in grandiose und fantasievolle Lichtershows, farbgesättigte Funkenkaskaden am nächtlichen Himmel, die sich, begleitet von Musik, zu immer neuen Gemälden entfalten. Wer auf die Musik verzichten kann, bewundert das Spektakel von der lang gezogenen Bundpromenade aus und genießt dann als Zugabe die bunt flimmernde, himmelstürmende Skyline vom spektakulären Finanzviertel Lujiazui mit den beiden Wahrzeichen Jinmao Tower (421 m) und World Financial Center (472 m). Jede Lichteruption erleuchtet auch die den Bund prägenden alten neoklassizistischen Prunkbauten, allen voran die ehemalige Zentrale der Hongkong and Shanghai Bank und das benachbarte Zollamt.

Die beste Reisezeit

Die schlechte Nachricht: das feuchte subtropische Klima in Shanghai ist nicht wirklich angenehm. Es gibt zwar vier ausgeprägte Jahreszeiten, aber der Sommer von Mitte Juni bis Ende August ist unerträglich heiß, schwül und regnerisch, während der Winter mit Temperaturen um den Gefrierpunkt von Dezember bis März unangenehm kalt ist. Dafür glänzen der kurze **Frühling** und der lange **Herbst** mit angenehmen Temperaturen, auch wenn es im September noch den einen oder anderen Taifunausläufer geben kann.

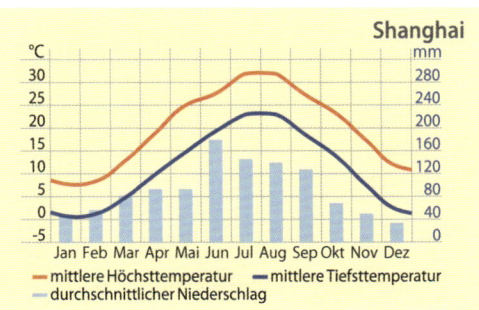

Die Highlights

 Die *Skyline* des Bund, das Denkmal alten und neuen Glanzes, ist die Trumpfkarte Shanghais und eine Promenade zum Bummeln und Staunen.

 Der *Yu-Garten* ist der schönste klassische chinesische Garten der Stadt, ein faszinierendes begehbares dreidimensionales Gesamtkunstwerk.

 Einst zum Abriss freigegeben, ist das *Fabrikgelände M50* von Kreativen, Galeristen und Kuratoren zum avantgardistischen Künstlerviertel umgestaltet worden.

 In den verwinkelten Gassen von *Tianzifang* findet man Galerien neben Teeläden, japanische Imbisse neben Ateliers, Boutiquen neben Cafés.

 Finanzmetropole Shanghai – im *Bankenviertel Lujiazui* stehen die machtvollen Wolkenkratzer der großen Geldhäuser und Chinas größte Shopping-Mall.

 Das *Shanghai Museum* beeindruckt durch die Qualität seiner Ausstellung, die von alten Bronzen über Skulpturen bis hin zur chinesischen Malerei reicht.

 Ein Bummel durch die Straßen der ehemaligen *französischen Konzession* gehört zu jeder Shanghai-Reise. Besonders reizvoll sind die Nanchang Lu und Huaihai Zhonglu.

Besondere Tipps

Für den Mund: Die Shanghaier lieben süßlich zubereitete Gerichte, berühmt ist die »rote Sauce«. Einer der besten Orte für Shanghaier Küche ist das Ye Olde Station Restaurant.

Für Auge und Ohr: »Shanghai Serenade« von Zhang Yimou. Hommage des chinesischen Meisterregisseurs an die klassischen Shanghaier Gangsterfilme.

Für zu Hause: In Shanghai begann die Kulturrevolution, bei Madame Mao's Dowry (www.madamemaosdowry.com) bekommt man die kuriosesten Memorabilia.

Info: www.meet-in-shanghai.net

← Der Yu-Garten, der schönste der Stadt
← Gemeinsames Schattenboxen bei Sonnenaufgang
← Der Bund: Promenade mit kolonialem Flair
↑ Licht und Feuerwerk beim Light Art Festival

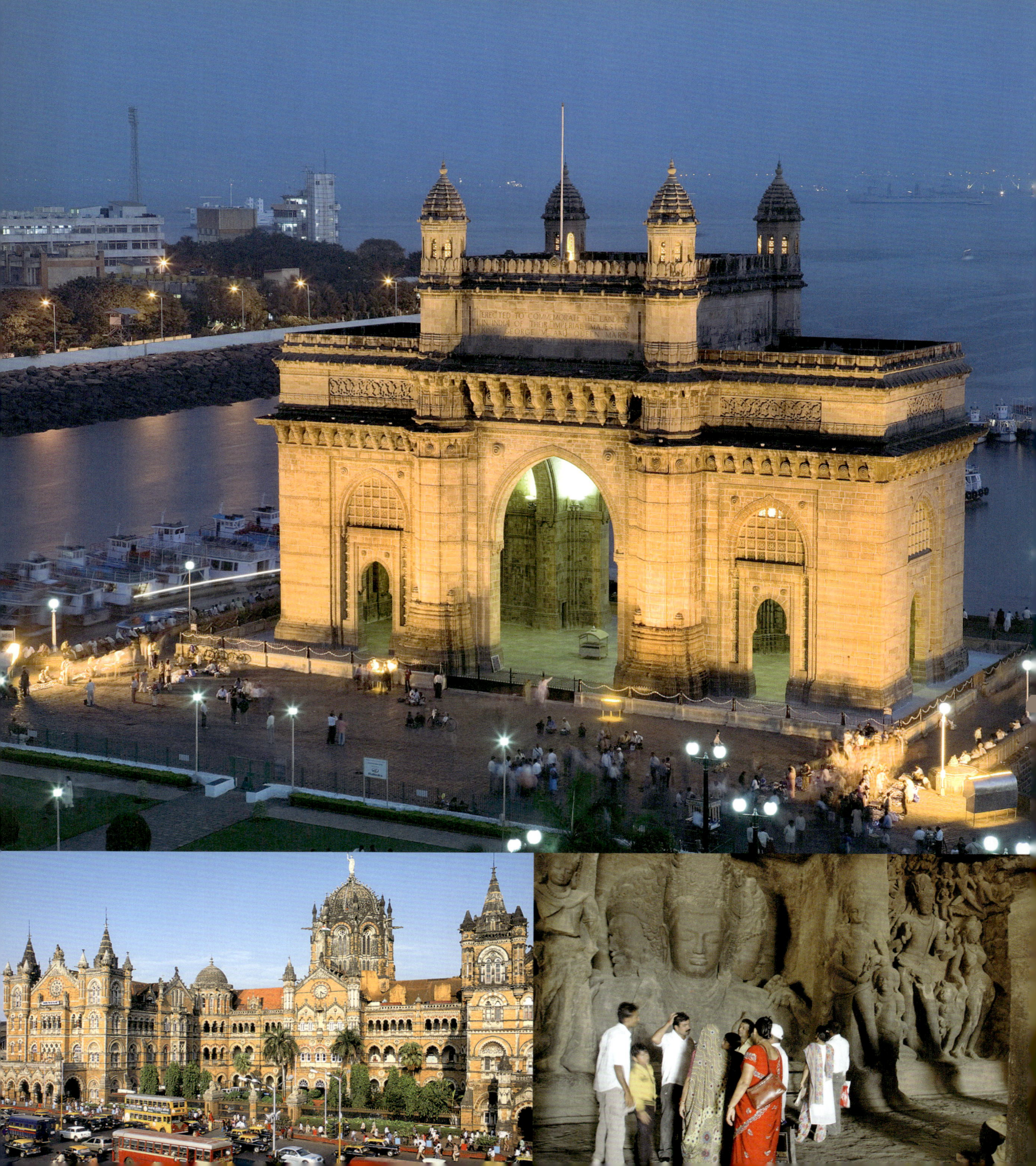

Indiens Tor zur Welt

Die Millionenmetropole Mumbai zieht Besucher mit zahlreichen Sehenswürdigkeiten in ihren Bann. Nahe dem berühmten Wahrzeichen Gateway of India als Indiens Symbol als Tor zur Welt begeistert etwa das geschichtsträchtige Hotel Taj Mahal im prächtigen Kolonialstil. Von dort aus sollte man nicht versäumen, mit einer Barkasse auf die nahe Insel Elephanta überzusetzen, um einen riesigen Höhlentempel aus hinduistisch-buddhistischer Frühzeit zu bestaunen. Als Mumbais anderes Tor zur Welt gilt der Victoria Terminal, der stets rappelvolle Bahnhof im indisch-gotischen Zuckerbäckerstil. Bestens studieren lässt sich das wahre Leben auch auf dem wuseligen Crawford-Markt, den brodelnden Bazaren von Kalbadevi und Bhuleshwar und in den faszinierenden Dhobi Ghats. In dieser städtischen Freiluftwäscherei klopfen rund 5000

Männer an riesigen Trögen den Schmutz aus Bergen von Wäsche – vielleicht das einprägsamste Bild, das die Stadt zu bieten hat. Nach so viel Trubel gönne man sich eine Verschnaufpause in der friedlichen Atmosphäre der weiß getünchten Haji-Ali-Moschee. Wie ein Märchen aus 1001 Nacht ragt es am Ende eines langen Dammes auf, der in das Arabische Meer vorstößt. Im Inneren hütet es das Grabmal des hoch verehrten muslimischen Heiligen Haji Ali.

Mumbai, das einstige Bombay, ist das Kraftwerk der indischen Wirtschaft und eine heitere Stadt. Am deutlichsten wird das in den Tagen des farbenfrohen Ganesh-Chaturthi-Festes, das alljährlich im September stets ab dem vierten Tag nach Neumond begangen wird. Elf Tage lang wird dazu getanzt, gegessen und gefeiert. Das größte Spektakel findet am letzten Tag statt, am Geburtstag des liebenswerten Ganesha, elefantenköpfiger Gott der Weisheit und des Wohlstands, Lieblingsgott Mumbais und Inkarnation Vishnus, des Erhalters. Eine Unzahl von bunt bemalten, teilweise riesigen Ganesha-Idolen wird von einer ebensolchen Unzahl von Menschen in ausgelassenen Umzügen durch die Stadt geschleppt und am berühmten Chowpatty Beach – nach wie vor Lieblingstreffpunkt der Stadtbewohner – im Meer versenkt. Doch auch wer Mumbai zu anderen Jahreszeiten bereist, muss nicht auf Festivitäten verzichten. Im Januar bieten sich das Kala-Ghoda-Fest des Kunsthandwerks oder das Mumbai-Festival mit Theateraufführungen an, im August der »Janmashtami«. An diesem Tag feiert Gott Krishna, ebenfalls eine äußerst liebenswerte Inkarnation Vishnus, seinen Geburtstag.

Die Highlights

 Gateway of India – Mumbais symbolträchtiges Wahrzeichen darf bei einem Besuch nicht fehlen, schon allein wegen des bunten Lebens rund um das Tor.

 Victoria Terminal – Auch wenn man keine Zugfahrt plant, so ist der Bahnhof mit seiner palastartigen Fassade im Kolonialstil ein lohnendes Ziel.

 Elephanta – Ein unvergessliches Erlebnis ist ein Bootsausflug zur Insel Elephanta mit dem gewaltigen Höhlentempel aus hinduistisch-buddhistischen Urzeiten (UNESCO-Welterbe).

 Crawford Market – Der farbenprächtige Markt war schon im britischen Bombay Umschlagplatz für Obst und Gemüse. Flachreliefs von Rudyard Kiplings Vater Lockwood zieren die neugotische Fassade.

 Bazare von Kalbadevi und Bhuleshwar – Ohne sie gesehen zu haben, wäre ein Besuch der Stadt nicht komplett.

 Dhobi Ghats – Ein Höhepunkt ist ein Ausflug zu dieser gewaltigen Freiluftwäscherei, die an Gemälde von Hieronymus Bosch gemahnt.

 Haji-Ali-Moschee – Sie zählt zu den architektonischen Ikonen der Stadt. Höchst malerisch ragt der weiß getünchte Märchenbau am Ende eines Dammes auf.

Die beste Reisezeit

Mumbai befindet sich an der Westküste Indiens am Arabischen Meer. In den Tropen und am Wasser gelegen, hat die Stadt im Jahresverlauf ausgeglichene Temperaturen. Sie erreichen maximal 30 bis 33 °C. Allerdings beeinflusst der Monsun das Klimageschehen. Die beste Zeit für einen Besuch sind die etwas kühleren und trockenen Wintermonate – mit Temperaturen zwischen rund 16 und 30 °C ist es im *Januar* am angenehmsten. Zum »Ganesha Chaturthi Fest« im September nehmen die Regentage des Monsuns bereits ab.

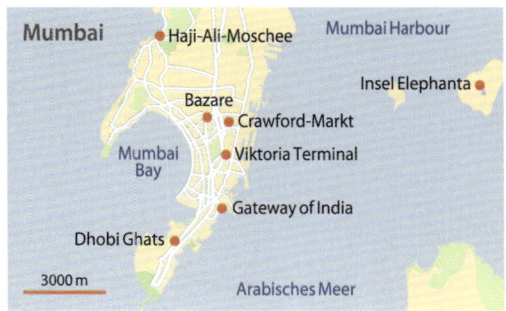

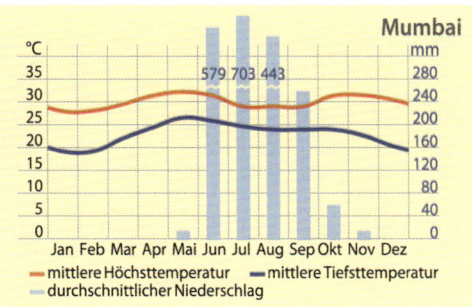

Besondere Tipps

Für Leser: »Eine gute Partie« von Vikram Seth. Der Roman erzählt viel von der Lebensart großer Familienclans, geprägt von Tradition und Moderne.

Für Traditionsbewusste: Five o'Clock Tea und Clubsandwich im berühmten »Taj Mahal«. Kaum ein anderes Hotel ist auf dem indischen Subkontinent so bekannt.

Für Schlemmer: Im »Tanjore«, Aushängeschild des »Taj Mahal«, bekommt man erlesene Speisen aus verschiedenen Provinzen Indiens geboten. Zu den sanften Sitarklängen unbedingt Thalis bestellen.

Info: www.india-tourism.com

← Blick auf das Gateway of India am Abend
← Victoria Terminus Station im Kolonialstil
← Die Elephant Caves auf der Insel vor Mumbai
↑ Beim Ganesh Ganpati Festival zu Ehren des Gottes

Das Geschenk des Kublai Khan

Sie sind eine Ikone Indiens wie das Taj Mahal: die chinesischen Fischernetze in Kochi. Wer mit dem Kreuzfahrtschiff in der Stadt ankommt, gleitet bereits vor dem Festmachen an den fotogenen, rund zehn Meter hohen Konstruktionen aus Bambus und Teakholz vorbei. Keine Stadtrundfahrt, die nicht an den Wahrzeichen Kochis haltmachen. Ein bis zwei Netze sind auch meist in Betrieb: Die großen flachen Netze werden an Auslegern abgesenkt in die See und nach einigen Minuten wieder hinaufgezogen – trotz eines Systems von Gegengewichten braucht es doch fünf bis sechs Fischer, um die Netze zu bedienen. Und warum »chinesisch«? Sie sollen ein Geschenk des chinesischen Kaisers Kublai Khan im 14. Jahrhundert gewesen sein. Die Netze stehen im Fort Kochi, in Kolonialzeiten das Zentrum der Stadt. Erst kamen, mit Genehmigung des lokalen Herrschers, die Portugiesen, sie wurden vertrieben von den Niederländern, die später den Briten weichen mussten. Alle waren interessiert am hoch profitablen Gewürzhandel über das Arabische Meer. Heute befinden sich deshalb fast alle historischen Sehenswürdigkeiten im Umfeld der einstigen Festung. Ein weiterer, für Touristen erfreulicher Nebeneffekt ist eine überaus vielfältige Küche mit arabischen und europäischen Einflüssen. Da das frühere »Cochin« gleichermaßen an der See und bei ausgedehnten Süßwassergebieten liegt, sind Fische beider Art sehr geschätzt. Oft sind sie mit Kokosmilch zubereitet, schließlich sind Kokospalmen allgegenwärtig im indischen Bundesstaat Kerala, der auch außerhalb des Landes für seine schönen Strände gerühmt wird.

Im eigenen Land ist Kerala auch bekannt für seinen »Cochin Carnival«, der an den letzten zehn Dezembertagen Fort Kochi in enorme Feierlaune versetzt. Karneval in Indien? Na klar, schließlich waren hier die Portugiesen einmal die Kolonialherren. Und als gute Katholiken haben sie den fröhlichen Mummenschanz mitgebracht – wie auch das Weihnachtsfest. In Cochin haben die nicht minder feierfreudigen Einheimischen beide Ereignisse zu einem größeren verwoben. So sind während der letzten Tage des Jahres die Straßen von Fort Kochi voller Verkleideter, die auf dem Jahrmarkt Kunsthandwerk und Süßes für die Kinder erstehen oder an Wettbewerben wie Tauziehen teilnehmen. Höhepunkt und Abschluss ist ein Umzug, der von einem geschmückten Elefanten geführt wird, mit Folklore-Tänzern aus ganz Indien und mit einem Feuerwerk.

Die Highlights

 *Hill Palace Museum* – Das einstige Heim des Maharadschas steht in einem weitläufigen Komplex. Hauptattraktion ist die Krone aus purem Gold und 95 Diamanten.

 Dutch Palace – Der Palast wurde entgegen seinem Namen 1568 von den Portugiesen erbaut. Die frühere Krönungsstätte beherbergt ein Museum mit königlichen Exponaten.

 *Santa Cruz Basilica* – Europas erste Kirche in Asien wurde 1502 von den Portugiesen errichtet und von Niederländern zerstört. Der heutige Bau ist von 1905.

 St. Francis CSI Church – In der Kirche befindet sich das viel besuchte, aber leere Grab des großen Navigators Vasco da Gama. Dessen Leichnam wurde nach Lissabon überführt.

 *Paradesi Synagoge* – Die Synagoge wurde 1568 für Juden erbaut, die während der Kreuzzüge aus Jerusalem geflohen waren. Sie dient heute noch als Gotteshaus.

 Jew Street – Die Straße bei der Synagoge ist ein traditionsreiches Zentrum des Antiquitätenhandels, eine schöne Gasse zum Stöbern.

 Museum of Art and Kerala History – Es zeigt (auch auf Englisch) eine 40-minütige Licht- und Tonschau zur Geschichte des Bundesstaates.

Die beste Reisezeit

Was ein Monsun ist, wissen hier die Kinder vor der Einschulung: Zweimal im Jahr wechselt dieser Wind seine Richtung und liefert tropische Regengüsse. Der Südwest-Monsun zwischen Juni und September ist von regelmäßigen, aber oft kurzen Wolkenbrüchen begleitet, der Nordost-Monsun von Oktober bis Dezember bringt hingegen weniger Niederschläge. Die Temperaturen sind tropisch und liegen meist zwischen 28 und 31 °C. Die heißesten Monate sind Februar bis Mai, Touristensaison ist von **August bis Februar**.

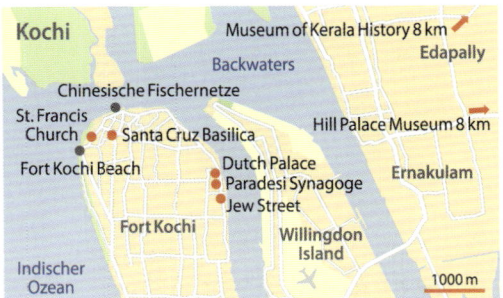

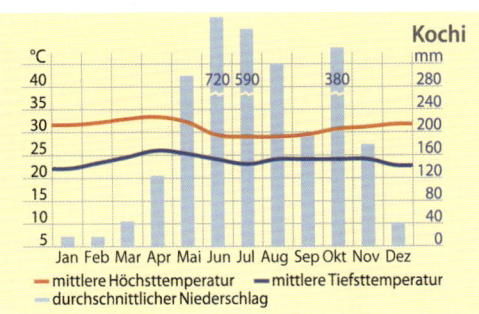

Besondere Tipps

Für Strandtage: Der Fort Kochi Beach wurde bei einem Tsunami erheblich verkleinert, blieb aber ein beliebtes Ziel. Er soll durch Sandaufschüttungen wieder vergrößert werden.

Für Bootfahrer: Die Backwaters sind ein ausgedehntes System von Lagunen und Wasserwegen, die man auf großen Hausbooten aus Bambus erkunden kann.

Für Gläubige: Die christlich-orthodoxe Kattamattom Church ist berühmt wegen eines früheren Priesters mit angeblich übernatürlichen Kräften. Hier bringen Menschen jeden Glaubens Opfergaben.

Info: www.keralatourism.org

← Typisch farbenfrohe Architektur in Kochi
← Mohinyattam ist ein traditioneller Tanz in Südindien
← Arbeitselefanten sind in Kerala im Einsatz
↑ Ein Fischer flickt sein Netz in der Abendsonne

Schmelztiegel der Religionen

Eigentlich ist Nepal ein hinduistisches Königreich, doch haben sich nach der Invasion der Chinesen in Tibet so viele tibetisch-buddhistische Flüchtlinge in Nepals Hauptstadt angesiedelt, dass Kathmandu zu einem Musterbeispiel für die friedliche Koexistenz von zwei Weltreligionen wurde. Sind die Palastbereiche von Alt-Kathmandu, Patan und Bakthapur sowie der Pilgerort Pashupatinath beeindruckende Stätten des Hinduismus, so hat sich rings um den Stupa von Boudanath am nordöstlichen Stadtrand ein Brennpunkt tibetisch-buddhistischer Kultur und Gelehrsamkeit entwickelt, mit zahlreichen Klöstern, in denen hochgeehrte tibetische Meister ihre Schüler aus aller Welt empfangen. Übrigens zählt das gesamte Kathmandu-Tal zum UNESCO-Weltkulturerbe. Doch freilich ist Kathmandu nicht nur ein Ort der Religion und Kunstgeschichte. In den

Sechziger- und Siebzigerjahren ein Magnet für Hippies aus aller Welt, die Kathmandu wegen der Qualität des dort legal erhältlichen Haschischs schätzten, entwickelte sich die Stadt zu Füßen des Himalaya zu einer quirligen Metropole, in der heute Drogenkonsum wie überall sonst mit strengen Strafen geahndet wird, doch in der sich noch immer Mittelalter und Moderne begegnen: Enge Bazargassen, in denen heilige Kühe den chaotischen Verkehr behindern neben neu erbauten Luxushotels, in denen sich Trekkingtouristen aus aller Welt von ihren Himalayaausflügen erholen, verborgene kleine Tempelchen, in denen Hindus und Buddhisten gleichermaßen Opfer darbringen neben Shoppingcentern und überfüllte Ringstraßen. Ein besonderes Merkmal von Nepals Hauptstadt aber ist die Lust ihrer Bevölkerung an farbenfrohen Festen. Ob Hochzeitszüge, die sich mit schmetternder, für westliche Ohren ziemlich schräg klingender Blasmusik durch die Gassen der Altstadt schlängeln, oder die zahlreichen religiösen Feste im Jahreslauf – Kathmandu feiert gerne und oft. Ein besonderes Fest, Losar, findet zum tibetischen Neujahr rings um den Stupa von Boudanath statt, gemäß Mondkalender im Februar oder Anfang März. Dicht gedrängt umrunden Pilger und Mönche dann den riesigen Stupa, der in manchen Jahren in den Nächten des Festes mit Tausenden brennender Butterlampen beleuchtet wird. In den zahlreichen Klöstern sind die hochverehrten wiedergeborenen Lamas garantiert anwesend, um den Neujahrssegen zu erteilen, und in den tibetischen Privathäusern werden zu Losar gleich auch die Geburtstage aller Familienmitglieder mitgefeiert.

Die beste Reisezeit

Die beliebteste Reisezeit für Nepal ist **September** und **Oktober**. In diesen Monaten sind die meisten Touristen im Land, die Herbergen in der Stadt und an den Trekkingrouten sind überfüllt. Doch der **Februar** oder **März**, zum tibetischen Neujahrsfest, ist ebenfalls eine ideale Reisezeit. Zwar sind die Nächte noch kalt, doch die Tage schon angenehm warm, und es zeigen sich die Schneegipfel des Himalaya zumeist befreit von Dunst und Wolken. Meiden sollte man den Sommer mit seinen heftigen Monsunregen.

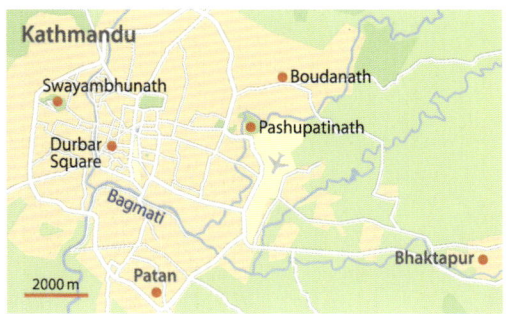

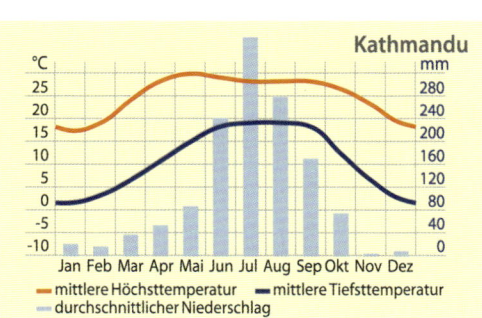

Die Highlights

 Der *Durbar Square*, das historische Herz Kathmandus mit seinen Pagoden und Tempeln, ist die Hauptsehenswürdigkeit der Stadt.

 Die alte Königsstadt Patan, die heute mit Kathmandu so gut wie zusammengewachsen ist, bietet ebenfalls herrliche historische Monumente.

 Bhaktapur im Kathmandu-Tal ist die dritte Königsstadt und vor allem durch die opulenten Holzschnitzereien seiner historischen Gebäude bekannt.

 Der große *Stupa von Boudanath* mit den ringsum gelegenen Klöstern, Tempeln und Läden ist das lebendige Zentrum der tibetisch-buddhistischen Gemeinde Nepals.

 Der *Stupa von Swayambhunath* überragt auf seinem Hügel das Häusermeer von Kathmandu und ist ein von Hindus und Buddhisten mit Leben erfülltes religiöses Zentrum.

 Pashupatinath am Fluss Bagmati ist nicht nur das wichtigste hinduistische Heiligtum Nepals und der Verbrennungsort der nepalesischen Könige, sondern auch einer der vier bedeutendsten Shiva-Tempel der Welt.

 Kathmandu ist der ideale Startplatz für unzählige leichte bis anspruchsvolle *Wander- und Trekkingtouren* im Himalaya. Zahllose Trekking-Agenturen bieten ihre Dienste an.

Besondere Tipps

Zum Verehren: Die lebende Göttin Kumari Devi ist ein Mädchen, das sich in seinem Palast neben dem Durbar Square den Besuchern auf dem Balkon präsentiert.

Zum Übernachten: Am stilvollsten wohnt man in Kathmandu im »Dwarika's« mit seiner traditionellen nepalesischen Architektur und Schnitzkunst.

Zum Stöbern: Das »Pilgrims Book House« im Thamel-Viertel ist eine unerschöpfliche Fundgrube für Literatur, religiöse Texte und Bildbände über Nepal, Tibet und den Himalaya mit vielen antiquarischen Raritäten.

Info: www.visitnepal.com

← Tibetische Exilmönche bei einer Prozession anlässlich des Neujahrsfestes in ihrem Kloster bei Kathmandu

← Butterlampenverkäufer vor dem Losar-Fest

← Gewürzhändler in der Altstadt von Kathmandu

↑ Der große Stupa von Boudanath

Zwischen Tradition und Moderne

Klassisch schön war Bangkok nie – trotzdem lässt diese Stadt keinen kalt. Sie strotzt vor Leben, kommt nie zur Ruhe. Ihre Gegensätze sind frappierend. Auf dem Weg zu 400 Tempelanlagen, 4000 Kleinigkeiten am Wegesrand oder 40 000 Garküchen begegnet man Skyscrapern und Wellblechhütten, Stadtautobahnen und winzigen Gässchen, reichen Thai-Dandys und alten Chinesen-Opas. Hier lauthals badende Kinder im schmutzigen Wasser des Chao Phraya, dort an der Landungsbrücke eine Dame in schneeweißem Kostüm mit schwarzer Designerhandtasche. Hier ein Tuk-Tuk, das ebenso berühmte wie knatternde Dreiradtaxi der Stadt, dort ein Rolls-Royce mit behutetem Chauffeur. Hier eine Garküche mit Hockerchen und duftenden Speisen, dort das vollklimatisierte Restaurant mit edler Innenausstattung und zelebrierter Kochkunst auf dreieckigen Tellern. Statt Pin-up-Girls sind Mönchsbilder um den Busfahrer platziert. Kunstblumengir-

landen schmiegen sich um Konsole und Rückspiegel. Und draußen hängen Stromleitungen in einem unendlichen Wirrwarr über der Stadt, die weder romantisch noch schillernd, sondern faszinierend unaufgeräumt ist.

Kaum einer kann die Zehn-Millionen-Hauptstadt umgehen: Fast alle Thailand-Touristen landen auf dem Flughafen BKK. Auch alle Wege im Königreich selbst führen in die Metropole, nach »Krung Thep«, so der abgekürzte, frühere Name für Bangkok, der komplett übersetzt eine ganze Geschichte zu erzählen weiß: »Stadt der Engel, größte aller Stätten unsterblicher, göttlicher Juwelen, mächtiger, unbezwingbarer Platz, neunfach mit Juwelen geschmückte, königliche Hauptstadt, göttliche Unterkunft des wiedergeborenen Vishnu«.

So lang wie der Stadtname, so nass werden alle, wenn die Thailänder im April ihr Neujahr feiern. Alle spritzen sich mit Wasser voll und alle sprühen vor Lebensfreude. Auch »Songkran« geht, wie viele Einträge in Thailands Festkalender, auf buddhistische Ursprünge zurück.

In der Vollmondnacht des zwölften Monats im Mondkalender, bei uns meist im November, setzen die Thais auf Seen, Flüssen oder Kanälen »Krathongs« aus. Das sind kleine Schiffchen, häufig noch aus Bananenblättern gefertigt, die als Fracht brennende Kerzen, duftende Räucherstäbchen und Blumen als Opfergaben für Mae Khingkhe, die Göttin des Wassers, mitbekommen. Beim Lichterfest »Loy Krathong« hoffen die Menschen, dass mit den abtreibenden Schiffchen auch ihre Sorgen und Sünden weggespült werden. Als romantischster Krathong-Platz gilt in Bangkok der Lumpini Park.

Die beste Reisezeit

Thailands Hauptstadt ist ganzjährig bereisbar, wenngleich mit rund 30 °C im Temperaturmittel und häufig hoher Luftfeuchtigkeit. Die Monsunzeit liegt zwischen Juni und Oktober, bedeutet aber lediglich kurze, wenn auch heftige Schauer. Zum »Loy Krathong« im *November* und auch in den Wintermonaten sinken die Temperaturen leicht. Was sich für Europäer angenehm anfühlt, ist für Thailänder eine arktische Kaltfront. Hauptsaison ist daher von *Dezember bis März*, wenn die Temperaturen wieder über 30 °C klettern.

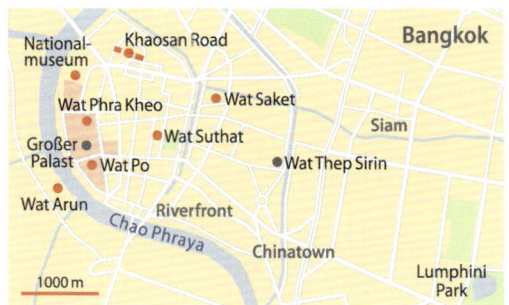

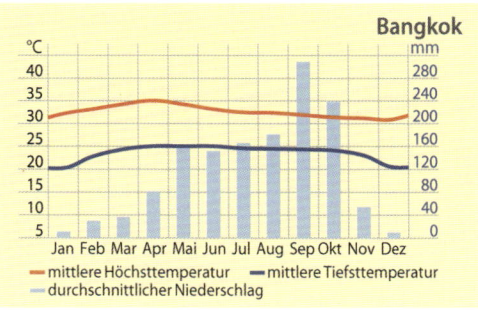

Die Highlights

 Der *Grand Palace* und *Wat Phra Kheo* müssen bei jedem Thailand-Besuch auf dem Programm stehen.

 Aber auch der 45-Meter-Buddha von *Wat Pho* ist ein Must-see. Der Tempel ist 8 ha groß, komplett ummauert und nur von 16 Toren unterbrochen.

 Wat Arun, der Tempel der Morgenröte, der meist in der Abenddämmerung besucht wird, war der erste Königstempel.

 Das *Nationalmuseum* ist das größte, bedeutendste und umfangreichste Museum in Thailand, das über die maßgeblichen Epochen Ayutthaya, Lanna und Sukhothai informiert.

 Wat Suthat am Platz der Großen Schaukel ist ein besonders häufig aufgesuchter Wat, um für gute Geschäfte und Erlöse zu bitten. Es ist der einzige Tempel Bangkoks ohne Chedi.

 Im *Wat Saket*, das auf einer Anhöhe gold-glänzend thront, trifft man täglich ab Mittag auf Novizen, die den Kontakt zu Touristen suchen, um ihr Englisch zu verbessern.

 Auf der nur 300 m langen *Khao San Road* bekommt man wirklich alles. Diese Straße gehört in ihrer bizarren Gesamtheit inzwischen auch zu den Sightseeing-Spots der Thais.

Besondere Tipps

Zum Fahren: Die Expressboote mit ihren gelben, orangefarbenen oder blauen Flaggen verkehren tagsüber regelmäßig auf dem Chao Phraya und halten an 33 Piers. Eine Fahrt kostet etwa 50 Cent.

Zum Essen: An vielen Garküchen und auf Nachtmärkten gibt es für 2 Euro beste Reis- und Nudelgerichte sowie Suppen oder marinierte Hühnchen vom Grill.

Zum Erleben: Muay Thai gilt als eine der ältesten Kampfsportarten der Welt, zu sehen im Lumpini Stadium, jeden Freitag- und Samstagabend ab 5 Euro.

Info: www.thailandtourismus.de

← Blick von Wat Arun auf den Chao Phraya Fluss
← Der Wat-Pho-Tempel liegt neben dem Königspalast
← Beim Buddha im Wat Suthat betet man um gute Geschäfte
↑ Schiffchen für das Loy Krathong Festival

Südostasiens kleinster Staat

Kulturverwöhnte Westeuropäer rümpfen gerne mal die Nase über Singapur. Was soll man dort schon machen außer Shoppen? Beispielsweise in einem der schönsten Hotels der Welt, dem legendären »Raffles« einen Cocktail schlürfen! 1819 gründete Sir Thomas Raffles Singapur als Handelsposten der East India Company, und die heutigen Einwohner haben das Beste aus ihrer Vergangenheit gemacht. Das sieht man beispielsweise auf Sentosa und Dempsey Key, beides ehemalige Militärbasen, die zu traumschönen Naherholungsgebieten umgestaltet wurden. Ähnliches gilt für den East Coast Park und natürlich den Zoo von Singapur, der zweifellos zu den größten und schönsten ganz Asiens gehört. Die Superlative scheinen sowieso allgemeines Motto in der Stadt zu sein: Die größte Orchideensammlung der Welt gibt es im Botanischen Garten zu bewundern, beeindruckende Hochhäuser glitzern und der Hafen ist der fünftgrößte der Welt.

Aber Singapur hat auch viel Ursprüngliches gehütet. Prominentestes Beispiel ist das jährliche Drachenboot-Festival, zu dem sich die Anreise in jedem Fall lohnt. Neben dem sportlich-freundschaftlichen Wettkampf wird an gute und böse Geister erinnert, und man kann allerlei lokale Köstlichkeiten genießen.

Das Leben in Singapur läuft definitiv anders ab als bei uns, und trotzdem ist es nicht fair, immer nur von der »Fine-City« zu sprechen. Die vielen Regeln und Verbote – Müll einfach liegen zu lassen, kann zum Beispiel 1000 Singapur-Dollar kosten – sollte man einfach als wichtige Basis für ein rücksichtsvolles Zusammenleben sehen. Dass dies für die Menschen hier funktioniert, zeigt sich auf unterschiedlichste Art und Weise. Kriminalität ist kein Thema, die Strände und Grillplätze auf den Badeinseln Kusu Island oder Lazarus Island sind blitzsauber. Im Distrikt Little India bestimmen hingegen Hupen, Klingeln, Straßenhändler und der Duft nach wunderbaren Gewürzen den Alltag. Trotzdem lohnt sich hier ein Besuch, denn dies ist der wohl ursprünglichste Distrikt der ganzen Stadt.

Aber an den neumodischen Shoppinginseln Singapurs völlig vorbeizugehen, wäre auch ungerecht. In der Orchard Road haben sich alle großen Namen niedergelassen. Es handelt sich zwar um keine Schnäppchenstraße, aber sie ist einer der Plätze, an dem man in den Kaufrausch eintauchen kann. Man muss sich ja nicht gleich ruinieren, obwohl es seit wenigen Jahren sogar ein Casino gibt. Wer etwas von seinem Besuch haben möchte, der wagt einen zweiten Blick und entdeckt die Faszination dieser Metropole.

Die beste Reisezeit

Nach Singapur kann man das ganze Jahr reisen, es gibt keine kalten Monate. Selten ist es schwül, und das macht die durchschnittlichen 25 bis 35 °C sehr erträglich. Natürlich gibt es auch in Singapur eine Regenzeit, die etwa zwischen Oktober und Februar liegt. Allerdings bedeutet das keine großflächigen Überschwemmungen und Dauerregen, sondern sehr starke Schauer, nach denen es zügig wieder aufklart. Tatsächlich kann es vorkommen, dass während eines Aufenthaltes zur Regenzeit kein einziger Tropfen fällt.

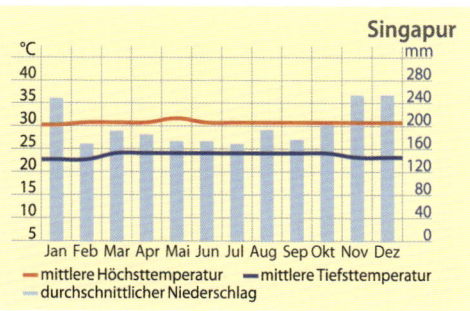

Die Highlights

 Das 1887 erbaute *Raffles Hotel* ist eines der schönsten Bauzeugnisse des 19. Jahrhunderts. Hier wurde der bekannte »Singapore Sling« erfunden.

 Ehemals eine Militärbasis, ist *Sentosa Island* heute die meistbesuchte Attraktion in Singapur. Herrliche Strände, die Universal Studios und das Aquarium bieten jede Menge Unterhaltung.

 Die *Orchard Road* zeugt davon, dass die Einwohner Singapurs in der Tat shopping-verrückt sind. Von edelsten Marken bis zum schlimmsten Kitsch ist hier alles zu finden.

 Der *Zoo* von Singapur. Zu empfehlen ist besonders die Nachtsafari durch den familienfreundlichen Zoo.

 Little India bietet das aus indischen Filmen bekannte Durcheinander von Hupen, Fahrradklingeln und Straßenhändlern »live«.

 Auch in *Dempsey Key* ist der Wechsel vom britischen Stützpunkt zu einer echten Oase der Erholung gelungen – mit faszinierend altmodischem Stil und modernstem Angebot.

 Der *Botanische Garten* bietet mehr als 52 ha pures Grün und die größte Orchideensammlung der Welt.

Besondere Tipps

Zum Entdecken: Pulau Ubin ist eine Insel zwischen Malaysia und Singapur. Nur 20 Minuten Bootsfahrt führen zu stillgelegten Minen und einer verlassenen Siedlung, die sich die Natur wieder erobert hat.

Zum Übernachten: Kann man außer dem »Raffles« etwas empfehlen? Ja, das »Fullerton«. Ebenfalls im Colonial District gelegen, bietet es Luxus und Historie pur.

Zum Lesen: »From Third World to First: The Singapore Story: 1965–2000« von Lee Kuan Yew. Der Autor war einer der Taktgeber für die rasante Entwicklung Singapurs und schildert dies mit großer Sachkenntnis.

Info: www.yoursingapore.com

← Blick vom Restaurant Equinox im 72. Stockwerk
← Eingang des Hotel Raffles im Kolonialstil
← Gebäude der Superlative: Marina Bay Sands Complex
↑ Hinduismus ist die vorherrschende Religion

Auf Gold gebaut

Strände in Melbourne? Australiens zweitgrößte Stadt ist bekannt für ihre exzellenten Museen, für ihre Sportbegeisterung und für ihre kulinarische Vielfalt. Aber da Victorias Hauptstadt auf der Landkarte nicht direkt am Meer zu liegen scheint, bleiben die kilometerlangen Strände an der Port Phillip Bay weitgehend den Melburnians vorbehalten. Dabei sind sie nur eine kurze Straßenbahnfahrt entfernt – und typischer kann man in der Vier-Millionen-Stadt nicht unterwegs sein. Melbourne hat nämlich im Gegensatz zu den anderen australischen Großstädten sein Tramnetz nie abgeschafft und sich so unbeabsichtigt ein Wahrzeichen geschaffen. Die viel fotografierten schmucken Oldtimer auf Gleisen rollen für ihre Passagiere kostenlos rings um die City.

Die Schienenveteranen passen gut zu Melbourne, das einen großen Teil seines viktorianischen Architekturerbes bewahren konnte. An ihm zeigt sich, dass die Stadt gleichsam auf Gold gebaut wurde, als Mitte des 19. Jahrhunderts im Victoria-Goldrausch viel Geld nach Melbourne floss. Das bekannteste Schmuckstück auf dem viktorianischen Rundgang durch die City ist das Royal Exhibition Building, in dem Australiens erstes Parlament zusammentrat. Vor allem Besucherinnen schätzen jedoch mindestens ebenso das viktorianische Einkaufserlebnis in der Block oder der Royal Arcade. Die schmalen Gassen zwischen den Citystraßen, die einst nur der Warenanlieferung dienten, sind heute gefragte Adressen für Melbournes florierende Galerieszene. Kontrastprogramm gefällig? Die moderne Southbank am Ufer des Yarra River hat sich schnell als Ausgehquartier etabliert. Ihr ist aber bereits Konkurrenz erwachsen: Das aus Hafenschuppen entstandene Docklands-Viertel gilt als jüngste In-Adresse.

Weltweit einmalig dürfte in Victoria ein gesetzlicher Feiertag sein, der einem Pferderennen gewidmet ist: Am ersten Dienstag im November feiert der australische Bundesstaat den »Melbourne Cup Day«. An diesem Tag startet das »Rennen, das die Nation zum Stillstand bringt«. Ein passender Beiname, denn die Aussies sind nicht nur in Victoria pferdenärrisch und wettbegeistert. In ganz Australien stoppt die Arbeit, wenn das Rennen startet. Und nicht nur das: Überall im Land finden Bürofeste statt und die Bars sind ab mittags voll. Das Epizentrum der Ereignisse liegt aber in Melbourne, wo auf dem Flemington Racecourse eine Mischung zwischen Royal Ascot und Karneval stattfindet. Die Parks und Strände werden am Tag des großen Rennens zu Partyzonen für die feiernden Massen.

Die beste Reisezeit

Im sonnendurchglühten Australien ist Melbourne die einzige Millionenstadt mit vier ausgeprägten Jahreszeiten, einschließlich eines bisweilen sehr kühlen Winters von Juni bis August. Der Schnee lagert sich dann – zur Freude der Skifahrer – auf den nahen Australischen Alpen ab. Wenn jedoch im **November** die Grills zum »Melbourne Cup« angefacht werden, herrscht meist schönes, über 20 °C warmes Frühlingswetter. In den Hochsommermonaten **Januar** und **Februar** kann aber kalter Wind von der Antarktis herüberzischen.

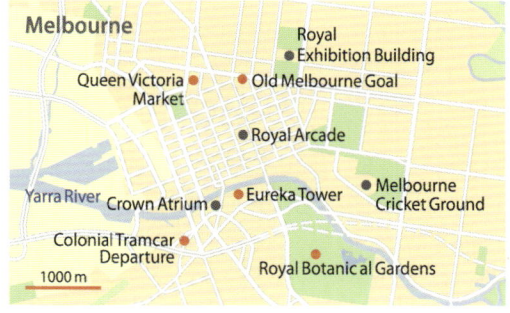

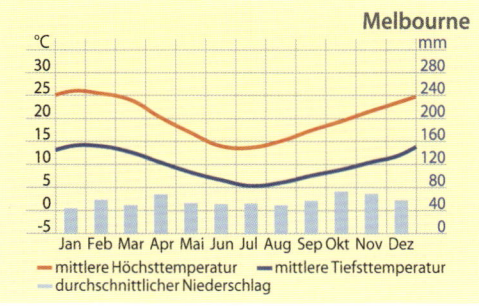

mittlere Höchsttemperatur — mittlere Tiefsttemperatur
durchschnittlicher Niederschlag

Die Highlights

> *Royal Botanical Gardens* – Der Botanische Garten, 1857 von dem Deutschen Ferdinand von Mueller angelegt, und Melbournes weitere Parks ziehen Gartenfreunde aus aller Welt an.

> *Eureka Tower* – Der 297 m hohe Turm ist Melbournes höchstes Bauwerk. Er bietet in 285 m Höhe eine Aussichtsplattform und eine Etage höher ein Restaurant.

> *Queen Victoria Market* – Diese Touristenattraktion ersten Ranges bietet auf über 7 ha Lebensmittel, Kleidung, Kunsthandwerk und Souvenirs.

> *Old Melbourne Goal* – In dem ehemaligen Gefängnis von 1845 wurde 1880 der Räuber Ned Kelly hingerichtet. Im heutigen Gefängnismuseum finden auch Abendführungen mit dem »Henker« statt.

> *Colonial Tramcar Restaurant* – In der viktorianisch dekorierten Straßenbahn werden bei Rundfahrten mehrgängige Menüs serviert.

> *Phillip Island* – Wenn bei der »Penguin Parade« allabendlich die Zwergpinguine vom Meer in ihre Höhlen wackeln, sehen auf der 125 km von Melbourne entfernten Insel Hunderte Besucher zu.

> *Great Ocean Road* – Die 250 km lange Straße führt an Felsformationen wie den »Zwölf Aposteln« vorbei und ist eine des schönsten Strecken Australiens.

Besondere Tipps

Zum Mitfiebern: Am letzten September-Samstag steigt im Melbourne Cricket Ground (MCG) das Grand Final im Rugby-ähnlichen Australian Football vor über 100 000 Zuschauern im Stadion und Millionen an den TV-Geräten. Zum »Footy Final« gehört eine Parade durch die City.

Zum Bewundern: In der Halle des Crown Casino finden kostenlose spektakuläre Lightshows statt.

Zum Entdecken: Neben der City Circle Tram fährt tagsüber auch der Tourist-Shuttle-ebenfalls Bus gratis, aber auf anderer Route weitere Attraktionen an.

Info: www.visitmelbourne.com

← Blick auf die zweitgrößte Stadt Australiens
← Die viktorianische Flinder Street Station (1884)
← Der Melbourne Cup fasziniert alle Australier ...
↑ ... extravagante Hüte sind dabei ein Muss

Wildblumen im milden Westen

Im Westen Australiens hat die Millionenmetropole Perth viel zu bieten, obwohl im scheinbar immerwährenden Bodenschatzboom viele historische Bauten Bürotürmen weichen mussten. Führend sind etwa die Museen der Hauptstadt des Bundesstaates Western Australia, allen voran das Western Australia Museum und die Art Gallery des Staates. Doch die attraktivste Ecke ist gewiss der Hafenvorort Fremantle, den man per Schiff oder S-Bahn leicht erreicht. Hier hat die Abrissbirne wenig gewütet. Viktorianische Preziosen wie die quicklebendige Markthalle oder das Round House, ein in Wirklichkeit achteckiges Gefängnis von 1831, sind zwei der vielen Stationen auf einem historischen Rundgang. Freunde der Seefahrt steuern das Maritime Museum mit seiner großen Sammlung an. Dort liegt in der separaten Shipwreck Gallery die »Batavia«, um die sich eine blutige Tragödie ereignete: Nachdem sie 1629 bei ihrer Jungfernfahrt nördlich von Perth auf ein Inselriff aufgelaufen und

untergegangen war, wurden die meisten Gestrandeten von Meuterern ermordet. Fremantle ist aber auch ein idealer Ausgangspunkt zu den Prachtstränden von Perth am Indischen Ozean oder für die Überfahrt nach Rottnest Island. Auf der geschichtsträchtigen Badeinsel tummeln sich Quokkas, kleine und seltene Verwandte der Kängurus. Die Entdecker des Eilands, niederländische Seeleute des 17. Jahrhunderts, hielten die Tiere für Ratten – daher der Name »Rattennest«.

Wenn auf der Südhalbkugel das Frühjahr anbricht, bescheren Westaustraliens Wildblumen dem größten Staat auf dem Fünften Kontinent eine zusätzliche touristische Saison. Selbst an den Rändern der riesigen Wüsten wachsen dann Millionen Blüten aus dem Boden. Um den Anblick zu genießen, reisen die Besucher sogar von der Ostküste an, fast fünf Stunden Flug sind kein Problem. Wer keine Zeit für weite »Wildflower Tours« ins Hinterland hat, kann auch mitten in Perth den saisonalen Farbenzauber erleben: Das »Kings Park Festival« macht's möglich. Während des ganzen Jahres hat man von dem vier Quadratkilometer großen Park, in dem sich noch urtümliches Buschland, aber auch der Botanische Garten befindet, den schönsten Blick auf den hier zum See ausgeweiteten Swan River und die Hochhausszenerie am Ufer. Im September verwandelt er sich zudem seit rund 50 Jahren in eine Bühne, auf der Mutter Natur einen ihrer ganz großen Auftritte hat. Und nicht zuletzt bietet das grüne Juwel mitten in der Stadt in der Frühlingssonne noch mehr Führungen, Konzerte und Veranstaltungen an als im ebenfalls geschäftigen Rest des Jahres.

Die Highlights

His Majesty's Theatre – Das Programm des 1904 erbauten Theaters reicht von Oper und Ballett bis zur Comedy-Show. Es beherbergt auch ein Theatermuseum.

Perth Mint – In der staatlichen Münze lernen Besucher, wie Goldbarren entstehen und was sie je nach Gewicht in Geld wert wären.

Perth Zoo – Der Zoo gliedert sich in den »Australian Walkabout« mit einheimischen Tieren und Pflanzen, in eine afrikanische Savanne und einen asiatischen Regenwald.

Swan River Wine Tour – Sie führt von Perth aus stromauf durch die Weingärten. Zur Tagestour gehören Weinproben an Bord und an Land.

South Terrace – Am »Cappuccino Strip« in Fremantle reihen sich die Straßencafés aneinander. Zum Entspannen und Beobachten.

Old Fremantle Prison – Das alte Gefängnis ist heute ein Museum und gehört zum UNESCO-Welterbe. Diverse Touren, auch bei Kerzenlicht oder in Booten durch die Wassertunnel, sind die Attraktionen.

Pinnacles – Unbedingt lohnend ist ein etwas strapaziöser Tagestrip zu den zahllosen Felssäulen, die aus der Küstenwüste aufragen. Ein einzigartiges Naturphänomen.

Die beste Reisezeit

Perth und der »milde Westen« sind ganzjährig ein geschätztes Reiseziel. Im Hochsommer klettert das Thermometer zwar oft über 40 °C, doch weht am Nachmittag zuverlässig von der See her ein kühler Wind, der »Fremantle Doctor«. Kein Wunder, dass Perth in Australien als die Metropole mit dem gesündesten und angenehmsten Klima gilt. Wie überall »down under« sind **Dezember** und **Januar** die Hauptferienmonate – aber in den Großstädten gibt es dank fehlender Geschäftsreisender oft Sonderangebote in den Hotels.

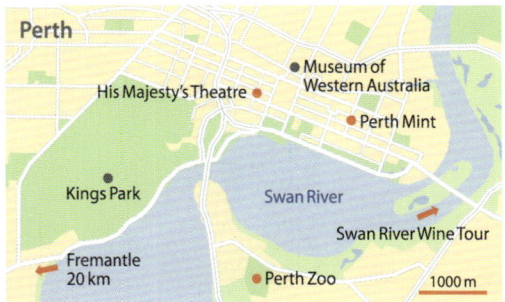

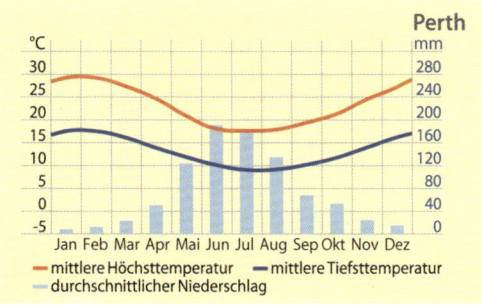

Besondere Tipps

Für Schwimmer: Im Februar schwimmen die schnellsten Teilnehmer des »Rottnest Channel Swim« die 19,7 km vom Festland zur Insel Rottnest in knapp fünf Stunden.

Für Volleyballspieler: Besonders schöne Strände sind der Cottesloe und der City Beach. Beide haben beleuchtete Beachvolleyballfelder.

Für unterwegs: In der City von Perth verkehren tagsüber auf unterschiedlichen Routen drei kostenlose Gratisbusse, die »Cats« in Rot, Blau und Gelb. In Fremantle steuert der Gratisbus auch die stadtnahen Strände an.

Info: www.westernaustralia.com

← Blick auf die Skyline
← Blick auf die Küstenwüste Pinnacles
← Ein Teilnehmer an der Zwölf-Meilen-Regatta
↑ Die Spitze des Swan Bell Tower

Hauptstadt der Lebensfreude

Köln gilt zu Recht als Hauptstadt der Lebensfreude, und wer die Rheinmetropole richtig kennenlernen möchte, hält sich am besten an zwei magische Dreiklänge. Der eine lautet: Kirche, Küche und Kultur. Der rheinische Katholizismus ist nach wie vor tief verwurzelt in der Lebenspraxis der Kölner. Weltzugewandt, heiter, nachsichtig – der unvergessliche Willy Millowitsch brachte das auf die kreuzfidele Formel »Wir sind alle kleine Sünderlein« –, ist er an den Türmen Dutzender Kirchen sichtbar und auch bei der Mülheimer Schiffsprozession oder der Domwallfahrt lebendig. Überhaupt der Dom: Der faszinierende gotische Riese aus Sandstein, der ewig eine Baustelle zu bleiben scheint, ist mit der Stadt und ihren Menschen untrennbar verbunden. Oder wie Bläck Fööss, die musikalischen Superstars vor Ort, herzergreifend singen: »Mer losse d'r Dom en Kölle, denn do jehöt hä hin«.

Die Kölner Küche folgt einer ganz einfachen Devise: »Lecker essen und gutes Kölsch«. Kunst und Kommerz gehen bei der Art Cologne, der traditionsreichsten Kunstmesse der Welt, Hand in Hand. Zahlreiche rege Galerien kümmern sich um die Avantgarde und als Museumsstadt bietet Köln eine einzigartig vielfältige Szene. Wie überhaupt Lifestyle und Lebensfreude heute das Flair der Altstadt ausmachen, deren ursprünglichen Charakter als Zentrum eines bedeutenden Handels zu Land und auf dem Fluss man dennoch erahnt. Die längst vergangenen Zeiten werden von den liebevoll nostalgisch inszenierten Kölner Weihnachtsmärkten auf der Domplatte, dem Neumarkt und dem Alten Markt beschworen. Wie ein überdimensionaler Adventskalender wirken die historischen Zunfthäuser und gemütlichen Brauhäuser in den verwinkelten Gassen. Kein Wunder, dass die Besucher in Scharen kommen. Jahrein, jahraus reisen über vier Millionen mit Sonderflügen, Sonderzügen und Bussen an.

Der andere Dreiklang ist ebenfalls wohltönend und touristisch nicht minder attraktiv: Karneval, Konfetti und Kamellen. Zur närrischen Zeit stürzt Deutschlands westlichste Großstadt in einen kollektiven Glücksrausch. Alleine die Zahl der Mitwirkenden auf den monumentalen Prunk- und Persiflagewagen beläuft sich auf über 10 000 Jecken. Den Weg des kilometerlangen Rosenmontagszuges – für die Kölner nur »d'r Zooch« – säumen mehr Menschen als Köln Einwohner zählt. Im dichten Spalier der 1,3 Millionen feuchtfröhlichen Zuschauer fühlen sich Scharen von Tagestouristen wohl, die es mal richtig krachen lassen wollen. Der Alltag hat hier Pause.

Die beste Reisezeit

Dank seiner geschützten Lage im Rheintal verzeichnet Köln ein mildes Klima. Von **Dezember** bis **Februar** fällt das Thermometer im Durchschnitt auf rund 5 bis 6 °C. Wenn im Februar oder **März** die Narren das Zepter übernehmen, ist es selten frostig. Doch die Domstadt ist nicht nur zur »fünften Jahreszeit« eine Reise wert. Besonders angenehm sind die warmen und eher trockenen Monate **Mai** und **September**, zwischen Juni und August muss man bei über 20 °C mit Schwüle und Gewittern rechnen.

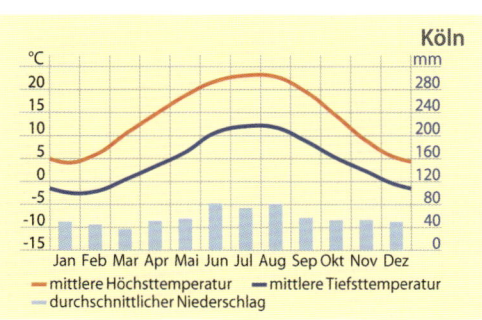

Köln

°C		mm
20		280
15		240
10		200
5		160
0		120
-5		80
-10		40
-15		0
Jan Feb Mar Apr Mai Jun Jul Aug Sep Okt Nov Dez		

— mittlere Höchsttemperatur — mittlere Tiefsttemperatur
durchschnittlicher Niederschlag

Die Highlights

Dom – Ab 1248 errichtete man das riesige Gebäude für den Schrein mit den Gebeinen der Heiligen Drei Könige. Phänomenal ist der Blick vom Turm der UNESCO-Welterbestätte und die Anfahrt über die Hohenzollernbrücke.

Römisch-Germanisches Museum – Es erinnert an Kölns Zeit als »Colonia Claudia Ara Agrippinensium«. Im Zentrum steht das Dionysos-Mosaik (220/230 n. Chr.).

Museum Ludwig – Eines der besten Museen für moderne Kunst von Pop Art über russische Avantgarde bis zu Zeitgenössischem.

Wallraf-Richartz-Museum – Die berühmte Gemäldegalerie besitzt die weltweit größte Sammlung mittelalterlicher Malerei.

»Zur Bretzel« und »Zum Dorn« – Das Doppelhaus aus dem Jahr 1580 ist das einzige original erhaltene Gebäude am Alten Markt.

Mediapark – Im Norden der führenden Medienstadt Köln setzt er ein architektonisches Zeichen. Die Schlussszene des Kölner »Tatorts« ist im kollektiven Gedächtnis der Deutschen abgespeichert wird.

Kölner Brauhauswanderweg – Er führt durch winkelige Gassen in alte Kneipen, wo man »Kölsch vom Fass« zapft und »Halven Hahn«, Rheinischen Sauerbraten oder »Himmel und Ääd« serviert.

Besondere Tipps

Für TV-Fans: Viele TV-Produktionen werden in den Studios in Hürth, Mülheim oder Bocklemünd aufgezeichnet. Tickets sind online erhältlich.

Für Nostalgiker: Das grüne Fläschchen mit dem goldenen Etikett stand schon bei Großmutter auf dem Frisiertisch: Das berühmte Eau de Cologne »4711« stammt aus der Glockengasse. Kaum jemand verlässt das Traditionshaus ohne einen Flakon.

Für Sprachbegabte: Die »Akademie für uns kölsche Sproch« bietet Schnupperkurse im Kölner Dialekt in einer echt kölschen »Weetschaff« an.

Info: www.koeln.de

← Blick über den Rhein auf Dom und Hohenzollernbrücke

↑ An Karneval übernehmen die Jecken das Kommando in Köln

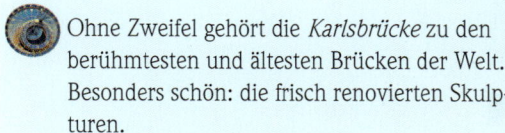

Spaziergang durch die Geschichte

Im Index des Schulgeschichtsbuchs finden sich zwei Einträge, die jeder kennt: der Prager Fenstersturz, von dem es eigentlich drei Stürze gab, mit jeweils fatalen Folgen, und der Prager Frühling, als russische Panzer im Namen des Sozialismus ein aufblühendes Pflänzchen namens Freiheit überrollten. Beim Gang durch die Gassen der Stadt kann der Besucher diese Geschichte Revue passieren lassen. Wenzelsplatz und die meist abgesperrten Kirchen, Paläste und Palais, die Burg und Karlsbrücke vereinen sich in Prags Altstadt zu einer unvergleichlichen Symbiose, durch die man schlendern kann, wie durch scheinbar frisch renovierte Jahrhunderte und Kulturen. Und zuweilen wirkt dieser Streifzug auch wie ein fröhliches Blättern in literarischen Werken, in Kompositionen oder im Lehrbuch der europäischen Baukunst.

Besonders beeindruckend wird Prag, wenn Weihnachtsmarktzeit ist. Dann verwandelt sich seine Altstadt in eine heimelige Puppenstube. Prager Schinken brutzelt über offenem Feuer, Trdelnik duften verführerisch süß und der Glühwein dampft. Dazu gibt der Altstädter Ring eine famose historische Fassade ab: Der festlich beleuchtete Christbaum ist fast schon wichtiger als die weltbekannte Astronomische Uhr und das mächtige Denkmal für den Reformer Jan Hus ist vor lauter Buden kaum noch zu finden. Die Tyn-Kirche mit ihren 80 Meter hohen Türmen wird dann fast allabendlich als Konzertsaal benutzt. Religion spielt in Tschechien zwar keine große Rolle, aber der Weihnachtsmarkt gehört zum Lifestyle in der Kafka-Stadt, die längst den Anschluss an die Nachbarn in München und Wien gefunden hat. Auch wenn der Winter immer noch nach Braunkohle riecht: in der Innenstadt ein bisschen, in den Plattenbausiedlungen am Stadtrand schon mehr und auf dem Land ganz dominant.

Längst zu Westeuropa zugehörig, fühlen sich die Prager näher an Deutschland als an Polen. Die Ukraine und das Bruderland Slowakei empfinden sie als den echten Osten – rückständig und rustikal. Musik und Stars, Lifestyle, Kleidung, ein schnelles Auto und jede Art von Kommerz sind für die Prager wichtig. Das spürt man in den angesagten Clubs genauso wie beim Bummel durchs weihnachtlich geschmückte Palladium, Prags trendiger Einkaufstempel mit nahezu 200 Shops und Restaurants. Da wird gekauft und geturtelt, gequatscht und gefeiert, am besten mit Ewa Farna, der 17-jährigen Rockröhre des Landes.

Die Highlights

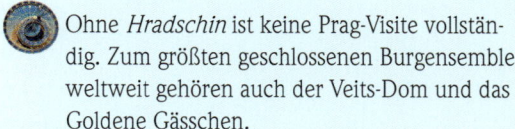

- Ohne Zweifel gehört die *Karlsbrücke* zu den berühmtesten und ältesten Brücken der Welt. Besonders schön: die frisch renovierten Skulpturen.

- Ohne *Hradschin* ist keine Prag-Visite vollständig. Zum größten geschlossenen Burgensemble weltweit gehören auch der Veits-Dom und das Goldene Gässchen.

- Das *Nationalmuseum* ist das bedeutendste Museum des Landes und zeigt historische, archäologische und künstlerische Exponate.

- Der 750 m lange *Wenzelsplatz* ging 1989 in die Geschichte ein: Vom Balkon der Nummer 56 forderte Vaclav Havel die Umgestaltung des Landes und Freiheit fürs Volk.

- Der *Pulverturm* markiert in der Regel den Beginn der üblichen Touristenrennstrecke durch die Altstadt. Gleich daneben Jugendstil vom Feinsten: das Repräsentationshaus.

- Am *Altstädter Ring*, dem Hauptplatz, muss jeder Prag-Besucher gewesen sein: hier beeindrucken die Astronomische Uhr, die Tyn-Kirche und die Nobelmeile Parizska, die hier beginnt.

- Das *Nationaltheater* ist die wichtigste Bühne unter den rund 50 Theatern Prags. Sein goldenes Dach weist jedem Kulturinteressierten den Weg.

Die beste Reisezeit

Das Klima von Prag ist mit dem von Deutschland vergleichbar, wobei der Winter etwas mehr Niederschläge mit sich bringt. Die Temperaturen im Dezember liegen um den Gefrierpunkt, aber dafür kann man sich auf den Weihnachtsmärkten mit Glühwein aufwärmen. Der *Frühling* ist klimatisch gesehen die beste Reisezeit, da Prag dann schon wärmer, aber nicht so überlaufen und stickig ist wie im Sommer, der durchschnittlich 25 °C zwischen Juni und August bringt. Im *Herbst* ist es angenehm, aber noch voller Touristen.

Besondere Tipps

Zum Fahren: Bei Ankunft am Flughafen bestellt man besser ein Taxi (z.B. Halo-Taxi, Tel. 244 114 411). Ersparnis gegenüber den stationierten Taxen ins Zentrum: 350 statt 600 Kronen.

Zum Übernachten: Für Trendsetter ein Muss: eine Nacht im ersten Buddha-Bar Hotel weltweit, beheimatet in einem klassischen Art-nouveau-Gebäude von 1916 in der Prager Altstadt.

Zum Essen: Weich, zart – man braucht nicht einmal ein Messer fürs beste Gulasch der Stadt, das in einem ehemaligen Hurenhaus serviert wird, im Café Louvre.

Info: www.prague-information.eu

← Die Karlsbrücke über die Moldau im Winter
← Blick in das Nationalmuseum von Tschechien
← Die Verlybra Bar ist immer gut besucht
↑ Weihnachtsmarkt in der Altstadt

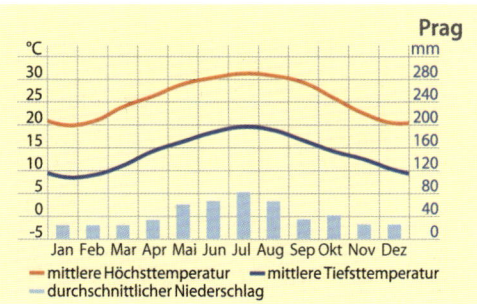

mittlere Höchsttemperatur · mittlere Tiefsttemperatur · durchschnittlicher Niederschlag

Diamanten hinter Kremlmauern

Den Geheimnissen der russischen Seele ist auf der Spur, wer »Väterchen Frost« erlebt – exakt übersetzt, eigentlich Großväterchen »Ded Moroz« –, wenn dieser als russische Version des Weihnachtsmanns die Geschenke bringt, was nicht an Weihnachten passiert, sondern an Silvester. Von Mitte Dezember bis Mitte Januar ist der langbärtige Mann mit dem Zauberstab, der alles in Eis verwandelt, in Moskau die Hauptperson beim »Winter Festival« – natürlich in Begleitung von *snegurochka*, dem hübschen Schneemädchen. Sie zelebrieren im Izmailovo Park ein großes Programm mit russischer Musik, Balalaika-Konzerten und traditionellem Tanz, mit herzhafter Kost, Pelzmodeschauen, Kunsthandwerk und viel Eis-Skulpturenkunst.

Der Winter ist auch aus anderen Gründen eine gute Zeit für die russische Hauptstadt: Das im Sommer eher bescheidene Kulturleben blüht im Winter, alle Bühnen vom Bolschoi-Theater bis zum Großen Moskauer Staatszirkus präsentieren ihre neuen Programme, viele Museen eröffnen Sonderschauen, und die Wahrzeichen der Metropole vom Kreml bis zur Christ-Erlöser-Kathedrale gewinnen unter Schneehauben zusätzlichen Reiz. Es bleibt vielleicht auch Zeit, nicht nur bekannte Museen wie die Tretyakov-Gemäldegalerie mit ihrer Sammlung russischer Moderne, das Puschkin-Museum mit seiner klassischen Bilderkollektion oder die Diamanten-Sammlung im Kreml, sondern auch weniger bekannte Sammlungen zu besuchen, etwa das Gulag-Museum zu den einstigen Straflagern oder das kleine Museum mit der Lok und dem Waggon, die Lenins Leichnam von seiner Datscha nach Moskau zurückbrachten.

Und wenn man dann über den Arbat, die Fußgängerstraße nahe dem Außenministerium im Zuckerbäcker-Hochhausstil, spaziert, wandelt man auf historischem Grund: Die etwa ein Kilometer lange Straße stammt aus dem 15. Jahrhundert und ist gesäumt von vielen Erinnerungsplaketten. Heute ist das nach ihr genannte Arbat-Viertel ein Szene-Quartier junger Künstler und Bohemiens. Folglich mangelt es auch nicht an Kneipen, ideal für einen wärmenden Tee zwischendurch. Wenn man Glück hat, bullert auch ein Samowar, der eigens für den Zweck erfunden wurde, heißes Wasser zum Verdünnen des traditionell kräftig gebrühten Tees zu liefern. Nicht versäumen sollte man auch das GUM, das Vorzeigekaufhaus aus Sowjetzeiten, heute ein nobles Einkaufszentrum mit 200 Läden auf drei Ebenen, die seit mehr als hundert Jahren von einem Glasdach überwölbt werden.

Die beste Reisezeit

Das Kontinentalklima prägt die Metropole: Die **Winter** sind kalt, aber relativ trocken, die Sommer hingegen heiß und regenreich. Im Januar und Februar liegen die Temperaturen oft im zweistelligen Minusbereich, im **Hochsommer** hingegen meist deutlich über 20 °C. Zwischen Ende Oktober und Ende November bildet sich in der Regel nach und nach eine feste Schneedecke. Sonnige Tage mit klarer Winterluft sind nicht selten. Der Winter ist eine touristisch schwächere Periode, was aber die Hotels nicht günstiger macht.

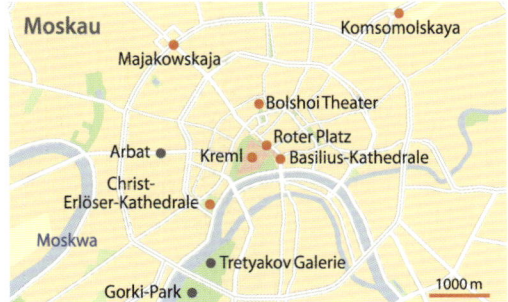

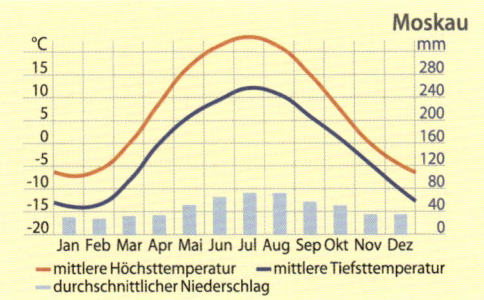

Die Highlights

 Der *Moskauer Kreml*, einst Stadtfestung, heute die politische Herzkammer Russlands, ist ein historisches Ensemble von Türmen, Palästen, Kirchen und Museen.

 Um den *Roten Platz* vor dem Kreml gruppieren sich viele Sehenswürdigkeiten: Lenin-Mausoleum, Basilius-Kathedrale, Kaufhaus GUM und Historisches Museum.

 Im Lenin-*Mausoleum* ist der einbalsamierte Leichnam des Revolutionärs aufgebahrt. An der Kreml-Mauer befinden sich weitere Gräber wichtiger Russen.

 Die *Basilius-Kathedrale*, heute ein Museum, ist mit ihren neun bunten und baulich verschiedenen Türmen ein Wahrzeichen Moskaus.

 Die *Metro* besitzt auf Stalins Befehl hin einige der schönsten Stationen der Welt, etwa Komsomolskaya (Marmorsäulen, Kronleuchter) oder Majakowskaja (Art déco).

 Die *Christ-Erlöser-Kathedrale*, die Hauptkirche der Russisch-Orthodoxen, wurde von Stalin zerstört und originalgetreu neu gebaut, 2000 eingeweiht.

 Das *Bolschoi-Theater* von 1825, von 2005 bis 2011 aufwendig restauriert, ist eine der bekanntesten Ballett- und Opernbühnen der Welt (www.bolshoi.ru).

Besondere Tipps

Zum Übernachten: Das Hotel Savoy ist eines der wenigen kleinen Hotels in Moskau (www.savoy.ru); großartigen Jugendstilcharme verbreitet das »Metropol« (www.metropol-moscow.ru).

Zum Mitnehmen: Wie wär's mit *alenki*, Filzstiefeln, wie sie schon die Zaren schätzten? Zu erstehen sind sie beim Weihnachtsmarkt auf dem Revolutionsplatz.

Zum Essen: »Pelmeni mit Bärenfleisch« sollte man sich im traditionell russischen »Schar Ptiza«, Ul. 2. Brestskaja 37/1, zwischen Samowaren und altrussischer Holzdekoration nicht entgehen lassen.

Info: www.moscow.info

← Die Martha-Entschlafens-Kathedrale im Keml
← Zwei Kilometer Mauern sichern den Kreml
← Tänzerinnen am Bolschoi-Theater
↑ Eisskulpturenkunst im Izmailovo Park

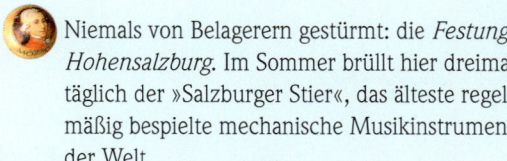

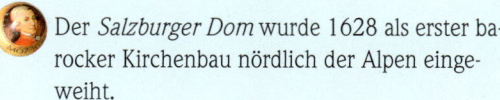

Wie im Märchen …

»Die ganze Stadt ist eine Bühne«, heißt es zur Festspielzeit in Salzburg. Doch das gilt im Grunde das ganze Jahr über, denn die Weltkulturerbe-Stadt präsentiert sich stets wie eine Theaterkulisse. Auf engstem Raum, zwischen Kapuziner- und Mönchsberg, mittendrin durchflossen von der angeblich goldhaltigen Salzach, haben prunkliebende Kirchenfürsten und wohlhabende Kaufleute in den Zeiten des Mittelalters und der Renaissance, im Barock und im Rokoko ein architektonisches Kleinod geschaffen, das als eine der schönsten Stadtlandschaften Europas gilt. Die Hauptsehenswürdigkeiten drängen sich in der kleinen Zone zwischen Fluss und Mönchsberg. Dom, Universität, die malerische Getreidegasse mit ihren vielen kleinen Lädchen und Mozarts Geburtshaus liegen in unmittelbarer Nähe zueinander, und auch den kurzen Anstieg zur

Festung Hohensalzburg schafft man wunderbar zu Fuß – was mit einem herrlichen Ausblick belohnt wird. Mindestens eine Strecke sollte man jedoch mit der Festungsbahn zurücklegen, die den steilen Berg in einem erstaunlichen Tempo bezwingt.

Im Winter wird Salzburg ruhiger, besonders stimmungsvoll im Advent: Festliche Lichterketten illuminieren die verschneite Getreidegasse. Der Duft von Bratäpfeln, gebrannten Mandeln und Orangenpunsch erfüllt die klirrend kalte, klare Luft. Die Buden des Christkindlmarkts fügen sich harmonisch in das wunderbare historische Stadtensemble ein, zu kaufen gibt es traditionelle Handarbeiten, Gewürzsträußchen, Christbaumschmuck. Am Residenzplatz versammelt sich die Menge, um den Turmbläsern zu lauschen. Und weil sich diese romantische Salzburger Atmosphäre herumgesprochen hat, wurde mit dem Weihnachtsmarkt vor der Kulisse des Lustschlosses Hellbrunn und seinen großzügigen Parkanlagen ein zusätzlicher alpenländischer Adventzauber entfacht, der, an der Peripherie gelegen, auch größere Besuchermengen verkraftet. Besinnlicher als bei Glühwein und Punsch geht es beim traditionellen Salzburger Adventsingen im Großen Festspielhaus zu: Den Musikanten gelingt mit überlieferten Weihnachtsliedern, schlichten Volksweisen, Andachtsjodlern und Hirtenspielen eine wirklich gemütvolle Einstimmung auf das Weihnachtsfest. Ein Spaziergang über den Makartsteg, vorbei am berühmten Café Bazar, dem Treffpunkt der Dichter und Theaterleute, führt zum Geburtshaus von Joseph Mohr, der den Text des weltweit berühmtesten Weihnachtsliedes verfasst hat: »Stille Nacht, heilige Nacht«.

Die beste Reisezeit

Wettervorhersagen für Salzburg sind nur kurzfristig treffsicher: Die Nordstaulage im Voralpenraum sorgt immer wieder für Extreme – Temperaturstürze, Hagel, Gewitter. Mit Sicherheit sagen kann man aber, dass die Winter eiskalt werden können, besonders im Januar und Februar fällt das Thermometer oft weit unter 0 °C. Die beste Reisezeiten bei relativ stabilen Schönwetterperioden sind **Mai, Juni** sowie der Frühherbst. Im Hochsommer sorgt die hohe Niederschlagsmenge für den berühmten »Schnürlregen«.

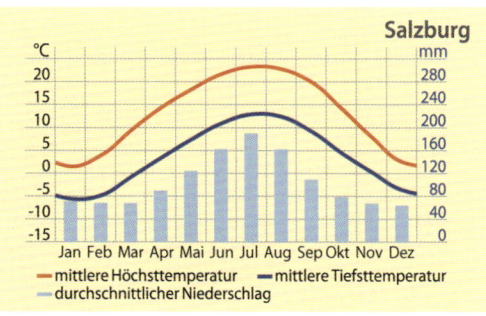

Die Highlights

Niemals von Belagerern gestürmt: die *Festung Hohensalzburg*. Im Sommer brüllt hier dreimal täglich der »Salzburger Stier«, das älteste regelmäßig bespielte mechanische Musikinstrument der Welt.

Der *Salzburger Dom* wurde 1628 als erster barocker Kirchenbau nördlich der Alpen eingeweiht.

In der *Getreidegasse 9* kam 1756 Mozart zur Welt. Das honiggelbe Haus mit der Dauerausstellung zu Leben und Werk des Musikgenies zählt heute zu den international meistbesuchten Museen.

Direkt auf die steil abfallende Klippe des Mönchsberges gesetzt, lagert das *Museum der Moderne* wie ein natürlicher Felsen über der Altstadt.

Gegründet im späten 7. Jahrhundert, bildete die *Erzabtei St. Peter* die Keimzelle der Stadt. Auf dem stillen Friedhof im Klosterbezirk ist Mozarts Schwester Nannerl beerdigt.

Die *Felsenreitschule* ist eine der zentralen Festspielstätten und an heißen Sommertagen ein angenehm kühler Ort.

Der *Marmorsaal von Schloss Mirabell* gilt als der schönste Trauungssaal der Welt: kaum ein Hochzeitspaar, das sich nicht auf der mit Barockputten besetzten Treppe fotografieren lässt.

Besondere Tipps

Fürs Erlebnis: Im futuristischen »Hangar 7« können Besucher tanzen, frühstücken, etwas trinken oder sich im Restaurant Ikarus auf höchstem Niveau kulinarisch verwöhnen lassen.

Für zu Hause: Mozartkugeln und Co. oder doch lieber etwas, das sich nur vor Ort einkaufen lässt: Brot aus der Stiftsbäckerei St. Peter, Gesundheit aus der Alten Hofapotheke oder maßgeschneiderte Trachtenkleidung.

Für den Kopf: Georg Trakl und Thomas Bernhard: Die Namen dieser beiden Dichter stehen für das ganz andere Salzburg-Bild.

Info: www.salzburg.info

← Blick von der Festung über das winterliche Salzburg
← Christkindlmarkt am Salzburger Dom
← Mozart-Dinner-Konzert im Stiftskeller St. Peter
↑ Hier wurde der berühmteste Salzburger geboren

Kaffeehäuser, Fiaker und der Glanz der alten Tage

Der Winter in Wien hat zwar keinen guten Ruf: eisige Ostwinde treiben tagsüber die Menschen auch bei sonnigem Himmel in die Kaffeehäuser, graues Schmuddelwetter sowieso. Aber draußen unterwegs ist der Wien-Besucher ohnehin nicht lange: die Hauptsehenswürdigkeiten der alten Kaiserstadt liegen dicht beisammen im I. Bezirk, der »Inneren Stadt«, in der Mitte der erhabene Stephansdom, nahebei die Oper, die Hofburg und zahlreiche Museen. Dazwischen konkurrieren Konditoreien, Wirtshäuser (die urigen mit bodenständiger Küche heißen »Beiseln«), Weinkeller und schicke Trend-Restaurants um den Gast. Neben Flagship-Stores internationaler Luxusmarken warten kleine, alteingesessene Geschäfte, die zum Stöbern und Entdecken einladen.

In der Kapitale des ehemaligen Habsburger-Weltreichs begegnet einem die Geschichte auf Schritt und Tritt: auf grandiosen Plätzen, in gepflegten Parkanlagen, in stillen, verwinkelten Gassen. Kaum ein Straßenzug in Hofburg-Nähe, in dem nicht die verschwenderisch dekorierte Fassade eines barocken Palais vom Glanz der alten Tage erzählt.

Und mitten im Winter, da erwacht dieser alte Glanz von Neuem! Unzählige Kristalllüster tauchen die Ballsäle und Salons der historischen Adelsresidenzen in gleißendes Licht. In den Nächten vom 11. November bis zum Anbruch des Aschermittwochs schlägt der Puls der Wiener im Dreivierteltakt. Kaum ein Berufsstand oder eine Gesellschaftsschicht der Donaumetropole ohne eigenen Ball: von den Ärzten bis zu den Zuckerbäckern, den Jägern und Juristen bis zu den Rauchfangkehrern. Der weltberühmte Opernball wird nicht nur als glamouröses Society-Event massenmedial inszeniert, sondern lockt außerdem Scharen von auswärtigen Besuchern an, die einmal im Leben live dabei sein wollen, auch wenn – zwischen TV-Kameras und Menschentrauben – das Tanzbein spätestens nach ein paar Drehungen jäh gestoppt wird. Nicht minder illustre Alternativen sind der Philharmonikerball (im Musikverein, für viele der schönste Musiksaal der Welt), die Rudolfina Redoute oder gleich: der Kaiserball.

In geselliger Feierstimmung sind die Wiener freilich das ganze Jahr hindurch – im kleinen Kreis beim »Heurigen« ebenso wie zu Hunderttausenden in den Sommernächten des rockenden Donauinselfestes, beim musikalischen Eröffnungsspektakel der »Wiener Festwochen« auf dem Rathausplatz oder beim Sommernachtskonzert der Wiener Philharmoniker im Schönbrunner Schlosspark. Stimmungsvolle Feste, die Wiens Rang als »Welthauptstadt der Musik« bestätigen!

Die Highlights

 Der *Stephansdom* ist das Wahrzeichen Wiens und Österreichs Nationalheiligtum. Von der »Türmerstube« hat man einen wunderbaren Blick.

 Die *Hofburg* war 600 Jahre lang das Machtzentrum des habsburgischen Weltreichs. Heute ist hier die Präsidentschaftskanzlei der Republik.

 Schönbrunn – die ehemals kaiserliche Sommerresidenz, herrliche Parkanlagen und der älteste noch bestehende Tiergarten der Welt.

 Die *Ringstraße*: 5,2 km, an denen sich Architekturmonumente aus der Zeit des Historismus – von der Staatsoper bis zum Rathaus, vom Parlament bis zur Votivkirche – reihen.

 Die weltberühmten *Winzerorte* Sievering, Grinzing, Nussdorf und Neustift finden sich dort, wo die Stadt in den Wienerwald übergeht. Gemütliche »Heurigen-Stüberl« laden ein.

 Das *Museumsquartier* rund um das Museum Leopold und das Museum für Moderne Kunst (MUMOK) ist der In-Treff in Citylage.

 Der *Naschmarkt* ist ein sinnliches Vergnügen. Viele von den über hundert Marktständen haben sich zu kleinen Szenelokalen gemausert.

Die beste Reisezeit

Meteorologisch ist der niederschlagsarme **Herbst** die beste Reisezeit, aber natürlich lockt viele Reisende der mildere **Frühling**. Als »gefühlte Temperatur« werden in der Stadt die brütende Sommerhitze und die eisige Winterkälte oft extremer empfunden als faktisch messbar: Die durchschnittliche Jahrestemperatur beträgt 11,4° C, das Wiener Klima gilt als mild-kontinental. Das häufig wehende Wiener »Lüfterl« hat eigentlich nur Vorzüge: der Wind bringt der Stadt Frischluft aus dem umgebenden Wienerwald.

Besondere Tipps

Zum Stöbern: Der samstägliche Flohmarkt am Naschmarkt ist Kult. Zwischen Trödel, Ramsch und Kuriositäten finden sich auch hochwertige Sammlerstücke.

Zum Naschen: »Haben schon gewählt?« – die Bedienung im Café der Hofzuckerbäckerei Demel spricht die Gäste auch noch im 21. Jahrhundert mit aristokratischer Allüre an.

Zum Lesen: »Kapuzinergruft« von Joseph Roth. Der Untergang der österreichischen Monarchie, erzählt mit schwermütiger Resignation, erschienen im Jahr des »Anschlusses« Österreichs an Hitlerdeutschland.

Info: www.wien.info.de

← Die Ballsaison ist in vollem Gange: Bonbon-Ball
← Treppenaufgang im Kunsthistorischen Museum
← Im Inneren des Stephansdoms
↑ Kaiserin von Österreich und Ungarn: Sisi

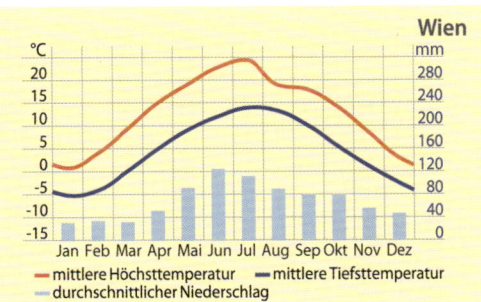

Bei Kaiserin Sisi und doch nicht in Wien

Wenig im Leben der österreichischen Kaiserin Elisabeth entsprach der romantisierenden Vorstellung in den Filmen mit Romy Schneider. Wahr ist jedoch, dass Sisi Budapest liebte. Natürlich erreicht man Ungarns Hauptstadt problemlos mit Zug und Flugzeug, aber die Wege in die Stadt sind von Schlichtheit und fehlender Eleganz geprägt. Am schönsten ist die Anreise per Schiff auf der Donau – erst dabei wird klar, warum Glanz und Gloria in der Stadt zu Hause waren. Ein bisschen Operettenseligkeit kann man heute immer noch erleben. Vom H sök tere im Zentrum, dem Heldenplatz, führt Budapests berühmter Boulevard Andrássy út an der Staatsoper, dem Operettentheater, dem Moulin Rouge, der Musikakademie und dem Liszt-Museum mehr oder weniger direkt vorbei. Fast erwartet man, dass die selige Marika Rökk mit einem »Joi, joi, Mama!« aus den nicht vorhandenen Büschen springt. Die Prachtstraße ist Teil der Geschichte Budapests, aber

sie ist natürlich nicht Budapest. Budapest ist ein Zusammenschluss der drei Städte Buda, Pest und Óbuda, und das erst seit 1872. Aus der Zeit danach stammt die Jugendstilbebauung. Aus der Zeit davor sind Reste römischer Siedlungen, ein Amphitheater und mehr als 400 Jahre alte türkische Bäder verblieben. Das berühmteste davon ist eindeutig das Gellért. Das traumhaft schöne Jugendstilbad und das gleichnamige Hotel wurden 1918 eröffnet. Hier – wie auch bei manch anderen Gebäuden – reicht es jedoch, wenn man es von außen betrachtet. Um türkische Hamamtradition zu erleben, besucht man besser das Rudas-Bad, dessen Mauern auch schon gut 500 Jahre hinter sich gebracht haben. Reingehen, Massage und Bad genießen und als frisch und wiederbelebt wieder herauskommen – und das ist auch nötig. Denn das Burgviertel, das zum UNESCO-Welterbe gehört, ist mit Fischerbastei, Matthiaskirche, Gellértberg und der dortigen riesigen Zitadelle voller faszinierender Eindrücke, zieht aber auch deutliche Abnutzungserscheinungen an den Schuhsohlen nach sich. Budapest hat Seele, und zwar auf beiden Seiten der Stadt. Man spürt sie im fast schon musealen Buda genauso wie im modernen Pest, wo die St. Stephan Basilika nahe der Kettenbrücke aufragt. Und wenn man unbedingt sagen will, dass man im Gerbeaud war (einem sehr schönen, aber auch teuren Café, das Touristen lieben), gut. Aber eigentlich lernt man Land und Leute in den durchschnittlichen Cafés viel besser kennen. Es braucht Charme (und vielleicht eine gute Palatschinke oder ein Gulasch mit einem Glas Rotwein), und davon hat Budapest mehr als man irgendwo sonst auf der Welt findet.

Die Highlights

 Donauufer, Pester Seite Vom nicht so schönen Pester Ufer schaut man auf das traumschöne Buda mit seinem Weltkulturerbe Gellértberg.

 Gellért-Bad ist das architektonisch spannendste Bad in Budapest, wenn auch andere erholsamer sein mögen.

 Liszt-Museum – In der ehemaligen Wohnung des Komponisten untergebracht, gibt es hier viele seiner Notenblätter, Handschriften und seiner Musikinstrumente zu bewundern.

 Fischerbastei – Ende des 19. Jahrhunderts erbaut, hielten hier früher die Fischer ihren Markt ab.

 St. Stephan Basilika – Drei Arten Marmor sind für den Prunk in dieser neoklassizistischen Kirche verantwortlich, die mit ihrer neun Tonnen schweren Glocke der »Pummerin« in Wiens Stephansdom nacheifert.

 Der *Heldenplatz* wird umrahmt vom Museum der Bildenden Künste und der Kunsthalle. Auf einer Säule in der Mitte thront der Erzengel Gabriel.

 Synagoge – Die größte Synagoge Europas wurde im 19. Jahrhundert eingeweiht. Das Museum im Gotteshaus erzählt die Geschichte der Juden in Ungarn nach.

Die beste Reisezeit

Ungarn hat vorwiegend ein kontinentales Klima mit heißen Sommern, kalten Wintern und relativ geringen Niederschlägen. Die optimale Reisezeit liegt zwischen *Mai* und *Juni* und im *September* und *Oktober*. Es ist dann normalerweise recht warm, da die Übergangsjahreszeiten nicht so stark ausgeprägt sind und keine Extremtemperaturen aufweisen. Außerdem umgeht man die Hauptsaison in den Monaten Juli und August, in denen in der Stadt hauptsächlich Touristen sind und die Einheimischen der extremen Hitze entfliehen.

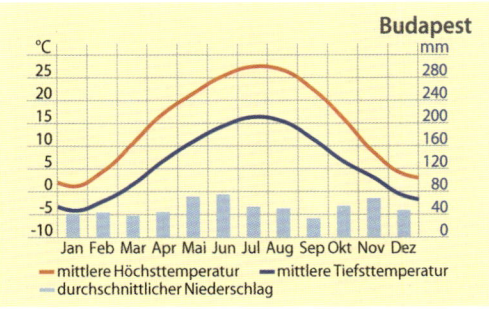

Besondere Tipps

Für Schleckermäuler: Konditorei und Café Hauer. Die Konditorei, die zusätzlich eine Bonbon- und Schokoladenfabrik beherbergt, ist beliebter Treffpunkt für die Schauspielschüler der nahe gelegenen Akademie.

Für Musikfans: Schon seit zwei Jahrzehnten findet Mitte August alljährlich das »Sziget-Festival« am Rande von Budapest statt. Bekannte nationale Bands und neue internationale Gigs kommen hier auf die Bühne.

Für Belesene: »Gebrauchsanweisungen für Ungarn und Budapest« – Das Buch von Viktor Iro fasst wahre, unterhaltsame Geschichten und Geschichtchen zusammen.

Info: www.budapest.com

← Die Kettenbrücke und die Burg über der Donau
← In der großen Markthalle ist alles frisch
↑ Das Gellertbad gehört zu den schönsten Budapests

Wenn die Gondeln Trauer tragen

Venedig ist im Wortsinn eine einmalige Stadt. Venedig besticht durch seine unvergleichlich morbide Stimmung, den Prunk der Paläste, aber auch durch noch verbliebene Relikte wie seine Gondeln, ob diese nun Trauer tragen – oder nicht … Venedig ist ein Inbegriff für Patina, für eine Zeit, die es in der globalisierten Welt gar nicht mehr gibt. Und wer Kommissar-Brunetti-Folgen sieht, kennt seine wichtigsten Stadtteile San Marco, den Lido, Giudecca, San Croce oder die Friedhofsinsel San Michele.

Das Schöne an Venedig im Winter ist der Nebel. *C'è nebbia*, dieser Nebel schenkt der schwimmenden Stadt eine einzigartig melancholische Atmosphäre, und besonders im November kann es einem gelingen, die Stadt einmal so zu erleben, als sei man selbst Venezianer. Es ist deutlich ruhiger, selbst die Taubenfutterverkäufer auf dem Markusplatz sind weg. Viele Gondeln sind zwar eingemottet, dafür gehen die Familien entspannt spazieren, vorzugsweise auf dem Campo Santo Stefano, und abends zeigen sich die Jungen und Schönen am Campo San Luca. Venedig wird zu einer normalen Stadt mit normalen Abläufen. In die Museen

kommt man ohne Anstehen, der Bellini wird nicht in Fließbandmanier gemixt und in den Restaurants bekommt man einen Tisch, sogar im »Da Fiore«, wo Mara Martin mit der wahrscheinlich besten Fischküche der Stadt aufwartet. Die Hotels gehen mit ihren Preisen gar um ein Drittel runter und sogar die Legenden wie das »Cipriani«, das »Gritti Palace« oder das »Bauers« machen mit.

Am schönsten mag es aber freilich sein, dass man die Rialto-Brücke ohne Geschubse überqueren kann und im Vaporetto – welch ein Wunder! – einen Sitzplatz für eine genüssliche Fahrt auf dem Canal Grande ergattern kann.

Der normale Tagesablauf während der Sommermonate, wenn Bus-, Bahn-, Kreuzfahrt- und Autotouristen die nur noch rund 60 000 Einwohner im alten Zentrum überfluten, ist da recht uncharmant. Beachten sollte man daneben auch die zweite und dritte Hochalarmzeit: die Biennale und den venezianischen Karneval. Dieser hat eine 800-jährige Geschichte, auch der Begriff stammt aus dem Italienischen: »Carne vale« bedeutet »Fleisch, lebe wohl«, was auf die fleischlose Zeit des Fastens hinweist. Weltweit kann nur Venedig dem Wahnsinn von Rio de Janeiro Paroli bieten, jedoch auf eine ganz andere Art. In der Lagunenstadt gibt's keinen ausgelassenen Frohsinn bei den Umzügen, sondern eher bewunderndes Staunen, kein Tanzen bis zum Umfallen, sondern zurückhaltende Eleganz in geschlossenen Ballgesellschaften. An allen Ecken, vor allem am Markusplatz, geben sich häufig in historischen Kostümen Maskierte ein Stelldichein und nehmen im Café Florian eine sündhafte teure heiße Schokolade zu sich.

Die beste Reisezeit

Venedig gehört zu den wenigen Städten weltweit, die abgesehen vom November fast immer Hochsaison haben. Der Winter gibt sich stets feucht, bei etwa 6 °C tagsüber. Gummistiefel braucht man, wenn *Acqua alta*, Hochwasser, Venedig eingenommen hat. Dagegen ist der Sommer oft nicht nur heiß und stickig, sondern auch stinkig, wenn das Wasser des Canal Grande zu warm wird. Wer Venedig liebt, kommt im **Oktober** und **November** sowie **Februar** und **März** bei tagsüber 10 °C und dem bezauberndsten Licht im Jahr.

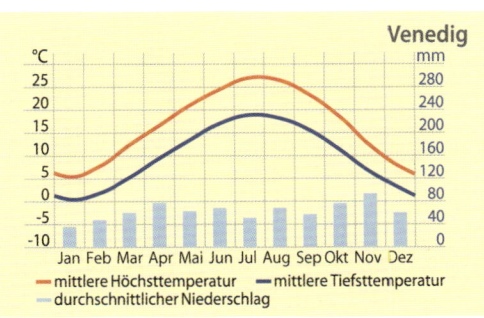

Jan Feb Mar Apr Mai Jun Jul Aug Sep Okt Nov Dez
— mittlere Höchsttemperatur — mittlere Tiefsttemperatur
durchschnittlicher Niederschlag

Die Highlights

 Der *Markusplatz* ist ohne Zweifel das Zentrum der Stadt. Das Ensemble mit Dogenpalast, Basilika und weltbekanntem Campanile sowie der Piazza ist einmalig.

 Der *Canal Grande* windet sich wie ein S auf knapp 4 km durch Venedig. Woanders wäre er der Prachtboulevard, in Venezia ist er die schönste Wasserstraße.

 Die marmorne *Rialto-Brücke* von 1592 schwingt sich auf rund 50 m elegant über den Canal Grande. Wie viele Eiscafés mit dem Namen Rialto wird es wohl geben?

 Die *Galleria dell'Accademia* beherbergt die weltweit größte Sammlung venezianischer Malerei, darunter Werke von Tiepolo, Tintoretto und Tizian.

 San Giorgio Maggiore, auf der Insel vis-à-vis, beherbergt das »Abendmahl« von Tintoretto. Außerdem gibt's Traumblicke auf die Insel und das Zentrum von Venedig.

 Arsenale, etwas abseits vom Trampelpfad gelegen, war einst die größte Schiffswerft der Welt und gilt als Kern der früheren Macht der Venezianer.

 Die weltberühmten *Murano-Inseln* vermitteln Lagunen-Atmosphäre. Oder man lässt sich auf ein letztes Stück Ursprünglichkeit auf der Isola Pellestrina ein.

Besondere Tipps

Für Praktische: Unbedingt einen Rollenkoffer mitnehmen. Jedes Tragen von Gepäck ist bei den örtlichen Gegebenheiten sehr beschwerlich.

Für den Einstieg: Die erste, knapp einstündige Fahrt mit der Vaporetto-Linie 1, ab Piazzale Roma bis zu den Giardini Pubblici, ist ein Muss für alle Besucher.

Für Durstige: Bacari, typische kleine Lokale, bieten ein reiches Weinangebot; dazu verzehrt man im Stehen oder Sitzen kleine Häppchen. Berühmt ist beispielsweise das Bacaro do Mori, San Polo 429, Rialto.

Info: www.turismovenezia.it

← Farbenprächtiges Spektakel – der Karneval
← Goldmosaiken in der Kuppel von San Marco
↑ Auf Gondeln geht es durch die Stadt

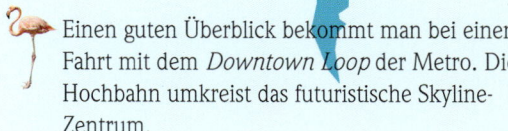

Pink, flippig und cool

SoBe, der South Beach, und der legendäre Art-deco-District sind absolute »Must sees« in Miami. Einige der hiesigen 400 Stuck- und Designgebäude aus den 1930er- und 1940er-Jahren, oft mit passendem Oldtimer aus der gleichen Epoche davor, gehören zu den besterhaltenen Art-déco-Bauten weltweit. Zusammen mit den trendigen Bars, Restaurants und Cafés sowie dem breiten Atlantikstrand gehört dieser Teil von Miami Beach sicher zu den hübschesten Stadtteilen Nordamerikas – mit übrigens gerade mal rund 100 000 Einwohnern.

Besonders bei Nacht blüht der Ocean Drive auf, Stretch-Limos bringen Mächtige, Models und andere Stars und Sternchen zu flippigen Partys. Zugucken: okay! Mitfeiern: unmöglich! Während des Art-déco-Festival im Januar spielt sich aber auch auf den Straßen einiges ab, von Oldtimer-Paraden bis hin zu Open-Air-Konzerten.

Insgesamt fünf mehrspurige Brücken verbinden Miami mit Miami Beach. Die Stadt, deren Name von dem indianischen *Mayaimi*, »großes Wasser«, abgeleitet wurde, hat heute einen der größten Kreuzfahrthäfen weltweit, und in ihrem Großraum leben weit über zwei Millionen Menschen. Im Zentrum findet man eine typische US-Metropole mit Skyline und Glasfassaden, aber auch Palmen und ein einzigartiges Little Havana: Die Calle Ocho aka Southwest 8th Street umgibt kubanisches Flair, palavert wird auf Spanisch und an einigen Geschäftstüren ist tatsächlich zu lesen, dass man auch Englisch spreche … Little Havana ist für viele kubanische Flüchtlinge zur Ersatzheimat geworden. Am heißesten geht es im März zu, wenn zum Calle Ocho Festival Hunderttausende zu Son auf der Straße tanzen, an kleinen Tischchen im Freien Domino spielen und jede Menge Mojito, Daiquiri und Cuba Libre schlürfen.

Wenn im Dezember mit der Art Basel Miami Beach eine der wichtigsten Kunstmessen Amerikas in Florida Hof hält, ist die Stimmung in der Stadt weder vorweihnachtlich noch von den üblichen Glamour-People geprägt. Dann geben die Kunst und die Künstler, die Agenten, Galeristen, Museumsdirektoren und nicht zuletzt potente Käufer aus aller Welt den Ton an, und das ohnehin schon coole »Delano« am SoBe wirkt irgendwie noch ein bisschen cooler. Philippe Starck hat für das extravagante Art-déco-Hotel eine außergewöhnliche Sammlung von Möbeln zusammengestellt, und die ausgestellten Arbeiten von Antonio Gaudí oder Salvador Dalí sind tatsächlich echt.

Die Highlights

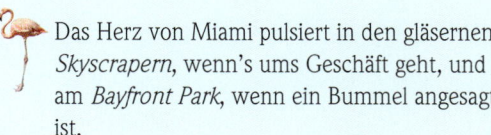

Einen guten Überblick bekommt man bei einer Fahrt mit dem *Downtown Loop* der Metro. Die Hochbahn umkreist das futuristische Skyline-Zentrum.

Das Herz von Miami pulsiert in den gläsernen *Skyscrapern*, wenn's ums Geschäft geht, und am *Bayfront Park*, wenn ein Bummel angesagt ist.

Was wäre Miami ohne seine Sahneschnitte *Miami Beach*? Das Art-déco-Viertel ist weltweit einmalig, die Stimmung ebenso …

Als sei ein Stück Kuba einfach nach Norden versetzt worden: Miamis Stadtteil *Little Havana* ist voller kubanischer Menschen mit ihren Bars, Restaurants und Läden.

Coral Gables ist schon mondän, aber das *Biltmore Hotel*, eine Ikone aus den 1920er-Jahren mit goldenen Wasserhähnen in jedem Zimmer, setzt dem Stadtteil die Krone auf.

Coconut Grove ist ein beliebtes Stadtviertel an der Biscayne Bay mit Bahama-Einschlag. Jedes Jahr im Juni findet dort das Miami Bahamas Goombay Festival statt.

Die Düneninsel Key Biscane hat viele tolle Badestrände. Und dort beginnen die berühmten *Florida Keys*. Die Fahrt bis Key West ist unvergesslich.

Die beste Reisezeit

Florida ist das fast ganze Jahr über ein perfektes Ziel: Auf dem US-Festland gibt es keinen anderen Ort, dem sich die Sonne so großzügig zeigt, was für viele Deutsche vor allem im Winter attraktiv ist. Hochsaison ist von **Dezember bis Februar**, wenn es etwas trockener und mit 20 bis 25 °C sehr angenehm ist, dafür liegen die Hotelpreise zuweilen doppelt so hoch wie sonst. **März** und **April** bieten sich da eher an, weil es dann warm und günstiger ist. Die Hurrikansaison zwischen Juni und Oktober bringt Schwüle und Stürme.

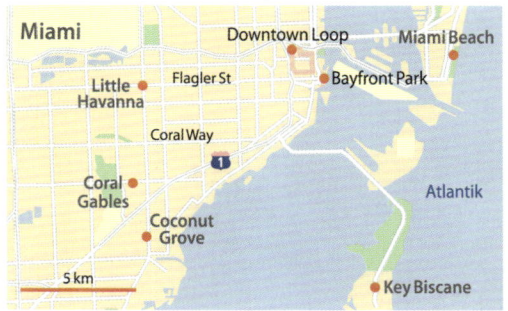

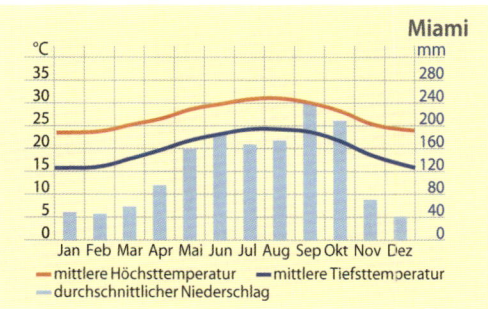

Besondere Tipps

Fürs müde Haupt: Art-déco-Stil, am Ocean Drive und trotzdem bezahlbar? Außerhalb der Art-Basel-Zeiten bietet das Park Central auf No. 640 atmosphärische Zimmer zu erschwinglichen Preisen.

Für Fashion-Victims: Beim Shopping in Miami reicht die Ersparnis bis zu 50 %, etwa bei Textilien wie Jeans und T-Shirts, aber auch bei Sportschuhen.

Fürs Auge: Einmal die ganzen 203 Zentimeter von Lebron James und seinen Miami Heat live bestaunen: Das ist nicht nur was für Basketball-Fans!

Info: www.miamigov.com

← Luftaufnahme von Miami Beach
← Berühmte Art-déco-Gebäude am Ocean Drive
← Rettungsschwimmer am Strand geben acht
↑ Am Strand von Miami zählt Auffallen

Pulsader des American Dream

Hollywood bestehe doch nur aus ein paar großen Buchstaben, die im Fernsehen gezeigt würden, meinen nicht wenige und spielen damit auf die 15 Meter hohen Schriftzeichen aus Beton an, die seit 1923 am Mount Lee den Weg in die Traumfabrik des Films weisen. Denn ansonsten ist in Hollywood kaum etwas für Touristen arrangiert – abgesehen vom »Walk of Fame« oder den im Bürgersteig vor dem Premierenkino »Mann's Chinese Theatre« eingelassenen Hand- und Fußabdrücken der Stars und Sternchen. Nördlich und südlich von Hollywood und dem Sunset Boulevard leben und arbeiten hinter unscheinbaren Fassaden zwar Tausende von Zulieferern der Filmindustrie – vom Ausstatter über den Computer-Grafiker und Musiker bis zum Trick-Experten –, aber keine Stars. Die gehen in Hollywood nicht mal mehr aus, und ihre Luxusdomizile haben sie längst hinter dem Ortsschild von Beverly Hills bezogen.

Zwischen den Zentren von Hollywood und Beverly Hills liegen gerade einmal gut fünf Kilometer auf dem Sunset Boulevard. Eine nur kurze Entfernung und gleichzeitig Welten: in Hollywood der schmuddelige Hinterhof und abgebröckelte Glanz, in Beverly Hills gepflegte Boulevards, haushohe Hecken und Stahlgitter vor Prachtvillen mit Pool, Tennisplatz und mehreren Luxusschlitten in der Auffahrt. Der normalsterbliche Besucher kann mit seinem Mittelklasseeinkommen dort am besten eines: sich arm fühlen. Die vielleicht reichste Kleinstadt der Welt mit nicht einmal 100 000 Einwohnern wird vom Moloch Los Angeles mit zehn Millionen umzingelt. Das Zentrum von L.A. gibt sich wie jede andere US-Großstadt auch: wuselig, geschäftig, aber austauschbar. Nur die Hochhäuser sind in der vom Pleitegeier bedrohten Stadt der Engel wegen der Erdbebenrisiken nicht ganz so hoch. Hoch zeigen sich dafür die Wellen an der Pazifik-Küste, wo sich im Sommer jährlich die Elite zum »International Surf Festival« trifft.

Jedoch im Februar wenn alljährlich die »Oscar-Verleihung« in Hollywood stattfindet, dann ist Los Angeles für ein paar Stunden die Hauptstadt der Welt, auf die alle Augen gerichtet sind, egal was sonst noch los ist auf unserem Planeten. Dann wird der aufgerollte rote Teppich vor dem Kodak Theatre von den Filmstars dieser Erde regelrecht belagert, ehe sich die Sieger in einer Mischung aus Originalität und Peinlichkeit für die »Academy Awards of Merit« vor den Zuschauern im Saal und einem Millionenpublikum an den TV-Geräten bedanken.

Die Highlights

 Für das *Los Angeles County Museum of Art* und das Museum of Contemporary Art sollte man genügend Zeit einplanen.

 Die *Chinatown* von Los Angeles dürfte das bekannteste Chinesenviertel der Welt sein. Jack Nicholson lässt grüßen …

 Der *Walk of Fame* macht viel Spaß, wenn man die Sterne mit den bekanntesten Namen finden will.

 Das *Grauman's*, das häufig nur »Mann's Chinese Theatre« genannte Premierenkino und die in den Boden eingelassenen Hand- und Fußabdrücke der Filmstars sind schlicht cool.

 Der *Universal Studios-Themenpark* dürfte nicht nur wegen der King-Kong-3D-Show zu den aufregendsten Vergnügungsparks der gesamten USA gehören.

 Der *Rodeo Drive* in Beverly Hills zählt sicherlich zu den teuersten Shoppingmeilen der Welt, wie schon Julia Roberts in »Pretty Woman« erfahren durfte.

 Vom *Griffith Observatory* hat man den besten Ausblick auf das schier unendliche Stadtgeflecht. Aber auch die angeschlossene Hall of Science lohnt einen Besuch.

Die beste Reisezeit

Kalifornien ist ein Ganzjahresziel, obgleich es im Winter schon mal ungemütlich und grau werden kann. Auch der meiste Regen fällt im Winter, bei aber immer noch mindestens 15 °C. Im **Februar**, wenn der Oscar Los Angeles zur Stadt der Städte macht, darf man sogar schon mit 20 °C rechnen. Der Sommer zeigt sich dagegen ganz anders: Die Temperaturen um 25 °C sind zwar moderat, aber die Luftfeuchtigkeit ist hoch, die Schwüle lähmt die Menschen, und die Stadt versinkt unter einer riesigen Smoghaube.

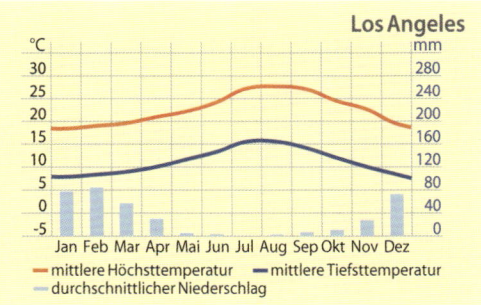

Besondere Tipps

Zum Erleben: Eine Tour zu den Villen verblichener und lebender Stars, etwa mit »Movie Stars Home Tours«, ist nicht nur was für Filmfreaks.

Zum Baden: Santa Monica besitzt einen der schönsten Stadtstrände im Großraum von Los Angeles. Highlife herrscht auch am Pier und an der Promenade.

Zum Schauen: Roman Polanskis »Chinatown« spielt zwar im Jahr 1937 (und wurde 1974 gedreht), geht mit dem unvergleichlichen Jack Nicholson aber auch im 21. Jahrhundert immer noch unter die Haut.

Info: www.latourist.com

← Die Skyline von L.A. im Sonnenuntergang
← Das auffällige Manns Chinese Theatre bei Nacht
← Vor Mel's Drive In treffen sich die Oldtimer
↑ Um ihn reißt sich die Filmindustrie: der Oscar

Lebenslust und morbider Charme

»Perle der Karibik«, »Grande Dame«, »Paris der Antillen« – Kubas Hauptstadt trägt viele treffende Beinamen, denkt man an die vielen Paläste, Kirchen und Villen mit eleganten Bogengängen und Säulenreihen. Ihren exotischen Touch erhalten Havannas historische Häuser durch maurische Ornamente an den Fenstern, vor denen filigrane Zierbalkone verlaufen. Seit 1982 gehört La Habana Vieja zum UNESCO-Welterbe. Doch die vier Quadratkilometer große Altstadt zwischen Plaza de la Catedral, Plaza de Armas und Plaza Vieja ist nicht nur das historische, sondern auch das pulsierende, lebendige Herz der Millionenmetropole. Bei einem Spaziergang hört man aus Kneipen und Musiklokalen heiße Salsa-Rhythmen und melancholischen Son erklingen. Und nicht selten wird das Publikum von Live-Bands begeistert, die an die berühmte Altherren-Combo des Musikfilms »Buena Vista Social Club« von Wim Wenders erinnern. Ein zentraler Treffpunkt für Musiker, die ihre Songs zum Besten geben, Touristen und Verliebte, die den Abend ge-

nießen, und kubanische Angler, die ihr Glück versuchen, ist der Malécon. Die sieben Kilometer lange Küstenstraße verbindet Habana Vieja mit anderen Teilen der Stadt. Der einstige Casino-Kiez Vedado ist heute der moderne Wirtschaftsmittelpunkt und von Wolkenkratzern durchsetzt. Centro Habana ist dagegen seit der Revolution von 1959 immer mehr dem Verfall preisgegeben gewesen und zusehends verslumt. Das prächtige Nobelviertel Miramar wiederum bildet die grüne Lunge der Stadt. Spätestens seit dem Salsa-Boom Mitte der 1980er-Jahre zieht Havanna wieder Scharen von Touristen an. Die Regierung bemüht sich, diesem Ansturm mit der (gelungenen) Restaurierung der Altstadt Herr zu werden. So werden etwa klassizistische Prachtbauten vielerorts in Boutique-Hotels umgewandelt, die kleinen Schmuckkästchen gleichen. Das Lebensgefühl ist und bleibt faszinierend, wenn Frauen und Männer jeden Alters ihre Hüften zu karibischen Rhythmen bewegen, ein Glas Rum oder Mojito in der Hand und das Leben genießen, sei es auch oft noch so karg, und dazu eine Zigarre schmauchen. Mehr über die Geschichte von Kubas Souvenirschlager Nr. 1 erfährt man beim Zigarrenfestival Ende Februar im Palacio de la Convenciones, in dessen Rahmen auch berühmte Produktionsstätten und Tabakplantagen besucht werden können. La Habana versprüht ganzjährig Lebenslust – doch noch einen Tick fröhlicher gibt sich die Stadt im Juli und August, wenn beim »großen« Karneval die Musiktruppen mit ihren prächtigen Kostümen auf dem Malécon die Menge unterhalten und Straßenfeste die Altstadt in eine bunte Partymeile verwandeln.

Die beste Reisezeit

Für Villa San Cristóbal de La Habana – so lautet Havannas vollständiger Name – wie für ganz Kuba sind nach der herbstlichen Hurrikansaison **November bis März** eindeutig die beste Reisezeit. Während in Europa Winter herrscht, kann man sich auf trockene Wärme bei Temperaturen von rund 25 °C freuen. Im Dezember und Januar klettert das Thermometer auch etwas höher. Von Mai bis August muss man mit feuchtwarmer tropischer Hitze und kräftigen Regengüssen rechnen.

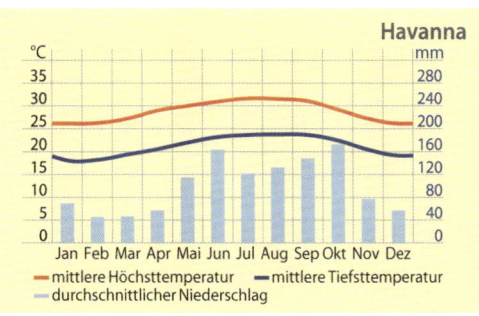

Die Highlights

 San Cristobal – Die aus Kalkstein errichtete Kathedrale mit zwei imposanten Türmen ist im schlichten Kolonialbarock gehalten und steht an der gleichnamigen Plaza.

 Malecón – Auf Havannas 7 km langer Uferpromenade genießen abends Liebespärchen, Musiker und Touristen das Meeresrauschen und den Blick auf die Stadt.

 Plaza de la Revolucion – Der bombastische Platz ist Kubas Machtzentrale und von Regierungsgebäuden umgeben. Ihn dominiert der 142 m hohe Turm des Monumento y Museo José Marti.

 La Habana Vieja – Havannas Altstadt zählt zu den ältesten spanischen Kolonialsiedlungen. Mit ihren barocken und klassizistischen Gebäuden gehört sie zum UNESCO-Welterbe.

 Complejo El Morro – Die Festung wurde ab den 1580er-Jahren zum Schutz der Stadt und der spanischen Silberflotte erbaut. Der Blick auf Havannas Skyline ist fantastisch.

 Capitolio Nacional – Das weiße Gebäude im Parque Central wurde nach dem Vorbild des Kapitols in Washington D.C. erbaut.

 Castillo de la Real Fuerza – Kubas älteste Festung ist eine der ältesten in ganz Lateinamerika. Auf einem Wachturm »tanzt« Havannas Wahrzeichen, La Giradilla.

Besondere Tipps

Zum Sehen und Hören: Ein Muss: Wim Wenders Dokumentarfilm »Buena Vista Social Club« mit dem US-Musiker Ry Cooder und den Altstars des Son.

Zum Mitbringen: Havanna-Zigarren gelten als die besten der Welt. Originalzigarren aller Marken gibt es in der Casa del Tabaco (Mercaderes 120).

Zum Entdecken: Die Cocotaxis sehen wie halboffene Eierschalen auf Rädern aus, eine Fahrt mit den Vehikeln durch die Altstadt ist ein besonderes Open-Air-Erlebnis. Einfach eines anhalten und den Preis vorab vereinbaren.

Info: www.cubainfo.com

← Ein altes Taxi vor dem Capitolio
← Blick in das prunkvolle Capitolio
← Farbenfrohe Show im Tropicana Cabaret
↑ Straßenmusiker sind überall in Havannah

Hauptstadt des Candomblé

Was das kulturhistorische Erbe anbetrifft, ist Salvador da Bahía wohl Brasiliens reichste Stadt. Im Pelourinho, der lebhaften Altstadt der Millionenmetropole am Atlantik, scheint die Zeit am zentralen Largo do Pelourinho im 18. Jahrhundert stehen geblieben zu sein. Eine geschlossene Reihe von Gebäuden aus der Kolonialzeit kann hier bewundert werden. Am auffälligsten ist die Igreja do Rósario dos Pretos, vor allem wegen ihrer hellblau-weiß abgesetzten Fassade die vielleicht schönste der 165 Kirchen der Stadt. Ähnlich entzückt auch der Terreiro de Jesus, in dessen Mitte ein besonderes Schmuckstück prangt: ein Brunnen mit Figuren, die die vier großen Flüsse des Landes verkörpern. Gleich in der Nähe ist die barocke Igreja de São Francisco ein weiteres architektonisches Juwel. Üppiger Figurenschmuck ziert die Sandsteinfassade

der Kirche, und der Kreuzgang überrascht mit leuchtend blauen Azulejos aus Portugal. Ganz anderer Natur ist der Elevador Lacerda: Der 1930 erneuerte Aufzug verbindet die Ober- mit der Unterstadt, wo der Mercado Modelo im ehemaligen Zollamt Bahías die größte Auswahl an Kunsthandwerk bietet.

Doch auch in religiöser Hinsicht ist Bahía als Hochburg des Candomblé ein bedeutendes Zentrum. Wer mehr über diese synkretistische afrobrasilianische Religion mit westafrikanischen Wurzeln erfahren möchte, steuert das Museu Afro-Brasileiro an. Dort verdienen die großen Holztafeln mit der Darstellung afrobrasilianischer Gottheiten besondere Beachtung. Im Mittelpunkt des religiösen Festkalenders der Stadt steht alljährlich in der zweiten Woche nach Dreikönig die Wallfahrtskirche Igreja Nosso Senhor do Bonfim aus dem 18. Jahrhundert. Vor dem katholischen Kirchenfest am Sonntag findet am vorangehenden Donnerstag das »Lavagem do Bonfim«, das rituelle Säubern des Gotteshauses, statt. Acht Kilometer lang führt dazu eine Prozession zu der Kirche nördlich der Stadtmitte. Ganze Hundertschaften von »Baianas«, ganz in Weiß gekleidete Candomblé-Anhängerinnen, beherrschen dabei die Szene. Sie tragen zum großen Teil Vasen mit parfümiertem Wasser auf dem Kopf und weiße Blumen. Ihnen folgen entfesselte Menschenmassen und lautstarke Trio Elétricos, tonnenschwere Lastwagen, die aus monströsen Lautsprechern die Stadt bis in den Morgen beschallen. Ende September treten die Gläubigen des Candomblé noch einmal in der Altstadt tanzend auf den Plan: beim Fest zu Ehren der heiligen Brüder Kosmas und Damian.

Die beste Reisezeit

Die Küstenregion von Bahía prägt ein tropisches, feucht-heißes Klima mit häufigen, meist kurzen Gewitterschauern. Temperaturschwankungen gibt es aufgrund der Nähe zum Äquator nur wenig. Wer seine Reise nach Salvador mit einem Badeurlaub verbinden möchte, kommt am besten zwischen **Dezember und Mai**, wenn die Temperaturen im Durchschnitt bei 23 bis 29 °C liegen. Die Hauptregenzeit zwischen Mai und September sollte man möglichst meiden, auch wenn die Sonne meist nach kurzer Zeit wieder auftaucht.

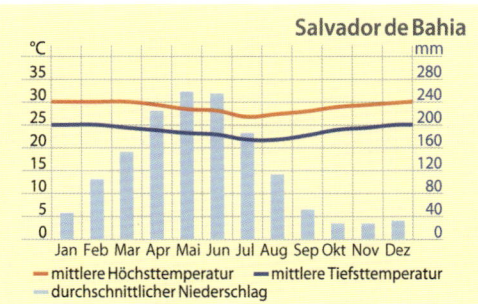

Die Highlights

 Pelourinho – Bahías koloniale Altstadt gehört zum UNESCO-Welterbe. In ihrem Zentrum lädt der stimmungsvolle Largo do Pelourinho zum Verweilen ein.

 Igreja do Rósario dos Pretos – Die hellblaue Fassade von Salvadors malerischster Kirche kontrastiert wundervoll mit den Brauntönen der angrenzenden Bauwerke.

 Terreiro de Jesus – In der Mitte des Platzes plätschert der wunderschöne französische Brunnen mit den Allegorien auf Brasiliens vier größte Flüsse.

 Igreja de São Francisco – Der herrliche blau gekachelte Azulejo-Kreuzgang ist die Hauptattraktion der Kirche mit der gelben Sandsteinfassade.

 Elevador Lacerda – Das beliebteste Postkartenmotiv ist der Aufzug von 1930, mit dem man in die Unterstadt fahren kann.

 Mercado Modelo – Der Markt im ehemaligen Zollamt ist eine wahre Fundgrube für brasilianisches Kunsthandwerk.

 Museu Afro-Brasileiro – Das interessante Museum zur afrobrasilianischen Kultur informiert auch über den Candomblé. Besonders sehenswert sind die eindrucksvollen Zederntafeln mit den Darstellungen afrobrasilianischer Gottheiten.

Besondere Tipps

Zum Lesen: »Gabriela wie Zimt und Nelken«, ein Roman von Jorge Amados. Der bedeutendste Schriftsteller des Landes wird wegen seines freizügigen Stils auch der »Boccaccio Brasiliens« genannt.

Zum Ausgehen: Die Traditionsbar »Cantina da Lua« ist in Salvador eine Institution ganz eigener Art.

Zum Hören: In den »Bachianas Brasileiras« hat der Komponist Heitor Villa-Lobos die Volksmelodien seiner Heimat verarbeitet.

Info: www.brasilien-reise-magazin.de

← Blick auf die Sao-Francisco-Kirche in der Altstadt
← Im Hintergrund der hohe Elevador Lacerda
← Die Frauen tragen Blumen zur Waschung von Bonfim
↑ Farbenfrohe Kolonialbauten prägen Salvador

Samba, Sex und Sonne

704 Meter über dem Atlantik ist die Welt in Ordnung. Der Beton-Jesus, gewaltige 1145 Tonnen schwer, breitet seine Arme über die ganze Stadt aus. Die vorbeiziehenden Wolkenfetzen nehmen etwas von der Hitze. Die Schweizer Zahnradbahn fährt mit der Präzision einer Schweizer Uhr den Berg hinauf: Vom Corcovado aus gesehen ist Rio die schönste Stadt der Welt – trotz New York und Sydney, Hongkong und Paris. »Wenn ich zwischen Paris, Rom und New York wählen könnte, würde ich Ipanema vorziehen«, sagt der Song-Schreiber Vinicius de Moraes. Ipanema ist ein Viertel von Rio mit breitem, weißen Strand, und durch seinen Text über ein hübsches Mädchen, das jeden Tag eben zu diesem Strand schlenderte, weltbekannt geworden. Helo Pinheiro heißt »Das Girl von Ipanema«, das inzwischen mehr als 50 Jahre alt ist.

Vom Corcovado aus sieht man über die Häuserschluchten bis Ipanema. Und hinüber zum Zuckerhut, an die Copacabana, bis Maracana, dem größten Stadion der Welt, oder bis zum Sambadrom, der knapp zwei Kilometer langen Karnevalsarena. Am Corcovado liegt jedem Besucher Rio zu Füßen. Aber kaum einer nimmt beim Rundumblick den Unterschied von Weiß und Braun wahr. Die Aussichtsplattform am Corcovado ist nicht nur ein Platz zum Staunen, sondern auch ein Wegweiser zu bitterer Erkenntnis über die Stadt, in der zwölf Millionen Cariocas leben. Sie ist geteilt: in gefährlich und nicht gefährlich, in das Biest im Norden und die Schöne im Süden. Armut und Kriminalität wohnen im Norden, Mittelstand und Tourismus im Süden. Wer auf den touristisch relevanten Pfaden bleibt, dem droht wenig Gefahr.

Das Risiko ist kalkulierbar und so hoch oder niedrig wie etwa in Rom. Erhöhte Vorsicht gilt jedoch, wenn sich Mengen versammeln, wie beim Fußball oder beim zweitgrößten Fest Rios: Es ist die größte Silvester-Party weltweit mit rund zwei Millionen Menschen, die an der Copacabana das Jahresfinale feiern. Oder eben beim spektakulärsten Fest, dem Karneval: Die einen lieben ihn. Die anderen hassen ihn. Es gibt keine Kompromisse beim Karneval. Oder doch? Am Zuckerhut vielleicht? »Unser Karneval ist ein Fest der sexuellen Utopie«, schreibt die wichtigste Tageszeitung Brasiliens, »O Globo«. »Die Sexualität der Frauen wird Brasilien retten, vögeln ist bei uns Brasilianern soooo herrlich mit Samba, Essen, Spaß und Karneval verknüpft!« Hätte das mal Papst Sixtus IV. im 15. Jahrhundert gewusst. Wer weiß, ob er den Karnevalisten seinen päpstlichen Segen gegeben hätte. Damals ging es freilich nur um eine Zeit des Genießens vor Ostern und dem Fasten.

Die beste Reisezeit

Wenn der Karneval seinem Höhepunkt entgegenstrebt, geht der südamerikanische Sommer langsam zur Neige – und damit auch die schönste Reisezeit für Rio, die zwischen **November und April** liegt. Dann sorgt die Sonne fast durchweg für 30 °C und der Atlantik kommt auf 26 °C, obgleich Dezember und Januar auch die häufigsten Niederschläge mit sich bringen. Im brasilianischen Winter herrscht häufig kein Bade-, sondern eher ein gutes Sightseeing-Wetter, die Durchschnittstemperatur fällt nicht unter die 20 °C-Grenze.

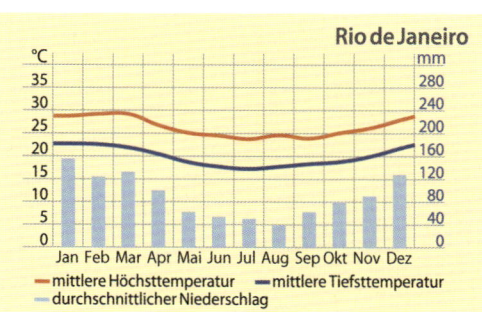

Die Highlights

 Der Blick vom 704 m hohen *Corcovado*, dem Buckligen, dürfte der schönste auf eine Stadt weltweit sein. Und Christus gibt seinen Segen dazu …

 Das Wahrzeichen von Rio ist der 394 m hohe *Zuckerhut* zwischen Botafogo und Copacabana. James Bond und der Beißer fuhren dort auch schon Gondel.

 Zusammen mit Waikiki ist die *Copacabana* der wohl bekannteste Strand auf Erden: vier Kilometer Strand und Straße, gesäumt von Hotels, Restaurants, Bars und Mädchen.

 Dem Glanz des schneeweißen *Copacabana Palace* kann man nicht widerstehen. Wer keine Nacht darin verbringt, sollte wenigstens einen Caipirinha an der Pool-Bar trinken.

 Die *Nova Catedral* ist zwar eine hässliche Beton-Pyramide. Aber ihr Kreuz ist innen, und genau in der Mitte steht der Altar. Er symbolisiert: Vor Gott sind alle Menschen gleich.

 Die *Avenida Rio Branco* ist die belebteste Straße im Zentrum, mit Zugang zum Teatro Municipal, dem Museu Nacional de Belas Artes und Cinelandia.

 Über dem *Aquädukt Arcos da Lapa* in Santa Teresa rumpelt seit 1896 gemächlich die einzige Straßenbahn. Trittbrettfahrer müssen traditionell nicht bezahlen.

Besondere Tipps

Zum Nachmachen: Hollywood hat den Walk of Fame, Rio vor dem Maracana-Stadion die Fußabdrücke von 75 Fußballhelden. Also Schuhe ausziehen und den Vergleich mit Pele und Co. wagen!

Zum Baden: Strand ist nicht gleich Strand in Rio: Familien hocken im Sand von Leblon, Surfer schätzen den Praia do Leme und Fußballer den Strandabschnitt fünf der Copacabana.

Zur Sicherheit: 20 Dollar Wegezoll in der Brusttasche zur schnellen Herausgabe helfen im Fall der Fälle am besten, mit wenig Risiko für beide Seiten.

Info: www.rioguiaoficial.com.br

← Der berühmte Blick auf die Christusstatue Christo Redendor und den Zuckerhut

↑ Auf der Karnevalsparade zeigen die Frauen ihre Tanzkünste und viel Haut

Das Tor nach Ostafrika

Elfenbein, Gold und Stoffe machten Mombasa groß. Später spielte der Sklavenhandel eine führende Rolle. Wie Lamu, Malindi und viele andere Küstensiedlungen zwischen Somalia und Mosambik ist Mombasa eine typische Swahili-Stadt. Ihre islamisch geprägte, afroarabische Kultur entwickelte sich aus den Traditionen bantusprachiger Küstenbewohner sowie eingewanderter omanischer und persischer Händler. Um das Jahr 900 auf einer Korallenhalbinsel direkt an der Küste gegründet, agiert Mombasa seit dem Mittelalter als kosmopolitisches Zentrum im Fernhandel zwischen dem Landesinneren, der Küste und Arabien, mit Indien und China und später auch mit Amerika. Der Fernhandel mit Asien lockte aber auch viele Inder nach Mombasa, und Ende des 16. Jahrhunderts kamen mit den Portugiesen die ersten Europäer in die Stadt. Sie alle haben Mombasa ihren Stempel aufgedrückt. Heute ist Mombasa mit knapp einer Million Einwohnern Kenias zweitgrößte Stadt und der bedeutendste Hafen des Landes.

Nostalgisches Flair verströmen noch heute der Alte Dau-Hafen und der Fischmarkt im Osten der Stadt. Ganz in der Nähe wacht seit 1593 Fort Jesus über den Hafen. Von den Portugiesen aus mächtigen Korallensteinblöcken erbaut, wurde es im Lauf der Jahrhunderte ständig erweitert und verstärkt. In der benachbarten Altstadt stehen viele Häuser mit aufwendigen Schnitzereien im Sansibar-Stil. Bei einem Bummel durch die stimmungsvollen Gassen sieht man zudem Galerien, Werkstätten und bedeutende Bauten aus der Kolonialzeit. Dort und im weiteren Umkreis entdeckt man die verschiedenen religiösen Zentren der multikulturellen Stadt: Basheik-, Bohra- und Mandhry-Moschee, die Anglican und die Holy Ghost Cathedral, die Tempel der indischen Jainisten und Sikhs und den Shri Swaminarayan – einer der ältesten und prächtigsten Hindutempel in Ostafrika.

Ihre bunte Vielfalt zelebriert die quirlige Metropole alljährlich im November beim Mombasa Street Culture Carnival. Alle Communitys und Religionsgemeinschaften der Stadt nehmen teil mit Musik, Tanz, farbenfrohen Kostümen und spektakulären Umzügen in der Moi Avenue. Auch aus anderen Regionen Kenias reisen Musiker und Tänzer an und geben einen Eindruck von der facettenreichen Kultur des gesamten Landes. Ein Höhepunkt im Programm ist die Segelregatta vor der Küste – kein sportlicher Wettkampf könnte besser zu dieser Stadt passen, von der einst arabische Daus, chinesische Schatzschiffe und europäische Galeonen in See stachen.

Die beste Reisezeit

In der Tropenstadt Mombasa klettern die Temperaturen während des ganzen Jahres auf rund 30 °C, direkt am Meer wehen angenehm kühle Brisen. Während der großen Regenzeit im April und Mai ist mit regelmäßigen Niederschlägen zu rechnen. Günstig für Safaris und Tierbeobachtungen sind **Oktober** und **November**, wenn der »Mombasa Carnival« steigt. Am trockensten und heißesten sind Januar und Februar. Dann genießt man am besten die frische Brise beim Wettbewerb »Prosurf Extreme Kitesurf« am Nyali Beach.

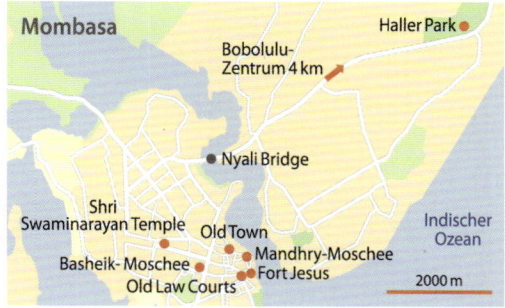

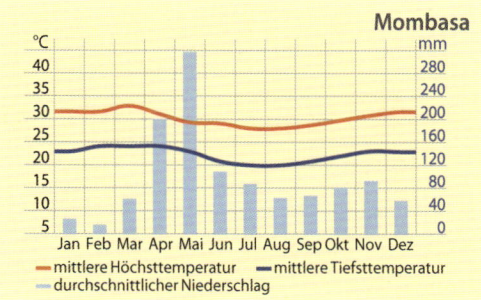

Die Highlights

 Die *Altstadt* mit den zahlreichen historischen Bauten rund um den Government und Treasure Square sowie die Mbarak Hinway und Ndia Kuu Road sollte man auf jeden Fall zu Fuß erkunden.

 Das *Fort Jesus*, 1593 von Portugiesen erbaut, gehört heute zum Welterbe der UNESCO und beherbergt ein Museum.

 Die *Basheik- und die Mandhry-Moschee* aus dem 14. und 16. Jahrhundert sind die ältesten der Stadt. Besonders schön sind ihre schlichten, kegelförmigen Minarette.

 Der hinduistische *Shri-Swaminarayan-Tempel* nahe dem Bahnhof ist sehenswert, er ist opulent gestaltet, prächtig ausgestattet und auch für Nicht-Hinduisten geöffnet.

 Die *Old Law Courts*, beeindruckende Kolonialgebäude, zwischen dem Treasury Square und Fort Jesus gelegen, beherbergen ein Museum der Swahili-Kultur.

 Das *Bobolulu-Zentrum*, wenige Kilometer nördlich der Nyali Bridge, bietet Kunsthandwerk, kulturelle Vorführungen sowie traditionelle Swahili-Küche. Hier arbeiten 150 behinderte Menschen.

 Nahe dem *Bobolulu-Zentrum* sieht man im idyllischen *Haller Park* zahlreiche Wildtiere und man kann Giraffen füttern.

Besondere Tipps

Zum Mitnehmen: Hübsch und praktisch sind die bunten »Kitenge« und »Kanga« genannten Wickeltücher. Textilien kauft man am besten in der Biashara Street beim MacKinnon Market.

Zum Selbermachen: Rund 20 km westlich von Mombasa präsentiert das Ngomongo Village verschiedene kenianische Kulturen. Wer will, kann traditionelle Fertigkeiten erlernen.

Zum Hören: Swahili-Texte, arabische und afrikanische Rhythmen, europäische Instrumente und ein Schuss Bollywood sind die Zutaten für die Taraab-Musik.

Info: www.mombasainfo.com

← Mandhry-Moschee in der Altstadt
← Postkartenmotiv von Shanzu-Strand
← Sonnenstühle ergänzen die Idylle am Strand
↑ Leben in den Straßen der Altstadt

Traumziel Durban 91

Südafrikas indische Millionenstadt

Für alle Südafrika-Kenner zur Beruhigung: Auch in Durban erhält man problemlos Biltong, einen Snack aus getrocknetem rohem Fleisch. Und selbstverständlich hat die Hafenmetropole als bedeutendes Urlaubszentrum am Indischen Ozean noch einiges mehr zu bieten: Hier locken 300 Sonnentage pro Jahr, weiße Sandstrände und tolle Wellen. Das für den Regenbogenstaat typische Miteinander der vielfältigen Unterschiede prägt auch Durban. So steht hier beispielsweise die größte Moschee der südlichen Hemisphäre und ist die Stadt das indische Zentrum im Süden Afrikas. Über ein Viertel der Bevölkerung hat indische Wurzeln. In der Regel sind dies Nachfahren von Arbeitern vom Subkontinent, die auf den hiesigen Zuckerrohrplantagen schufteten.

Es steht natürlich jedem Besucher frei, sich in Durbans Museen auszuleben, schließlich ist die Art Gallery eines der größten Kunstmuseen Südafrikas und das Naturkundemuseum besitzt eine beeindruckende Sammlung. Für die meisten wird sich der Aufenthalt in geschlossenen Räumen jedoch als eine echte Geduldsprobe erweisen, kann man doch in Durban auch surfen, Haie beobachten und vieles mehr unternehmen. Die Ausrüstungen für sämtliche Wassersportarten werden preiswert verliehen. An Durbans schönem, sechs Kilometer langem Sandstrand mit seinen zahlreichen Bars mag man sich vielleicht ein wenig wie auf Mallorca auf hohem Niveau fühlen, doch bieten Sonne und Meer vor den Drakensbergen ein unvergleichliches Erlebnis. Und wer Angst vor Haien hat, findet in Durbans uShaka Marine World eine großartige Alternative: In diesem riesigen Spaßbad gibt es vom Delfinarium über Schwimmbecken mit Palmen und Felslandschaften bis zum Strand, an dem man surfen kann, wirklich alles.

Hat man einmal genug von Sonne, Strand und Badespaß, folgt man am besten den Einheimischen. Ganz oben auf deren Liste der bevorzugten Aufenthaltsorte stehen Restaurants mit vielen Fleischgerichten auf der Karte – und das Casino. Dort kann man noch mit Münzen spielen, deren Klirren schon der halbe Spaß ist, und seinen Gewinn im Kino gleich wieder loswerden. Kultur in Durban? Selbstverständlich! Wunderbare Eindrücke, Ruhe und Authentizität findet man unter anderem im indischen Viertel mit seinem Hindutempel, der Moschee und den bunten, duftenden Gewürzmärkten, im Maritim Museum oder auch im Umgeni-River-Vogelpark. Ende Juli kommen zudem Filmfans beim alljährlichen Durban International Film Festival auf ihre Kosten. Knapp zwei Wochen lang können sie vor allem (süd-)afrikanische, aber auch internationale Filme genießen. Partner der Veranstaltung ist auch das Goethe-Institut, was manchen deutschen Film auf Wüstenleinwände zaubert.

Die beste Reisezeit

Von **Oktober bis März** ist es Sommer auf der Südhalbkugel. In Durban herrscht durch die Meereslage und die angrenzenden Drakensberge aber selten eine staubtrockene Hitze, zudem wehen kühlende Meeresbrisen. Die Temperaturhöchstwerte liegen bei 26 bis 29 °C. Nachts sinkt das Thermometer eigentlich nie unter 20 °C. Kurze Gewitter am Nachmittag sind im Sommer zweimal pro Woche keine Seltenheit. In den kühleren Monaten Mai bis September ist es trockener und die Höchsttemperaturen liegen bei 22 bis 25 °C.

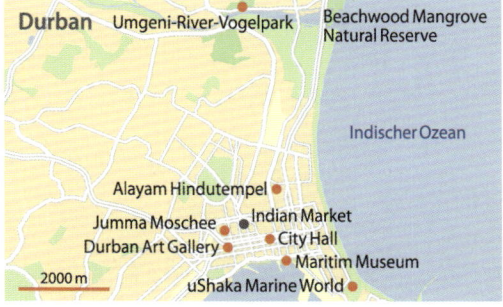

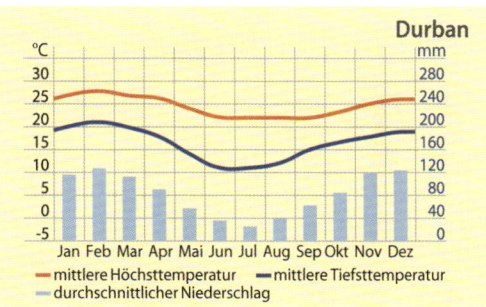

Die Highlights

Alayam-Hindutempel – Der größte Hindutempel in Südafrika wurde 1901 erbaut. Seine Architektur ist viktorianisch und indisch beeinflusst.

Jumma-Moschee – Sie wurde vor 120 Jahren geweiht und gilt als die größte und vor allem prächtigste Moschee südlich des Äquators. Sie verzieren riesige Teppiche und Korantexte an den Wänden.

Durban Art Gallery – Sie bietet einen guten Überblick über die künstlerische Entwicklungsgeschichte Südafrikas.

Natural History Museum – Im Naturkundemuseum im Rathaus sieht man allerlei ausgestopftes Getier aus Wüste und Savanne. Vorbild für das Gebäude war das Rathaus von Belfast.

Umgeni-River-Vogelpark – In dem Vogelpark in einem ehemaligen Steinbruch geht es ziemlich bunt zu. Hier versteht man, warum Vögel zu beobachten in Südafrika so beliebt ist.

uShaka Marine World – Sie ist der größte Themenpark dieser Art auf dem Kontinent. Abendessen neben dem Haibecken oder tauchen an künstlichen Riffen? Alles geht.

Das *Maritim Museum* bietet einen spannenden Einblick in die Seefahrertraditionen Südafrikas.

Besondere Tipps

Für die Sinne: Der Indian Market ist völlig überlaufen, aber ein einmaliges Erlebnis. Tropische Früchte und Gewürze vernebeln die Sinne aufs Angenehmste.

Für Luxusfreunde: Eine Stunde außerhalb von Durban ist das Fairmont Zimbali Lodge Golfresort das luxuriöseste Plätzchen, das man in Südafrika finden kann. Auch wenn man nicht Golf spielt, ein »Muss«.

Für Literaturfreunde: In »Der Junge« beschreibt Literaturnobelpreisträger J. M. Coetzee meisterhaft drei Jahre im Leben eines südafrikanischen Kindes.
Info: www.durban.kzn.org.za

← Blick in den Royal Natal Bay Yacht Club
← Zulu-Tänzer präsentieren ihre Kultur
← Blick in das moderne Moses Mabidha Stadion
↑ Die City Hall wird am Abend schön beleuchtet

Heimat der Superlative

Dubai City wird seit wenigen Jahrzehnten als globale Handelsmetropole aus dem Wüstenboden gestampft. Über 80 Prozent der Bevölkerung stammen nicht aus den Emiraten, sondern sind zum Arbeiten in die Boomtown am Persischen Golf gekommen. Ihnen verdankt Dubai seine Weltläufigkeit, eine Restaurantszene mit Küchen aus aller Welt und Bauprojekte der Superlative. Wie eine silberne Rakete ragt der 828 Meter hohe »Burj Khalifa« in den Himmel über der Wüstenstadt. Vom Aussichtsdeck des höchsten Gebäudes der Welt wirken die über 200 Wolkenkratzer der City wie Spielzeughäuser. Weit reicht der Blick zur Wüste auf der einen und zum Persischen Golf auf der anderen Seite. Dort liegen die Retorteninseln »Palm Islands« und »The World«, die als gigantische Landgewinnungsprojekte weltweit Furore machten. Die »Palm Jumeirah« ist bereits fertiggestellt und dicht mit Prachtvillen bebaut. Ebenfalls auf einer künstlichen Insel vor der Küste steht das Luxushotel »Burj Al Arab« wie ein im Wind geblähtes Segel.

Dubai ist eine durch und durch moderne, multikulturelle Stadt. Wer ein wenig über die Geschichte der Region erfahren möchte, besucht im Al-Fahidi Fort das Dubai Museum mit seiner Ausstellung über das Leben im Emirat vor dem Ölboom. Traditionelles arabisches Flair bietet zudem das historische Bastakiya-Viertel. Von dem alten persischen Quartier kann man mit sogenannten »Abras«, hölzernen Fähren, den Dubai Creek überqueren und so Deira und dessen weitläufige Gold- und Gewürzsouks erreichen. Zurück in die City fährt man mit der vollautomatischen, computergesteuerten Dubai Metro.

Doch nicht nur die City wartet mit Überragendem auf, in allen Bereichen hat das Emirat Superlative zu bieten: Herrliche Strände am Golf von Persien, goldene Dünen in der riesigen Sandwüste Rub al-Khali sowie über 40 Shopping Malls und Souks mit einem überwältigenden Angebot. Ab Mitte Januar wird Dubai seinem Spitznamen »Do buy« noch mehr gerecht als sonst, wenn das alljährliche »Shopping Festival« rund einen Monat lang mit steuerfreien Sonderangeboten lockt. Wer Glück hat, findet hier fantastische Schnäppchen oder gewinnt sogar kiloweise Gold, ein Luxusauto oder einen der vielen anderen hochwertigen Preise, die täglich in Tombolas verlost werden. Dem schnöden Mammon setzt das Festival ein breites Kulturprogramm mit Feuerwerken, Straßenkünstlern, Modenschauen, Tanzveranstaltungen und Konzerten entgegen.

Die Highlights

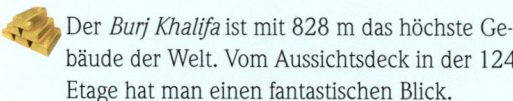
Der *Burj Khalifa* ist mit 828 m das höchste Gebäude der Welt. Vom Aussichtsdeck in der 124. Etage hat man einen fantastischen Blick.

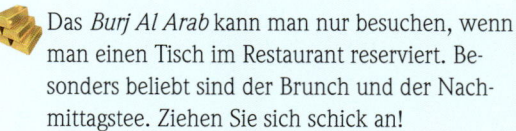
Das *Burj Al Arab* kann man nur besuchen, wenn man einen Tisch im Restaurant reserviert. Besonders beliebt sind der Brunch und der Nachmittagstee. Ziehen Sie sich schick an!

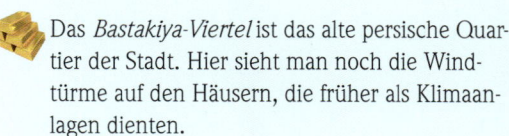
Das *Bastakiya-Viertel* ist das alte persische Quartier der Stadt. Hier sieht man noch die Windtürme auf den Häusern, die früher als Klimaanlagen dienten.

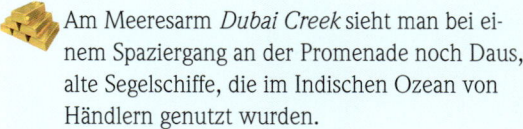
Am Meeresarm *Dubai Creek* sieht man bei einem Spaziergang an der Promenade noch Daus, alte Segelschiffe, die im Indischen Ozean von Händlern genutzt wurden.

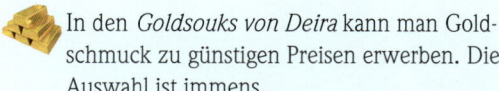
In den *Goldsouks von Deira* kann man Goldschmuck zu günstigen Preisen erwerben. Die Auswahl ist immens.

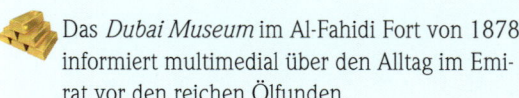
Das *Dubai Museum* im Al-Fahidi Fort von 1878 informiert multimedial über den Alltag im Emirat vor den reichen Ölfunden.

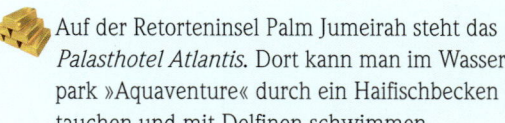
Auf der Retorteninsel Palm Jumeirah steht das *Palasthotel Atlantis*. Dort kann man im Wasserpark »Aquaventure« durch ein Haifischbecken tauchen und mit Delfinen schwimmen.

Die beste Reisezeit

Die beliebteste Reisezeit ist während der »kühleren« **Wintermonate**, wenn die Tagestemperaturen zwischen 25 und 30 °C liegen. November und April eignen sich am besten für einen Badeurlaub. Im Sommer kann das tropisch-feuchte Klima in Dubai mit Temperaturen über 50 °C mörderisch sein, wenn auch ein Urlaub in einer der vielen Luxusherbergen dann eher bezahlbar ist. Am preiswertesten ist Dubai im Fastenmonat Ramadan, das öffentliche Leben ist in dieser Zeit jedoch erheblich eingeschränkt.

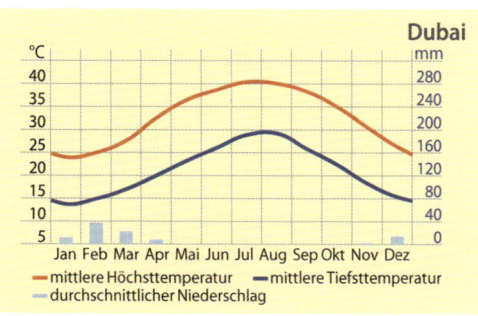

Besondere Tipps

Zum Zusehen: Kamelrennen sind die Leidenschaft der Emiratis und ein sehenswertes und kostenloses Spektakel. Die Rennbahn liegt südlich von Dubai City. Die Rennen finden freitags und samstags statt.

Zum Übernachten: Luxuriös und teuer ist hier fast alles. Das »Al Bustan Rotana« bietet jedoch erstklassiges Niveau zu noch bezahlbaren Preisen.

Zum Lesen: Einen informativen Einstieg in die Kultur der Vereinigten Arabischen Emirate und anderer Golfstaaten bietet »Golfstaaten – ein Reiselesebuch« von Reinhard Laszig.

Info: www.dubai.de

← Von der Aussichtsplattform auf dem Burj Khalifa
← Dubai hat auch eine Piste: Indoor Skihalle
← Luxus pur im Arabischen Hof in der Dubai Mall
↑ Die Spitze des 828-Meter hohen Burj Khalifa

Ferrari, Kunst und Co. – Bauen für die Zukunft

Dort, wo es 1960 noch keine Elektrizität gab, steht heute die strahlende Skyline der »Corniche«, ein kilometerlanges, gesichtsloses Wolkenkraterpanorama. Die aus dem Mangrovensumpf gestampfte Millionenmetropole verdankt dem reichlich sprudelnden Öl ihre Entstehung, und die Planungen der Scheichs reichen bis ins Jahr 2030.

Gigantomanisches Highlight ist dabei »Abu Dhabi Art«. Was zunächst nur wie eine x-beliebige Ausstellung klingt, ist eine einzigartige Vision. Schon auf der Expo 2010 in Shanghai wurde dieser erste Baustein eines riesigen Kunstplans vorgestellt. Seit November 2011 präsentiert sich der Masterplan im imposanten UAE Pavillon (Foster + Partners), der nun Seite an Seite zum Manarat Al Saadiyat Kunstzentrum auf Saadiyat Island vor den Toren der Stadt platziert wurde, dort, wo auch Abu Dhabis Großprojekte künftig umgesetzt werden.

Das größte Projekt dabei ist eine komplett neue Stadt samt Museen von Weltrang. Saadiyat Island, Insel des Glücks – so die Übersetzung – heißt die City-Insel für einmal rund 150 000 Menschen. Was momentan noch ein Stück Wüste mit ein paar Baukränen, knapp einen Kilometer Luftlinie vor Abu-Dhabi-Stadt im Meer, ist, wird bis 2020 eine Stadt mit Marina, einem neun Kilometer langen Beach District, Parks, Hotels und die Heimat von Ablegern des Louvre und des Guggenheim Museums sein. Während sich Louvre 2.0 äußerlich wie ein gerade eben gelandetes, silbernes UFO geben wird, im Inneren jedoch wie Oasenhäuser konzipiert ist, sieht Frank Gehrys Projekt mit dem weltweit größten Guggenheim Museum aus, als ob der Spielzeughaufen eines Riesen nicht aufgeräumt wurde. »Ein Design, das in den USA oder Europa nicht möglich gewesen wäre«, so Gehry. Bis 2014 soll der Cultural District mit dem dritten, dem Zayed National Museum für arabische Kultur fertiggestellt sein. 2018 kommt noch das Performing Arts Centre mit fünf Theatern für insgesamt 5000 Gäste dazu.

Auf Yas Island, eine der größten natürlichen Inseln mit 30 Kilometern Küste und nur 15 Minuten vom Flughafen entfernt, wurde hingegen die Formel-1-Rennstrecke gebaut, an der Scheich Khalifa keinen Ehrenplatz, sondern einen eigenen Zuschauerturm hat. Gleich nebenan lockt die ausgefallene Architektur der Ferrari World. Für alle, von jung bis alt, ist dagegen der jährlich zelebrierte Nationalfeiertag am 2. Dezember ein Vergnügen. So ausgelassen feiern sieht man Abu Dhabi sonst das ganze Jahr über nicht …

Die Highlights

 Die *Corniche* ist Strand, Boulevard und Hauptverkehrsader in einem. Ideal zum Spazierengehen, zum Baden und für den allabendlichen Sonnenuntergang.

 Im *Heritage Village* geht's zurück in die guten alten Beduinen-Zeiten. So sah die Hauptstadt noch vor 50 Jahren aus.

 Das *Kempinski Emirates Palace* ist nicht nur das beste Hotel der Stadt und eines der besten Häuser weltweit, es hat auch noch den schönsten Strand von Abu Dhabi.

 Der Skulpturenpark am *Al Ittihad* Square ist ein Blickfang erster Güte. Am schönsten ist die überdimensionale Kaffeekanne zur blauen Stunde.

 Absolut spektakulär ist die große *Scheich-Zayed-Moschee* aus schneeweißem Marmor mit 100 m hohen Minaretten sowie 70-m-Kuppeln.

 Das *Manarat Al Saadiyat*, das Ausstellungszentrum auf Saadiyat Island, lohnt schon jetzt mit den interaktiv präsentierten Modellen der Museen der Stadt der Zukunft.

 Auf der offiziellen *Formel-1-Strecke* auf Yas Island kann man 30 Minuten Aston Martin fahren (für etwa 160 Euro) oder immer am Dienstagabend dort joggen oder Fahrrad fahren – dies sogar umsonst.

Die beste Reisezeit

Saison ist im **Winter** mit angenehmen Temperaturen, niedriger Luftfeuchtigkeit und täglich fast neun Stunden Sonnenschein. Nachteilig sind die satten Preise, etwas billiger wird es im Frühjahr und Herbst. Den Sommer nennt der Hotel-Slang »Krokodil-Saison«, weil alle Gäste nur müde am oder im Pool liegen. Die Temperaturen liegen tagsüber immer um 40 °C, häufig sogar um 50 °C! Zu meiden sind die (variierenden) Zeiten zu Ramadan und Hadsch, die Pilgersaison, wenn das öffentliche Leben praktisch lahm liegt.

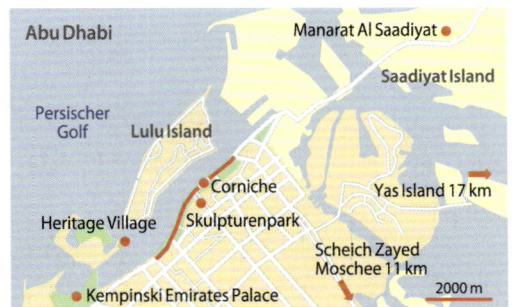

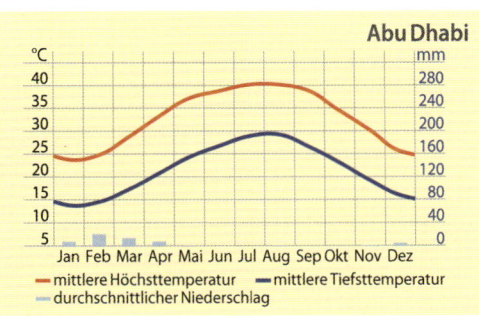

Besondere Tipps

Zum Übernachten: Der neue 160 m hohe Capital Gate Tower neigt sich um 18° und ist damit neuerdings der schiefste Turm der Welt. Zimmerreservierungen darin nimmt das »Hyatt« entgegen.

Zum Essen: Ein sehr einfaches Lokal wie das »Jaffery« bietet authentisches und leckeres indisches Essen für 6 Euro zu zweit (gegenüber Etisalat Tower).

Zum Erleben: Die Scheich-Zayed-Moschee darf von Nicht-Moslems besucht werden. Alle Frauen müssen Abbaya tragen (die schwarze Ganzkörper-Verhüllung gibt's kostenfrei).

Info: www.visitabudhabi.ae

← Blick auf die Sheikh Zayed Moschee am Abend
← Von der Promenade liegt die Skyline gegenüber
← Im arabischen Stil: das Emirates Palace Hotel
↑ Das Yas Hotel ist in die Formel-1-Strecke integriert

Rotes Fort und Tagestour zum Taj Mahal

Wieso wird Delhi, eines der ältesten Zentren in Indien, meist Neu-Delhi genannt? In den 20er-Jahren entstand außerhalb der alten Stadt das neue Delhi, das heute gleichbedeutend benutzt wird als Sitz der indischen Regierung. Beide sind Teil des Nationalen Hauptstadt-Territoriums, in dem sich insgesamt 16 Millionen Menschen drängen. Umso wichtiger sind Freiräume, vor allem die Parks und Gärten. Die Lodi Gardens stellen mit ihren pompösen Herrscher-Mausoleen aus dem 15. und 16. Jahrhundert ebenso eine Touristenattraktion dar wie der Garden of Five Senses, der getreu seinem Namen angelegt wurde, um alle fünf Sinne anzusprechen. Auch die

Mughal Gardens finden sich auf vielen Reiserouten – die Mogul-Kaiser waren berühmt für ihre Gartenanlagen, der bekannteste Park befindet sich am Taj Mahal im – nach indischen Maßstäben – nahen Agra (253 km).

Agra ist zwar eine gesichtslose Millionenstadt, zählt aber wegen des Taj-Mahal-Mausoleums zu den meistbesuchten Zielen Indiens. Von Delhi aus werden Tagestouren mit – je nach Preis – mehr oder minder komfortablen Bussen angeboten. Wer das Taj Mahal nicht zu Sonnenaufgang und -untergang oder gar im Mondlicht sehen möchte, liegt mit einer Tagesfahrt richtig. Agra und Delhi sind zwei Eckpunkte des touristischen »Goldenen Dreiecks«. Der dritte ist Jaipur im weithin wüstenartigen Bundesstaat Rajastan – sicherlich auch ein Höhepunkt aller Indienreisen, aber zu weit für einen Tagestrip. Doch es mangelt auch in Delhi nicht an weniger bekannten, doch sehenswerten Zielen, etwa der Akshardham-Tempel, das weltweit größte Hindu-Gotteshaus.

Apropos: Wer Mitte Januar in die Stadt kommt, kann zwei an Fotomotiven gesegnete Feste erleben: Am 13. und 14. Januar feiert die Hindu-Gemeinde das Ende des Winters, »Lohri«. Wie auch in anderen Kulturen werden dann Freudenfeuer entzündet, typisch für Delhi sind aber die Lieder und Tänze sowie die Opfergaben für das Feuer, oft Erdnüsse oder Popcorn. Am Tag darauf folgt mit »Makar Sankranti« das Erntefest. Da gibt es wieder Süßigkeiten, diesmal allerdings nicht fürs Feuer, sondern für die Kinder. Ihrem Spaß dient auch das traditionelle Drachenfliegen überall, wo es möglich ist in der Elf-Millionen-Stadt.

Die Highlights

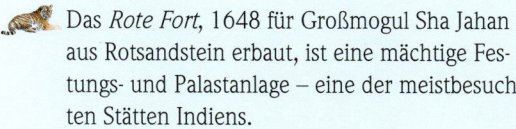 Das *Rote Fort*, 1648 für Großmogul Sha Jahan aus Rotsandstein erbaut, ist eine mächtige Festungs- und Palastanlage – eine der meistbesuchten Stätten Indiens.

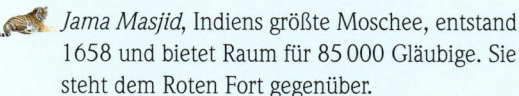 *Jama Masjid*, Indiens größte Moschee, entstand 1658 und bietet Raum für 85 000 Gläubige. Sie steht dem Roten Fort gegenüber.

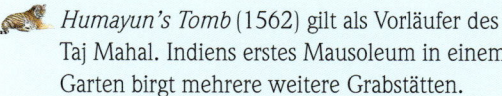 *Humayun's Tomb* (1562) gilt als Vorläufer des Taj Mahal. Indiens erstes Mausoleum in einem Garten birgt mehrere weitere Grabstätten.

Qutab Minar (1206) gilt mit 72,5 m als höchstes Minarett Indiens, kann aber nicht mehr bestiegen werden. Im Gelände befinden sich weitere historische Zeugnisse.

Das *India Gate* ist ein Nationalmonument für den »Unbekannten Soldaten«. Das 42 m hohe Tor dient vor allem abends als beliebter Treffpunkt.

Gandhi Smriti, Gandhis letztes Wohnhaus, ist heute ein Museum. An der Stelle, an der er 1948 im Garten ermordet wurde, steht ein Denkmal.

Der *Lotus-Tempel* der Bahai-Religion hat die Form einer riesigen Lotosblüte. Seit Eröffnung 1986 hatte der berühmte Bau weit mehr als 50 Millionen Besucher.

Die beste Reisezeit

Anfang März wechselt in Indien der Wind von Nordwest auf Südwest und bringt Hitzewellen aus der Wüste von Rajastan. Mai und Juni haben dann Temperaturen um 40 °C. Ende Juni bringt der Monsun etwas Abkühlung, aber auch eine höhere Luftfeuchtigkeit. Daher ist der milde Winter von **November bis Februar** die beste Reisezeit: Die Temperaturen liegen meist um 15 bis 20 °C, können aber auch mal auf 8 °C fallen. Die Wintermonate sind auch die trockensten, mit Regen muss man im Juli und August rechnen.

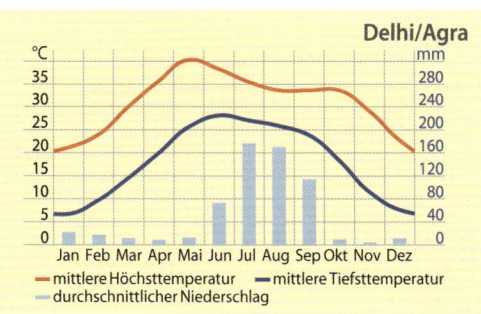

Besondere Tipps

Zum Einkaufen: Chandni Chowk, die Hauptstraße der Altstadt, ist zugleich der bekannteste Markt in Delhi: leicht chaotisch und faszinierend inklusive Garküchen.

Zum Bestaunen: Das Taj Mahal in Agra, mit weißem Marmor das wohl schönste Mausoleum der Welt, war etwa 1653 fertiggestellt. Sha Jahan ließ es für seine Frau errichten, auch er wurde dort später beigesetzt.

Zum Beobachten: Das Charity Bird Hospital behandelt Vögel aller Art nach Verletzungen. Geheilte Tiere erhalten später ihre Freiheit zurück. Viele bleiben aber in Kliniknähe, weil sie dort gut gefüttert wurden.

Info: www.delhitourism.com

← Die Jama-Majid-Moschee ist die größte Indiens
← Im Roten Fort leuchtete einst der Kohinoor
← Blick auf das Jantar Mantar Observatorium
↑ Schlangenbeschwörer in den Straßen von Delhi

Schmucke Bauten aus kolonialen Tagen

Wirklich ein Erfolg war die Verlagerung der Hauptstadt von Colombo ins benachbarte Sri Jayawardenapura Kotte nicht: Präsident, Premierminister und nicht ganz unwichtige Ministerien wie Finanzen, Außenpolitik und Verteidigung residieren auch drei Jahrzehnte nach dem Wechsel noch in Colombo, von den Botschaften ganz zu schweigen. Wer möchte schon seiner Regierung daheim die Adresse Sri Jayawardenapura Kotte buchstabieren? Dass Colombo auch Sri Lankas Wirtschaftszentrum ist, demonstrieren nicht zuletzt die Zwillingstürme des 1998 eröffneten World Trade Center, das die Silhouette der Stadt prägt. Die 152 Meter hohen Bürotürme erinnern selbstverständlich an ihre von Terroristen zerstörten großen Vorbilder in New York. Aber attraktiver als diese Riesen ist ohnehin ein Gigant von einst: Seefahrer, die früher Colombo ansteuerten, hielten Ausschau nach der auffälligen Jami-Ul-Alfar-Moschee, Wahrzeichen und Navigationspunkt zugleich. Für viele Touristen ist das Gotteshaus noch heute ein wichtiger Orientierungspunkt in dieser quirligen Stadt, dem Zentrum einer Region mit sechs Millionen Einwohnern.

Colombo präsentiert seine touristischen Reize nicht auf den ersten Blick. Seine Attraktionen sind vornehmlich Zeugnisse aus kolonialen Zeiten. Damals war der Hafen ein Schnittpunkt auf den Handelsrouten zwischen der Alten Welt und Südostasien mit seinen Reichtum verheißenden Gewürzen. Der Umschlagplatz war schon Griechen und Römern bekannt, aber erst die Portugiesen gründeten 1517 einen Handelsposten. 1639 wurden sie von den Niederländern verdrängt, die ihrerseits 1796 den Briten weichen mussten. 1819 etablierte London die Kronkolonie Ceylon mit Colombo als Hauptstadt – bis zur Unabhängigkeit 1948. Von der portugiesischen Periode sind nur noch Fragmente wie Stadtmauerreste erhalten, aus der niederländischen Epoche blieb allerdings einiges erhalten, darunter die Wolvendaal-Kirche von 1749. Im Fort-Viertel, einst Festung, heute Colombos wirtschaftliches Zentrum, stehen noch einige repräsentative britische Kolonialbauten. Besonders fotogen ist das weiße Rathaus von 1924, das an das Capitol in der US-Hauptstadt Washington erinnert. So schön wie seine kolonialen Bauten, so spektakulär ist im Januar/Februar Colombos prächtigstes Fest: die Navam Perahera des Gangaramaya-Tempels. An diesem Umzug nehmen bis zu hundert geschmückte Elefanten teil; einer der Dickhäuter ist in ein weißes Tuch gewandet und trägt einen heiligen Schrein. Folkloristische Tanz- und Musikgruppen begleiten das abendliche Schauspiel, zu dem Buddhisten von weither kommen.

Die beste Reisezeit

Wie viele Hauptstädte der Region liegt auch Colombo in der Zone des tropischen Regenwaldklimas. Die Temperaturen liegen somit ganzjährig etwa zwischen 25 und 30 °C, im Januar und Februar können sie ab und an auf 22 °C fallen. Für größere Unterschiede sorgen allerdings die Monsunperioden mit starken Regenfällen von Mai bis August und von Oktober bis Januar. Die trockensten Monate sind **Januar** und **Februar**. Um Weihnachten und Neujahr findet man im Gegensatz zur Küste in Colombo preiswerte Hotels.

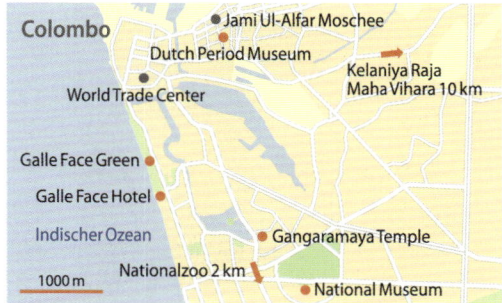

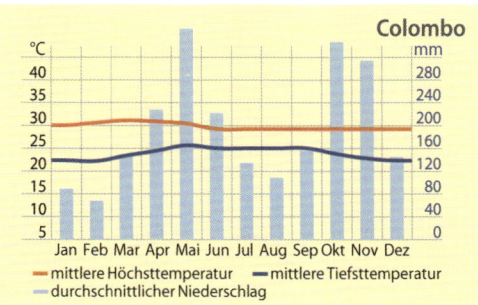

Die Highlights

 Kelaniya Raja Maha Vihara – Sri Lankas bedeutendster buddhistischer Tempel liegt etwa 10 km außerhalb von Colombo. Buddha selbst soll ihn besucht haben.

 Dutch Period Museum – Es zeigt in einem geschichtsträchtigen holländischen Haus Exponate aus der niederländischen Kolonialzeit (1640 bis 1796).

 Nationalzoo (Dehiwala Zoo) – Der Zoo wurde von John Hagenbeck gegründet und ist unter anderem für den täglichen »Elefantentanz« bekannt.

 Gangaramaya-Tempel – Der bedeutende buddhistische Tempel ist das Zentrum der jährlichen Navam Perahera und unterhält ein kleines Museum.

 National Museum – Es präsentiert die größte historische Sammlung in Sri Lanka, darunter alte Texte auf Palmblättern, und sonntags gibt es Puppenspiel für Kinder.

 Galle Face Green – An der langen Rasenfläche am Indischen Ozean flanieren und picknicken Einheimische und Touristen. Das Galle Face Hotel ist ideal, um bei einem Gin Tonic den Sonnenuntergang zu bewundern.

 Sea Street – Die Straße im Basarviertel Pettah säumen Juwelier- und Goldschmiedeläden sowie die beeindruckenden hinduistischen Kathiresan-Tempel.

Besondere Tipps:

Für Schwimmer: Mount Lavinia Beach bietet die beste Bademöglichkeit nahe der Stadt und eine gute Infrastruktur mit Pool, Restaurants und Läden.

Für Elefantenfreunde: 170 km südöstlich von Colombo werden im Uda Walawe Elephant Transit Home verwaiste Elefantenkinder aufgezogen und später in die Wildnis entlassen.

Für Touristen: Bei der jährlichen »Lanka Challenge«, einer zehntägigen Wohltätigkeitstour, sind Teams in Tuk-Tuks (Motorrikschas) und meist in weniger bekannten Gebieten unterwegs.

Info: www.tourism-srilanka.com

← Außenansicht der Devatagaha-Moschee
← Größter Hindutempel: Sri-Siva-Subramaniya-Tempel
← Bunt geschmückte Elefanten gehören ins Stadtbild
↑ Frauen entzünden Lampen im Gangaramaya-Tempel

Jahreswechsel mit Pomp und Pho

»Onkel Ho« nannten schon Zeitgenossen den Feldherren Ho Chi Minh, der die Weltmacht USA im Vietnamkrieg besiegte. Dem Machtpolitiker war es recht, er gab sich gerne als Mann des Volkes. Der Beiname blieb über den Tod hinaus, und auch die Statue des Strategen vor dem Rathaus von Ho Chi Minh City – zuvor Saigon – wird so genannt. Dem neuen Namenspaten der Sieben-Millionen-Metropole ist in der Stadt seines größten Triumphes aber auch ein eigenes Museum gewidmet. Zumindest als Besucher hat man dennoch den Eindruck, der Sozialismus habe in Vietnams größter Stadt nie richtig Fuß gefasst. Das zeigt sich beispielsweise beim Shopping auf der Don Khoi Street, wo nicht nur Touristen die stattlichen Preise für feine Seidenwaren hinblättern. Und im Majestic Hotel, ein beliebter Treff wegen seiner Dachgarten-Bar, lässt sich

die Linie des Kapitalismus sogar zurückverfolgen bis in die Tage des französischen Kolonialismus. Und auch das religiöse Leben läuft wie einst, wie Touristen unter anderem im nationalen Ahnentempel, Quoc To, feststellen können. Am muntersten mischen sich Saigoner (der alte Name lebt vielfach fort) und Besucher auf dem großen Ben-Thanh-Markt, wo die Fremden vornehmlich vietnamesisches Kunsthandwerk und Souvenirs suchen – und meist auch finden.

Dabei stellen viele Fremde fest, dass Vietnam und der große Nachbar China kulturell viel gemeinsam haben. Das gilt auch für das wichtigste Fest des Jahres, das Neujahrsfest im Januar/Februar. »Têt«, kurz für Têt Nguyên dán (»erster Tag«), nennen die Vietnamesen das große Fest. Eine Woche lang wird es im ganzen Land gefeiert, aber nirgendwo mit so viel Pomp und Feuerwerk wie in Ho Chi Minh City. Wer erwartet, an diesen Feiertagen ebbe der für Ho Chi Minh City typische Strom unzähliger Mopeds etwas ab, wird feststellen: Es scheinen noch mehr Menschen unterwegs zu sein als sonst, und gerne wieder mit der ganzen vierköpfigen Familie auf einem Moped. Alle sind unterwegs zu Verwandten und Freunden, denn zum Jahresbeginn gilt es, alle noch offenstehenden Rechnungen (auch im übertragenen Sinn) auszugleichen. Und dann wird natürlich üppig getafelt, gilt doch Saigon, das »Paris des Ostens«, als Feinschmecker-Metropole. Und wer als Gast aus der Ferne auf den Geschmack gekommen ist, kann auch in einem Halbtageskurs die Grundlagen der vietnamesischen Küche erlernen. Für Pho, die allgegenwärtige Nudelsuppe, reicht es danach allemal.

Die beste Reisezeit

Januar und **Februar** sind nicht nur wegen des Tet-Festes die beste Jahreszeit für einen Besuch in Ho Chi Minh City. Dann sind zwar die Hotels ziemlich voll, aber zugleich auch die Temperaturen etwas niedriger (wiewohl immer noch tropisch zwischen 25 und 30 °C). Die hohe Luftfeuchtigkeit, die Europäern besonders zu schaffen macht, lässt dann ebenfalls nach. Die ersten drei Monate des Jahres verzeichnen auch die wenigsten Regenfälle, während in der Zeit von Juni bis September die Stadt manchmal wie geflutet wirkt.

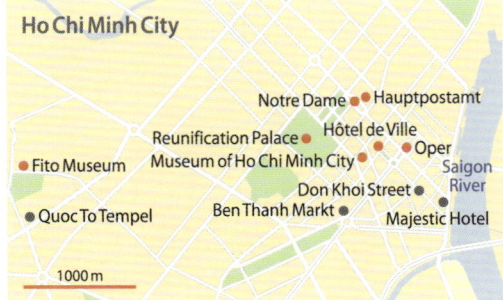

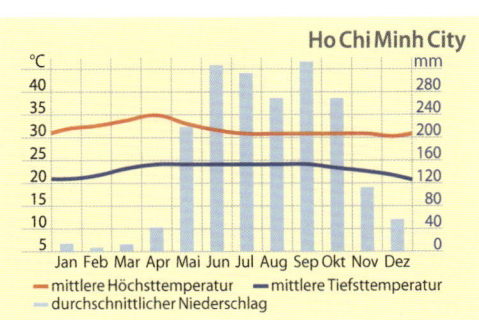

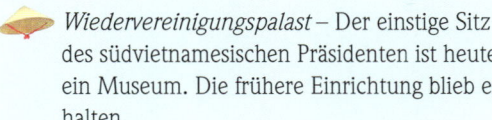
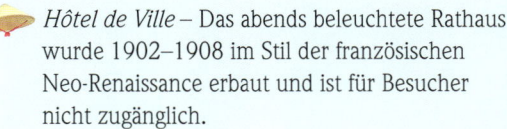

Die Highlights

Wiedervereinigungspalast – Der einstige Sitz des südvietnamesischen Präsidenten ist heute ein Museum. Die frühere Einrichtung blieb erhalten.

Hôtel de Ville – Das abends beleuchtete Rathaus wurde 1902–1908 im Stil der französischen Neo-Renaissance erbaut und ist für Besucher nicht zugänglich.

Oper von Saigon – Die Oper wurde 1897–1900 für die koloniale Oberschicht erbaut. Die Fassade zeigt den damals in Frankreich beliebten opulenten Stil.

Kathedrale Notre Dame – Die Kathedrale wurde 1880 eingeweiht, ihre roten Ziegel stammen aus Marseille. Ihren heutigen Namen erhielt die Kirche erst 1959.

Hauptpostamt – In der Haupthalle des eleganten Bauwerks (1891) von Gustave Eiffel dominiert ein überlebensgroßes Porträt von Ho Chi Minh.

Revolutionsmuseum von Ho Chi Minh City – Das Museum residiert in einem neoklassizistischen Prachtbau für französische Offiziere und letztem Sitz des 1963 ermordeten Präsidenten Diêm. Es widmet sich der Geschichte der Stadt.

Fito Museum – Die Exponate der weniger bekannten Sammlung zur traditionellen vietnamesischen Medizin reichen zurück bis in die Steinzeit.

Besondere Tipps

Zur Unterhaltung: Das Wasserpuppenspiel ist seit dem 11. Jahrhundert Tradition. Die Marionetten scheinen in einem Becken auf dem Wasser zu wandeln.

Zur Zeitgeschichte: Am Stadtrand ist das 120 km lange Cù-Chi-Tunnelsystem der Vietcong Teil einer Gedenkstätte des Vietnamkriegs. Ein kurzer, vergrößerter Tunnel ist begehbar.

Zum Erkunden: Das weite Mekongdelta ist mit seinen Wasserarmen und Kanälen ideal für Bootsfahrten. Zu den ein- bis dreitägigen Touren gehören oft Folkloreprogramme.

Info: www.vietnamtourism.com

← Das Rathaus mit der Ho-Chi-Minh-Statue im Vordergrund ist bei Nacht hell erleuchtet

↑ Menschen laufen ausgelassen beim Drachentanz während des Tet-Fest bei Nacht

Traumziel Hongkong 97

8 Millionen Menschen mit Konfuzius im Herzen

Hongkong ist eine unglaublich spannende Mischung aus chinesischer Tradition und westlich geprägter Businessorientierung. Steigt man aus seinen edlen Hotels herab und besucht den Bird Market auf der Prince Edward Road, stellt sich unweigerlich das Gefühl ein, in einem »Dr. Fu Man Chu«-Film gelandet zu sein.

Manch Briten schmerzt es noch heute, dass die ehemalige britische Kronkolonie heute wieder Teil Chinas ist, doch die mehr als 8 Millionen Menschen in Hongkong stört das wenig. Sie sind statt mit »business as usual« mit »business as possible« beschäftigt. Platz ist hier kostbar. Über Jahre hinweg bezeugte der Anflug auf den Flughafen Kowloon diese Enge. Menschen schienen unten einem zum Greifen nah, die Dachziegel waren verdächtig gut zu erkennen. Inzwischen liegt der neue internationale Airport außerhalb. Platzmangel ist auch ein

Grund, dass man gegen eine kleine Übernachtungsgebühr im Luxushotel »Ritz-Carlton« beispielsweise im 118. Stock schlafen oder in der »O-Zone« einen Drink nehmen kann (auf 467 m Höhe). Landestypische Lokale oder chinesische Fastfoodketten bieten sehr gute Qualität zu fairen Preisen, auch wenn die vielen farbigen Hühnerfüße zunächst ungewohnt anmuten.

Hongkong ist faszinierend, pulsiert und lädt die Gäste ein, mitzutun. Aber nur einen kurzen Boottrip entfernt liegt ja Macao, und diese ehemals portugiesische Insel bietet deutlich mehr Grün, Ruhe und Erholung. Eine gute Alternative ist auch eine Wanderung: Will man den traumschönen Strand bei »Sai Kung« erleben, bleibt einem der Fußweg nicht erspart. Überhaupt ist Hongkong ein Wanderparadies. Auch auf den vorgelagerten Inseln Lantau, Lamma Island und Cheung Chau gibt es zahlreiche Wanderwege.

Was Museen angeht, sollte man sich außer im Science Museum, das mit der Qualität des Deutschen Museums in München durchaus mithalten kann, lieber auf andere Angebote Hongkongs konzentrieren. Die Shoppingcenter sind unbedingt sehenswert, vor allem das Wan Chai Computer Center. Dort gibt es die neuesten Gimmicks oft deutlich früher als bei uns.

Wer im Juni in der Stadt ist, erlebt das Drachenbootfest. Das Rennen ist der Höhepunkt des Tuen-Ng-Festivals, das dem Tod des chinesischen Nationalhelden Qu Yuan gedenkt. Dieser hat sich vor über 2000 Jahren im Mi-Lo-Fluss ertränkt, um gegen die korrupten Machthaber zu protestieren. Die Boote bieten bis zu 22 Kraftprotzen Platz.

Die beste Reisezeit

Hongkong hat ein mildes, subtropisches Klima. Die besten Reisemonate sind **November** und **Dezember** oder **Februar** und **März**. In diesen Monaten liegen die Temperaturen bei 20 bis 25 °C und es regnet nur selten. Im Sommer wird es sehr warm (30 °C), vor allem wird die Luft sehr feucht und es regnet häufig. Außerdem ist der Sommer Taifunzeit, was plötzliche Wolkenbrüche bedeutet. Im Winter sinken die Temperaturen auf 16 bis 18 °C. Im Allgemeinen sind die Wintermonate in Hongkong am trockensten.

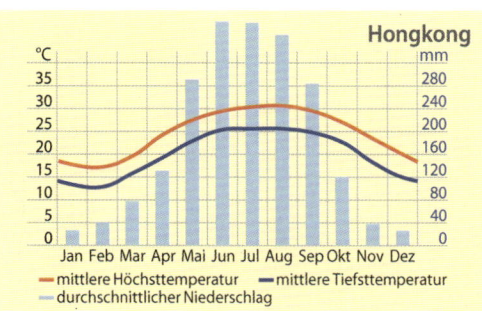

Die Highlights

 The Peak ist mit 552 m der höchste Berg der Insel Hong Kong mit einem atemberaubenden Blick über den Hafen.

 Der *Riesenbuddha im Po-Lin-Kloster* auf Lantau wurde erst 1993 fertiggestellt und benötigte 12 Jahre Arbeit. Er wacht auf dem Ngong Ping Plateau über die beeindruckende Landschaft auf Lantau.

 Lan Kwai Fong and Soho ist der angesagteste Bezirk für Clubs, Bars und Restaurants. Beginnend auf einer altmodisch gepflasterten Straße reihen sich hippe Lokale aneinander.

 Happy Valley Racecourse ist heute ein »Must go« für die Bewohner Hongkongs. 1846 gegründet, gibt es seit 1973 auch ein Nachtrennen.

 Repulse Bay ist definitiv einer der schönsten Strände in Hongkong für Einheimische und Touristen. Wunderbarer Sand, Sonnenschein und umsäumt von prachtvollen Kolonialbauten.

 Stanley Market ist der perfekte Ort, um die Daheimgebliebenen mit Geschenken zu versorgen. Im restaurierten »Murray House« kann man ideal seinen Hunger stillen.

 Science Museum – Ein echter Hammer für Fans der verständlich gemachten Wissenschaft. Da kann man drehen, drücken, ziehen, und es passiert ständig etwas.

Besondere Tipps

Für Feierwütige: Zum Gedenken an den Nationalhelden Qu Yuan findet im Juni das Drachenbootfest statt. Die über 10 m langen Boote zieren bemalte, geschnitzte Drachenköpfe und -schwänze.

Für Luxusliebende: »Ritz-Carlton« – mit fast 500 m das höchste Hotel der Welt. Die Dachterrasse des Restaurants »Ozone« in der 118. Etage bietet einen atemberaubenden Blick.

Für die Augen: In »Chinese Ghost Story« sind Motive einer alten chinesischen Geistergeschichte genial umgesetzt.

Info: www.discoverhongkong.com

← Blick auf das Panorama von Hafen und Stadt
← Ein Wahrsager auf der Temple Street liest aus der Hand
← Leuchtreklamen in Kowloon
↑ Dim Sum im Restaurant Red Dragon

Hindu-Tempel im Konsumtempel

»Kej-El«, geschrieben KL, nennen Einheimische und Weltenbummler die malaysische Metropole. Klingt auch besser als »Schlammige Mündung«, so die wörtliche Übersetzung von Kuala Lumpur. Malaysias Hauptstadt hat in den letzten Jahrzehnten eine rapide Entwicklung genommen, deshalb wurde ein Großteil der Bundesregierung in das 25 Kilometer entfernte Putrajaya ausgelagert. In der City schießen die Wolkenkratzer in die Höhe: Die 452 Meter hohen Petronas Twin Towers galten bis 2004 als höchstes Gebäude der Welt, sie sind ein Wahrzeichen Malaysias. 1998 eröffnete der neue Flughafen, einer der größten in Asien; 1999 startete das erste Grand-Prix-Autorennen auf dem neuen Sepang-Rennkurs – einige der Ereignisse, die Kuala Lumpur weltweit Schlagzeilen sicherten und immer noch sichern. Umso erstaunlicher, dass sich direkt bei den Hochhäusern der Stadtteil Kampung Baru erhalten hat, der mit seinen kleinen Häusern

an das traditionelle malaiische Dorfleben erinnert. Angeblich sollen Baulöwen dort für Grundstücke Millionenbeträge geboten und die Bewohner darauf verzichtet haben, um ihren Lebensstil zu erhalten. Der rund hundert Jahre alte, reich dekorierte Hindu-Tempel Sri Maha Sakthi Mohambigai Amman präsentiert sich hingegen ganz anders: Er wurde in eines der größten Einkaufszentren Malaysias integriert. Im Inneren des Tempels wächst ein mächtiger Bodhi-Baum – unter einer solchen Pappelfeige erlebte Buddha seine Erleuchtung, deshalb befindet sich auch eine Statue des meditierenden Buddha bei dem Baum.

Neben den modernen Errungenschaften schreiben auch immer wieder Fotos der unglaublichen Selbstkasteiungen anlässlich des hinduistischen Thaipusam-Festes weltweit Schlagzeilen. Nirgendwo wird es so exzessiv wie in Kuala Lumpur gefeiert. Drei Tage im Januar oder Februar dauern die Feierlichkeiten, einschließlich der Prozessionen vom Sri-Maha-Mariamman-Tempel zu den Batu-Höhlen und auf den dortigen Pilgerwegen. Während des Thaipusam sieht man Hindus, die sich Speere durch die Wangen getrieben haben; Männer an Ketten, die mit Haken im bloßen Rücken stecken, und an denen sie sich vorwärts zerren lassen, Bußfertige, die schwere, ebenfalls am Körper befestigte Eisenkonstruktionen die knapp 300 Stufen zu den Batu-Höhlen hinaufschleppen. Viele sind in Trance, erst am letzten Tag ziehen ihnen Priester die Speere und Haken aus den Körpern und reiben Asche in die Wunden. Für Besucher aus dem Westen immer noch ein Mysterium: Bei den Gläubigen fließt weder Blut noch bleiben ihnen Narben.

Die beste Reisezeit

Kuala Lumpur liegt in der tropischen Regenwaldzone des Äquatorialgürtels. In der Stadt merkt man das vor allem an Temperaturen zwischen 25 und 30 °C. Zudem fallen mindestens 2600 mm Regen pro Jahr, häufig kübelweise. Der Regen macht aus Straßen Wasserwege und hinterlässt eine dampfende Stadt. Besonders feucht präsentiert sich der Nordost-Monsun von Oktober bis März, etwas trockener sind *Juni* und *Juli*. Viel unangenehmer ist der Dunst, der nach (oft illegalen) Urwald-Rodungen auf die Lungen drückt.

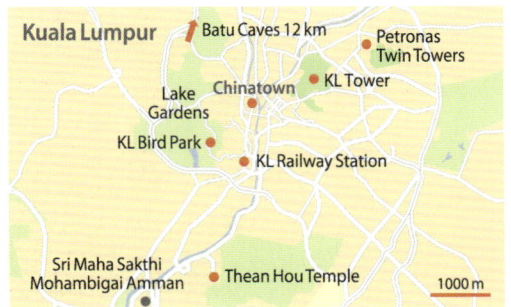

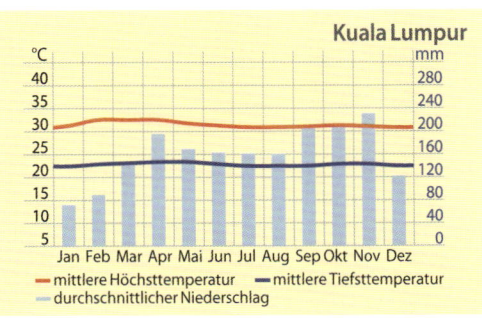

Die Highlights

 Petronas Twin Towers – In den 452 m hohen Türmen befinden sich Büros, Läden, ein Naturkundemuseum und ein Konzertsaal. Die »Skybridge« zwischen den Türmen in 172 m Höhe ist Besuchern zugänglich.

 KL Tower – Der 421 m hohe Turm bietet eine Besucherplattform auf 276 m Höhe sowie ein Drehrestaurant mit Panoramablick.

 Chinatown – In dem Viertel rund um die autofreie Petaling Street kann man alles, vor allem Imitationen, billig erstehen. Dazu muss man aber handeln.

 KL Railway Station – Der Bahnhof von 1886 fasziniert dank seiner orientalischen Architektur. Er dient heute als Kulturzentrum und kleines Bahnmuseum.

 Thean-Hou-Tempel – Der Tempel ist der »Himmlischen Mutter«, Tianhou, geweiht und wurde 1989 im fotogenen, klassisch-chinesischen Stil mit aufwendigen Dächern erbaut.

 Batu-Höhlen – Das große Höhlensystem ist vor allem wegen seiner Hindu-Tempel bekannt. 272 Stufen führen hoch zum Eingang.

 KL Bird Park – Eingebettet in eine Parklandschaft, können im weltgrößten Aviarium die Vögel frei fliegen und sich Besucher frei bewegen.

Besondere Tipps:

Zum Einkaufen: In den Art-déco-Hallen des Central Market reicht das Warenangebot weit über Lebensmittel hinaus. Viele Touristen zieht es zu Souvenirständen.

Zum Essen: Das malaiisch-chinesisch-indische Völkergemisch hat eine vielfältige Küche entstehen lassen. Eine anderthalbtägige Tour (»Makan Makan«) bietet eine kulinarische Einführung.

Zum Erholen: Der Ferienkomplex Genting Highlands mit Hotels, Casinos und Themenparks liegt etwa eine Autostunde entfernt auf einem Hügel. Hinauf führt eine über 3 km lange Sesselbahn.

Info: www.tourism.gov.my

← Drachenkopf am Thean-Hou-Tempel
← Hindus feiern das Thaipusam-Ritual-Festival
← Im Zentrum ragen die Petronas Towers empor
↑ Trance scheint keine Schmerzen zu kennen

Traumziel Sydney 99

Känguru, Koala & Co. in der City

Als Arthur Phillip, der Sohn eines Frankfurter Lehrers, am 26. Januar 1788 mit den elf Schiffen der »First Fleet« in die Bucht des heutigen Sydney einlief, notierte er im Logbuch: »Der beste Hafen der Welt«. Einer der schönsten ist es gewiss, aber nicht nur deshalb gingen die Zeilen des britischen Captain in die Geschichte ein. Das Datum wurde zum Gründungstag des modernen Australiens – und zum Nationalfeiertag. Ihn zelebrieren die Aussies mit Inbrunst, Bier und Barbecue, und vor allem im riesigen Naturhafen von Sydney ist das ein fotogenes Spektakel. Die Hafenfähren liefern sich ein – aus Sicherheitsgründen inszeniertes – Rennen, eine Bootsparade schippert durch die Bucht und die Air Force präsentiert sich im Formationsflug, schließlich ein Feuerwerk – um nur einiges zu nennen.

Zwei Ikonen Sydneys, das weltberühmte Opernhaus und die Harbour Bridge, stehen im Zentrum der Schau – aber nicht nur am Australia Day. Sydneys Hafen ist täglich Ziel Tausender Besucher, sein Epizentrum ist der Circular Quay, wo alle Fähren beginnen und enden. Hier starten aber auch die Explorer-Busse von City Sightseeing, die auf Rundkursen entweder einige der Strände (einschließlich des berühmten Bondi Beach) oder die Attraktionen in der Stadt ansteuern, etwa das historische Queen Victoria Building, das als eines der schönsten Shoppingcenter weltweit gilt, den knapp 305 Meter hohen Sydney Tower, der einen Blick über die gesamte Bucht bietet, den Aussichtspunkt auf Oper und Brücke im Botanischen Garten oder den Sydney Fish Market, den drittgrößten der Welt. Preisgekrönt ist seine Seafood School, deren Ein-Tages-Seminare ein touristischer Geheimtipp sind.

Eine der beliebtesten Sehenswürdigkeiten, der Taronga-Zoo, ist allerdings nicht mit dem Rundfahrtbus zu erreichen, hier empfiehlt sich die Fähre. Der 21 Hektar große Tiergarten bietet – am Hang des Nordufers gelegen – vortreffliche Blicke auf die Wolkenkratzer der größten und ältesten Stadt Australiens. Vor allem aber garantiert Taronga die begehrten Fotos von Känguru, Koala & Co., Afrikas Löwen und Asiens Elefanten sind da nur exotische Beigaben. Noch ein Geheimtipp gefällig? Da ist eine Insel, die jeder Sydney-Tourist kennt und kaum einer besucht: Fort Denison mit seinem Millionenblick auf das zum Greifen nahe Stadtpanorama. Und einen kühlen Chardonnay aus den preisgekrönten Weingärten des nahen Hunter Valley gibt's dort unterm Sonnensegel auch.

Die Highlights

 Das *Sydney Opera House* ist Australiens bauliches Wahrzeichen. Auch wer kein Konzert oder keine Oper hört, sollte eine Führung durch die Oper buchen.

 Der *Bridge Climb* auf den 134 m hohen Bogen der Harbour Bridge ist ein Erlebnis, ob tagsüber, zur Dämmerung oder bei Nacht.

 The Rocks ist Sydneys ältester Stadtteil und als Ausgehviertel bei Sydneysiders und Gästen beliebt. Am Wochenende ist der Markt mit viel Kunsthandwerk beliebt.

 Die Fähre nach Manly ist die attraktivste Route: direkt an der Oper vorbei, entlang der noblen Eastern Suburbs, kurzes Schaukeln an der Öffnung zum Pazifik, dann ist das Seebad erreicht.

 Darling Harbour, lange ein vergammeltes Revier, wurde zum Touristikjuwel mit Seefahrtsmuseum, Aquarium und dem Powerhouse, Australiens meistbesuchtem Museum.

 Bondi Beach, Australiens zwar nicht bester, aber berühmtester Strand, beherbergt im Januar das »Flickerfest«, das wichtigste Kurzfilmfestival des Landes.

 Die *Blue Mountains*, einer der Nationalparks rings um Sydney, bietet abseits des Touristenmagnets Katoomba noch weite Wildnisgebiete.

Beste Reisezeit

Optimal ist natürlich der australische Hochsommer, möglichst **von Silvester** (das Sydney als erste Megacity der Welt und mit einem Mega-Feuerwerk auf der Harbour Bridge feiert) **bis** mindestens zum Australia Day am *26. Januar*. »Sydney, Rock and Reef« ist schließlich das typische Dreieck für den ersten Besuch down under. Und die anderen Jahreszeiten? Eigentlich sind alle geeignet, nur im australischen Winter von Mai bis August kann es mal reichlich regnen. Aber zu feiern verstehen die Sydneysider zu jeder Jahreszeit.

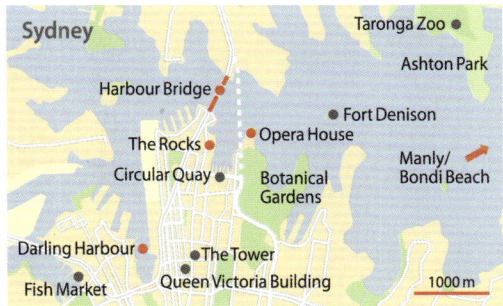

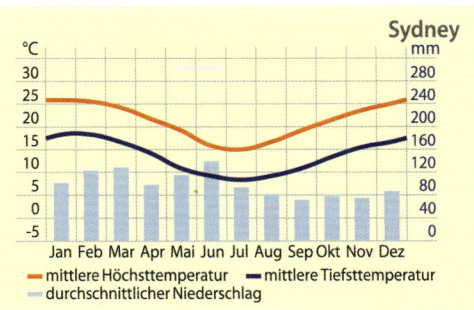

Besondere Tipps

Für Feierwütige: Es begann 1978 mit einem Protest Homosexueller, heute ist »Sydney Gay & Lesbian Mardi Gras« (Febr./März) eines der erfolgreichsten Festivals weltweit.

Für Naturfreunde: Im Sydney Harbour National Park bieten Ranger spezielle Führungen an; Auskunft in den Rocks im Cadmans Cottage, Sydneys ältestem Gebäude.

Für Überflieger: Beim Fly & Dine geht es mit dem Wasserflugzeug vom Hafen aus zu einem einsamen Picknickplatz oder einem Top-Restaurant am Hawkesbury River.

Info: www.sydney.com

← Sydneys Wahrzeichen: die Oper am Wasser

← Beim Mardi Gras steht die ganze Stadt Kopf

← Das Einkaufszentrum im Queen Victoria Building bietet Shoppingerlebnisse in luxuriöser Atmosphäre

↑ Der Australia Day ist ein Fest für die ganze Familie

↑ Am berühmten Bondi Beach ist immer was los

Traumziel Auckland 100

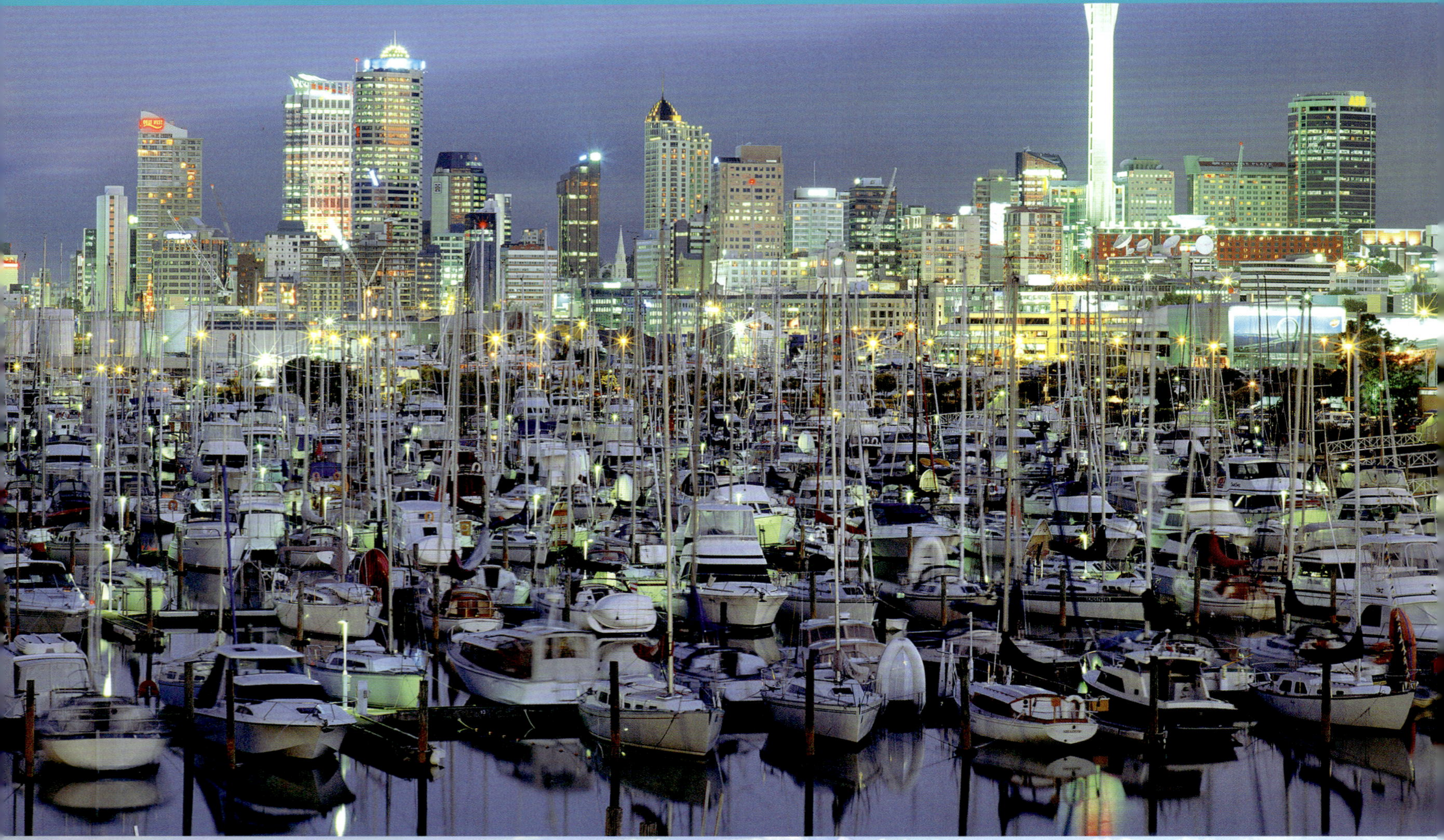

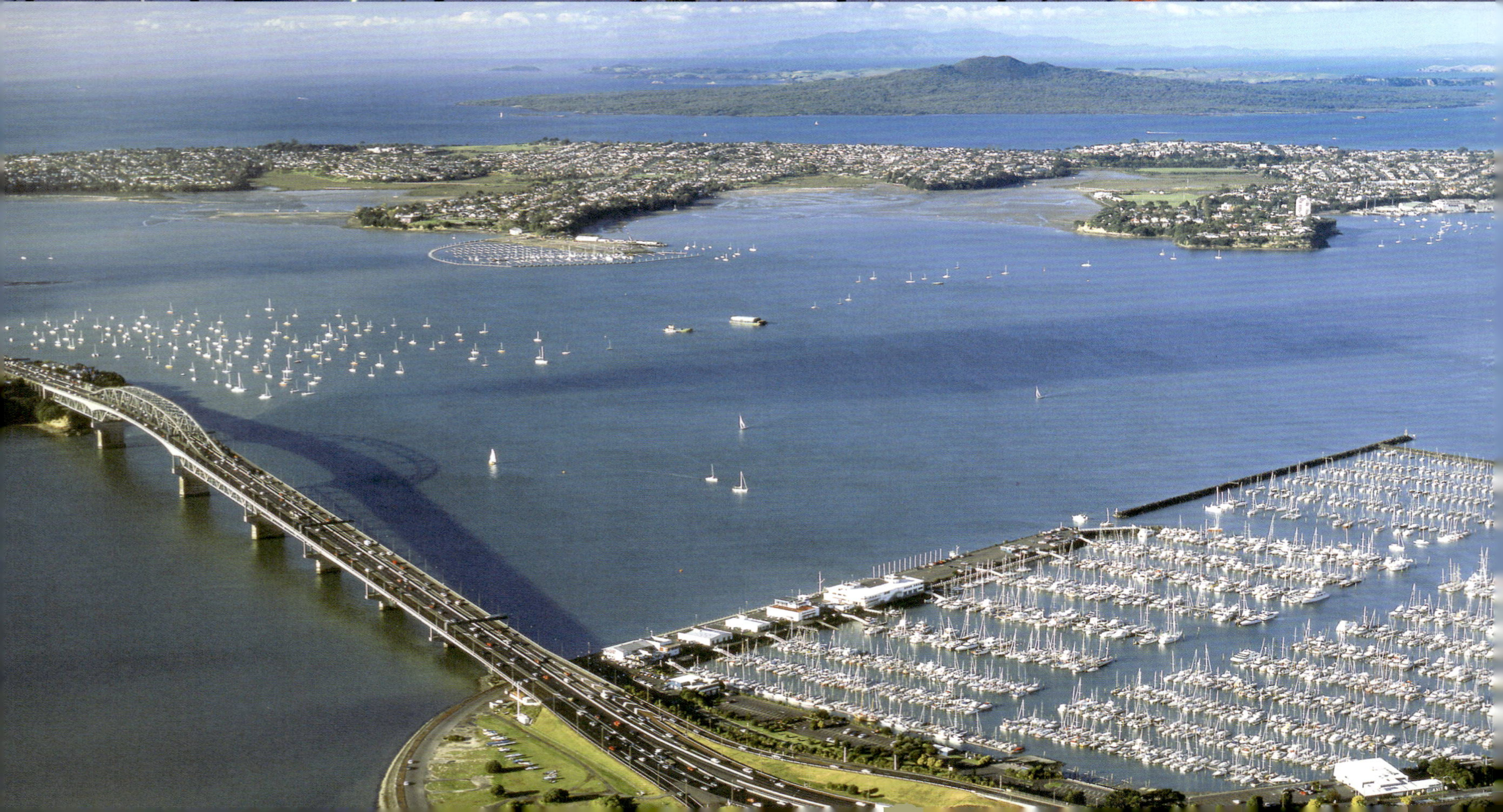

Stadt der Segel

Auf der Nordinsel Neuseelands ist Auckland mit rund 1,4 Millionen Einwohnern der größte Ballungsraum des Landes und nach eigenen Angaben die »weltweit einzige Großstadt in einem aktiven Vulkangebiet«. Gewiss, die Kegelhügel auf dem schmalen Isthmus zwischen Tasmansee und Südpazifik sind unübersehbar, wirken aber doch längst verstummt und friedlich. Wissenschaftlern zufolge ist Aucklands »Vulkanfeld« jedoch nur »schlafend«. Seine rund 50 Hügel am Engpass zwischen zwei Meeren erschienen auf jeden Fall schon den Maoris strategisch so günstig gelegen, dass sie hier befestigte Dörfer anlegten. Im modernen Auckland breiten sich die 75 Hektar große Domain und andere Parkanlagen auf einigen der einstigen Vulkankegel aus. Als hervorragende Aussichtspunkte auf die Stadt sind sie sozusagen Rivalen der Natur für das höchste Bauwerk auf der südlichen Erdhälfte, den 328 Meter hohen Sky Tower in der City.

Das »vulkanische« Auckland ist zudem die »größte polynesische Stadt der Welt«. Viele seiner Bewohner sind wie die Maori Polynesier und stammen von verschiedenen Inselstaaten in der Südsee. Ihr größtes Kulturfest ist das einwöchige Pacifica Festival, bei dem sie sich alljährlich im März bunt und fröhlich mit Tänzen und Musik aus Tonga, Tahiti, Samoa und den Cook Islands feiern. Selbst das eigentlich zu Melanesien gehörige Fidschi nimmt regelmäßig teil.

Nicht zuletzt ist Auckland aber auch ein Segler-Mekka. In der »City of Sails« kreuzen wohl jeden Tag Segelboote in den beiden großen Meeresbuchten. So ist es nicht verwunderlich, dass Neuseelands einzige Millionenstadt ihren Geburtstag alljährlich Ende Januar nicht nur mit Feuerwerk und verschiedenen Veranstaltungen, sondern vor allem mit einer enormen Regatta feiert. Genauer gesagt: Mit der größten Ein-Tages-Regatta der Welt. Alle denkbaren Arten von Segelschiffen gehen dabei an den Start, von Dinghis mit Knirpsen am Ruder bis zu klassischen Jachten, vom historischen Windjammer bis zu den High-Tech-Seglern, die heute beim America's Cup unterwegs sind. Apropos: 1995 holte das Team New Zealand vor dem kalifornischen San Diego die »Kanne« erstmals nach Neuseeland, 2000 gewann es den Cup erneut vor begeistertem Publikum vor Auckland. Im Jahr 2003 musste es die Trophäe aber an gleicher Stelle wieder an die Schweiz abtreten. Immerhin blieb der Stadt nach der Regatta im aufgemöbelten Viaduct Basin ein neuer cooler Treffpunkt am Wasser mit Freiluftcafés.

Die beste Reisezeit

Da Auckland quasi vom Meer umringt ist, hat die Stadt ein Klima ohne große Extreme: Im Sommer von **Dezember bis März** liegt die durchschnittliche Temperatur zwischen 21 und 24 °C, im Juli bei 14 °C. Die Seelage bringt es aber auch mit sich, dass sich über Auckland oft Regenwolken entleeren. Der sonnenreichste Monat ist der Januar, besonders sonnenarm ist erfahrungsgemäß der Juni. Und der Wind? Nun, was soll man erwarten, wenn man auf einer Landbrücke zwischen zwei Meeresbuchten residiert?

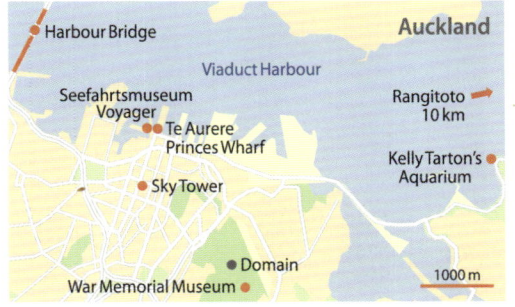

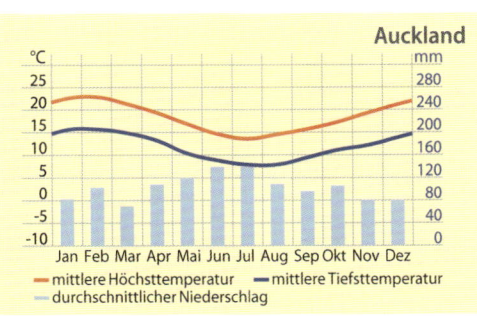

Die Highlights

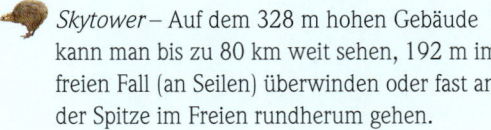
Skytower – Auf dem 328 m hohen Gebäude kann man bis zu 80 km weit sehen, 192 m im freien Fall (an Seilen) überwinden oder fast an der Spitze im Freien rundherum gehen.

Bridge Climb – Der Aufstieg führt auf die 43 m hohe Harbour Bridge, dort reizt das Bungee Jumping aus 40 m Höhe.

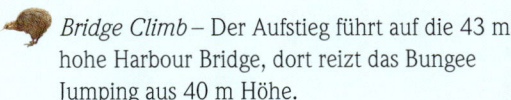
War Memorial Museum – Es erinnert an Neuseelands Kriege, besitzt aber auch eine sehr gute Sammlung zu vielen anderen Aspekten des Landes. Berühmt ist die Maori-Kollektion.

Rangitoto – Sie ist die bekannteste der beliebten Ausflugsinseln in der Waitemata-Bucht. Einige Inseln sind mit Auckland mit Fähren verbunden.

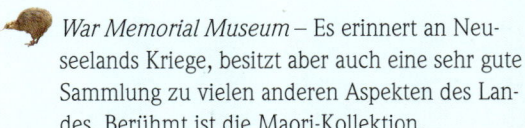
Kelly Tarlton's – Das Meereszentrum mit Aquarien und Antarktiszoo bietet Besuchern Abenteuer wie etwa das Tauchen mit Haien in Unterwasserkäfigen.

Te Aurere – Auf dem Nachbau eines polynesischen Großkanus erfährt man bei Rundfahrten viel über die »Wikinger des Sonnenaufgangs«.

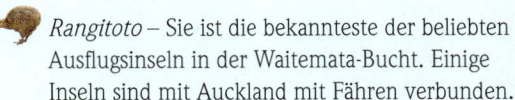
Voyager Maritime Museum – Das Seefahrtmuseum umspannt die Zeit von der Ankunft der Maoris auf Neuseeland bis heute. Auf drei alten Schiffen sind Rundfahrten möglich.

Besondere Tipps

Für Segler: Auf zwei America's-Cup-Jachten kann man in der Waitemata-Bucht an einer Rundfahrt oder bei einem Rennen teilnehmen. Wer mag, kann an Bord aktiv mitmachen.

Für Wanderer: Der 16 km lange »Coast to Coast Walkway« führt vom Viaduct Basin am Pazifik vorbei an Vulkanen, Parks und historischen Stätten über den Isthmus nach Onehunga an der Tasmansee.

Für schnelle Besucher: Der Auckland ExplorerBus passiert auf seinen Rundtouren mit Tagesticket 14 Attraktionen, darunter Kelly Tarlton's und den Skytower.
Info: www.aucklandnz.com

← Blick über den Hafen in Richtung Skytower
← Die Auckland Harbour Bridge und die Insel Rangitoto
↑ Einheimische Frauen singen am Nationalfeiertag am 6. Februar

Register

Impressum

Die Autoren

Klaus Viedebantt, gebürtiger Krefelder, hat als Kulturanthropologe promoviert. Er war Ressortleiter der »FAZ« und Leiter des Reiseteils der »Zeit«. An der Uni Mainz hat er Journalismus unterrichtet, an der Cowan Universität im australischen Perth wirkte er als Associate Professor. Seine Bücher behandeln alle Erdteile. Wenn er nicht auf Reisen ist, lebt er in Frankfurt.

Franz Binder lebt als freier Schriftsteller und Fotojournalist in München. Unter seinen ca. 30 Buchveröffentlichungen in den Sparten Belletristik und Sachbuch finden sich mehrere Bildbände über den tibetischen Kulturkreis und Zentralasien.

Cornelia Fischer, promovierte Germanistin, ist gebürtige Wienerin. Sie lebt als Lektorin und Autorin in Mainz und hat Reiseführer und Bildbände u.a. zu Österreich verfasst.

Oliver Fülling reist seit 1985 regelmäßig nach China, lebte 3 Jahre in Shanghai und ist Autor zahlreicher Reiseführer und Bildbände über den Fernen Osten.

Daniela Hansjakob, geboren 1976, hat als Redakteurin für multimediale Reiseführer und schließlich als freie Reisejournalistin ihre Leidenschaft zum Beruf gemacht: Ob Hamburg, Lissabon oder New York: Bereist hat sie schon so einige Destinationen, offen ist sie für jede, neugierig darauf sowieso. Daniela Hansjakob lebt in München.

Karin Hanta ist ausgebildete Dolmetscherin und spricht fünf Sprachen: Englisch, Französisch, Deutsch, Spanisch und Portugiesisch. Sie bereist am liebsten Länder, in denen sie sich mit den Menschen gut unterhalten kann, und schreibt dann darüber. Karin Hanta lebt in Neuengland.

Thomas Hauer ist mindestens 3 Monate pro Jahr rund um den Globus auf der Jagd nach dem ultimativen Genuss und den schönsten Flecken des Planeten. Die restliche Zeit lebt er im badischen Lahr.

Bernhard Kleinschmidt lebt nach fünfjährigem Japanaufenthalt heute als Übersetzer, Autor und Yogalehrer in München.

Textnachweis:

Folgende Autoren verfassten die Texte jeweils zu den genannten Städten:

Franz Binder: Kathmandu;

Cornelia Fischer: Amsterdam, Palermo, Köln, Salzburg, Wien;

Oliver Fülling: Seoul, Shanghai, Peking;

Daniela Hansjakob: Hamburg, Lissabon;

Karin Hanta: London, Buenos Aires, New York, San Francisco;

Thomas Hauer: Istanbul;

Bernhard Kleinschmidt: Tokyo, Kyoto;

Götz Lachmann: Kopenhagen, Oslo, Edinburgh, Athen, Hongkong, Helsinki, Bratislava, Windhuk, Singapur, Budapest, Durban,

Jochen Müssig, München: Abu Dhabi, Bangkok, Berlin, Honolulu, Los Angeles, Miami, München, Prag, Rio de Janeiro, Venedig;

Michael K. Nathan, Hamburg: Jerusalem;

Barbara Rusch: Bordeaux, Brüssel, Chicago, Danzig, Dubai, Las Vegas, Marrakesch, Melbourne, Mexiko City, Mombasa, New Orleans, Paris, Perth, Santiago de Chile, Seattle, Warschau, Washington, Zürich;

Lothar Schmidt: Madrid;

Susanne Wess: Florenz, Havanna, Neapel, Rom;

Thomas Winzker: Barcelona, Kairo, Kapstadt, Mumbai, Salvador de Bahia

Klaus Viedebantt: Auckland, Belem, Boston, Calgary, Cartagena, Colombo, Delhi, Dublin, Frankfurt, Halifax, Ho Chi Minh City, Jakarta, Kochi, Kuala Lumpur, Lima, Maputo, Marseille, Monaco, Montevideo, Montreal, Moskau, Odessa, Panama City, Papeete, Reykjavik, San Juan, Stockholm, Sydney, Toronto, Vancouver, Wellington.

Bildnachweis:
(o = oben, u = unten, r = rechts, l = links, M = Mitte)

Franz Binder, München: S. 154 o, ul, ur, 155.
Bildagentur LOOK, München: S. 122 o (Acquadro, A.); S. 5 Nr. 1 von l, 5 Nr. 4 von l, 9 ul, 11, 12 o, ul, 14 o, 16r, 17, 18 o, 20 o, 20 Ml, ul, ur, 21, 24 o, 26 r, 30 o, ul, ur, 31, 32 r, ul, 38 r, 42 o, 50 ul, ur, 51, 56 ul, ur, 62 ul, ur, 68 ur, 70 o, ur, 72 ur, 74 ur, 82 ur, 84 ul, 86 o, 88ur, 90 o, 91, 92 o, ul, 94 o, ul, 95, 96 o, 97, 98 o, ul, ur, 99, 100 ul, 101, 104 ul, 105, 106 ul, ur, 108 ul, ur, 112 o , 114 o, ul, ur, 116 ul, 118 o, ul, ur, 122 ul, 123, 126 o, 126 ul, ur , 127, 128 o, 130 o, 133, 134 o, 136 o, ur, 139, 142 ul, 143, 146 o, 146 ur, 147, 148 o, 148 ul , ur, 150 o, ul, ur, 152 ol, r, 153, 156 o, ul, 159, 160 ur , 162 o, 163, 166 ul, ur, 168 o, ul, ur, 172 o, 173, 176 u, 177, 178 ul, 179, 180 o, ul, ur, 182 ol, 185, 187, 188 o, ul, 189, 190 o, 196 o, 196 ul, 196 ur, 197, 202 o, 202 ur , 208 u (age fotostock); S. 142 o (Axiom); S. 50 o, 174 o, 174 u (Böttcher, U.); S. 140 ul, 140 ur (Boyny, M.); S. 38 ul (Cabanis, K.); 49, 88 o, 88 ul, 89 (Dressler, H.); S. 16 ol, 26 ol, 27, 60 o, 64 ul, 86 ur, 87, 132 ur, 134 ul, 142 ur, 178 ur (Fleisher, E.); S. 28 o, ul, ur, 29, 63, 84 o, 85, 94 ur, 112 ur, 129, 130 ul, 175, 178 o (Frei, F.); S. 40 ur (Frei, R.); S. 22 ur (Friedel, A.); S. 161, 204 r, 206 ul, 207 o (Fuchs, D.); S. 18 ur, 41, 64 ur, (Greune, J.); S. 86 ul (Heeb, C.); S. 74 ul (Herzig, T.&H.); S. 107, 162 M, 191 (Hoffmann, P.); S. 40 o (Holler, H.); S. 70 ul, 71, 158 o, 201, 206 ur (Johaentges, K.); S. 110 ur (Kupka, A.); S. 18 ul, 22 ul, 72 ul, 73, 82 ul, 108 o, 160 ur, 182 ul, 182 ur (Leue, H.); S. 109 (Lohmann, U.); S. 40 ul, 69, 80 u (Lubenow, S.); S. 76 o, 77, 136 ul (Maeritz, K.); S. 75 o, 78 o, 78 ur, 79, 110 o, 130 ur, 134 ur, 176 o (Martini, R.); S. 4 Nr. 4 von l (Merz, B.); S. 26 ul, 65 (NordicPhotos); S. 42 ul, 43, 72 o, 128 ur, 184 o, 184 ul (Photononstop); S.54 (Quadriga Images); S. 8 r, 10 o, 12 ur, 16 ul, 24 ul, 24 ur, 52 o, 75, 83, 120 ol, 138 o, 138 ur, 170 ur, 186, 188 ur, 200 (Pompe, I.); S. 76 ul, 76 ur (Richter, J.); S. 146 ul (Roetting, T.); S. 116 o (Roetting/Pollex); S. 25, 56 o (sagaPhoto); S. 165 (Sauer, J.); S. 162 u (Seer, U.); S. 59, 82 o, 100 o, 100 ur, 112 ul, 113, 156 ur (Stankiewitz, T.); S. 199, 203 (Stern, F.); S. 170 ul (Strauss, A.); S. 192 o, 193, 194 o, 194 ul, 194 ur, 195 (Stumpe, J.); S. 158 ul, 198 o, 198 ul (TerraVista); S. 22 o, 23, 34 o, ur, 37, 48 o, 60 ur, 68 ul, 166 o, 167, 182 or, 208 o (The Travel Library); S. 90 ul, 90 ur, 117, 135, 192 ul, 192 ur, 202 ul, 206 o, 207 u (travelstock44); S. 92 ur, 93 (Widmann, T.); S. 164 (Wohner, H.); S. 68 o (Wothe, K.); S. 53, 57, 111 (Zegers, M.); S. 10 ul, 10 ur, 14 ul, 14 ur, 15, 110 ul, 132 o, 132 ul (Zielske, H.&D.).

Götz Lachmann, Journalist, Kinderbuchautor und erfahrener PR-Mann in Sachen Reise mit mehr als zwanzig Jahren internationaler Erfahrung. Ein Städtefan der sofort nach Stockholm ziehen würde, wenn dort auch die Toskana und der Süden Afrikas angesiedelt wäre. Derzeit in seiner Wahlheimat Wien glücklich, aber als Reisender mit spitzer Feder immer unterwegs.

Jochen Müssig ist seit mehr als 30 Jahren weltweit unterwegs und Autor für die »Süddeutsche Zeitung«, die »Frankfurter Allgemeine Zeitung« sowie von mehreren Büchern bei Bruckmann. Sein Lieblingsland ist Italien, seine Lieblingsinsel ist Hawaii, und seine Lieblingsflucht führt ihn immer wieder nach Australien. Jochen Müssig lebt in München.

Michael K. Nathan lebt in Hamburg und ist als freier Journalist, als Autor sowie als Übersetzer tätig.

Barbara Rusch studierte in München Ethnologie, Kommunikationswissenschaften und Psychologie. Nach längeren Studienaufenthalten in Italien und Ostafrika arbei-

tet sie seit 1990 als freie Autorin und Übersetzerin sowie als technische Redakteurin. Sie publiziert über Kultur- und Wissenschaftsgeschichte, Pädagogik und Psychologie sowie über ferne (und nicht ganz so ferne) Länder. Barbara Rusch lebt in München.

Lothar Schmidt lebt in Düsseldorf und schreibt über Reise, Kultur und Lebensstil. Seine Themen findet er häufig in Spanien, wo er mehrere Jahre gelebt hat.

Susanne Wess, Reise- und Gastrojournalistin, Autorin und Übersetzerin, hat viele Jahre in Italien gelebt. Seit 2001 reist sie für zahlreiche Magazine, Tageszeitungen und Buchverlage um die Welt.

Thomas Winzker lebt als Filmdramaturg in München. Als passionierter Weltenbummler schreibt er im Gastro- und Reisebereich Beiträge für Magazine, Tageszeitungen und Bildbände und ist Autor diverser Reiseführer.

Bildagentur Picture Alliance, Frankfurt a.M.: S. 181 (AbacaUsa/Hahn, L.); S. 149 (ChinaFotoPress/Maxppp); S. 115 (Chromorange/P. Widmann); S. 204 ul (Chung, C.); S. 151 (Dinodia Photo Library); S. 184 ur (dpa/Lateinamerikanischer Bilderdienst); S. 209 (Emmler, C.); S. 190 ul (epa/Hrusa, J.); S. 122 ur (epa ansa/Fusco, C.); S. 131 (Foley, P.); S. 13 (Franken, P.); S. 104 ur (Godong/Mulder, R.); S. 9 r (Guerin, C.); S. 137 (Guzman, M.); S. 42 ur (Hollander, J.); S. 8 l (Kiedrowski, R.); S. 104 o (Lonely Planet Images/Carter, F.); S. 35 (Lonely Planet Images/Cecil, A.); S. 48 ul (Lonely Planet Images/Strewe, O.); S. 138 ul (Pellerin, B.); S. 32 ul (Pereyra, S.); S. 198 ur (Sansoni, D.); S. 169 (Sisosev, G.); S.124 o (The Canadian Press / Dembeck, M.); S. 116 ur (Valat, Y.); S. 106 o (Weda, A.); S. 5 Nr. 3 von l (Zhernov. V.).
Christian Heeb, Oreagon, USA: S. 144 o, u, 145. Shutterstock (www.shutterstock.com): S. 80 o (bepsy); S. 128 ul (Blakeley, G.); S. 46 ul (Brooks, J.); S. 36 o (Bzzuspajk); S. 48 ur (Chambers, J.); S. 66 o (Cher_Nika); S. 52 ul (Circumnavigation); S. 172 ur (clearlens); S. 33, 140 ol (Dagan, K.); S. 84 ur (Deng, S.); S. 62 o (Denisova, E.); S. 96 ul (Durden, K.); S. 120 r (F.C.G.); S. 160 o (Genkin, I.); S. 157 (Golfx); S. 58 ur (Hirth, P.); S. 4 Nr. 2 von l (holbox); S. 45, 67 (Jandi, A.); S. 190 ur (jbor); S. 46 o (Joney); S. 183 (Kamira); S. 66 u (Kemppainen, S.); S. 103 (Koraysa); S. 96 ur (Korzeniewski, D.); S. 60 ul (Kubak, J.); S. 61 (Kyrien); S. 44 ul (Lan, Y.); S. 4 Nr. 1 von l (Lehmann, M.); S. 4/5 (linerpics); S. 32 ol (Machado, N.); S. 102 o (Markovskiy, M.); S. 78 ul (Maugli); S. 52 ur (Mihai-Bogdan, L.); S. 102 ur (Mortula, L.); S. 46 ur (MountainDeaw); S. 171 (Mueller, U.); S. 102 ul (muharremz); S. 119 (Musat, C.); S. 58 o (Nightman1965); S. 4 Nr. 3 von l, 120 ul (nito); S. 44 o (nujimomo); S. 64 o (Oleksiy, M.);S. 19 (Pavel Svoboda); S. 125 (Pego, A.); S. 204 ol (Popova, T.); S. 121 (r.nagy); S. 158 ur (Rukhlenko, D.); S. 38 ol (Santos, L.); S. 44 ur (SeanPavonePhoto); S. 55 (Selivanov, F.); S. 47 (Smith, G.); S. 81 (Stroujko, B.); S. 36 u (TamaraS); S. 170 o (THITI H.);S. 39 (thoron); S. 5 Nr. 2 von l (Tumik, A.); S. 58 ul (Waj); S. 172 ul (Wang, X.); S. 152 ul (Zzvet).

Umschlag
Vorderseite:
Gr. Bild: Istanbul bei Nacht (LOOK, München/The Travel Library)
Oben von links nach rechts:
Die Spanische Treppe in Rom (Bildagentur Huber, Garmisch-Partenkirchen/Simeone, G.); Badehäuschen bei Muizenberg, Kapstadt (LOOK, München/travelstock44); Oktoberfest auf der Theresienwiese in München (LOOK, München/Frei, F.); das Wiener Parlament im Winter (Huber, Garmisch-Partenkirchen/Raccanello, S.).

Rückseite:
Von links nach rechts:
Der Buckingham Palace in London im Frühling (Bildagentur Huber, Garmisch-Partenkirchen/Richard K.), sommerliche Straßenszene in Brüssel (LOOK, München/age fotostock), Herbst im Central Park in New York City (Bildagentur Huber, Garmisch-Partenkirchen/Simeone, G.), Karneval in Venedig (LOOK, München/Richter, J.).

Alle Karten dieses Buches zeichneten Mapdesign Thieme, München.

Alle Angaben dieses Buches wurden von den Autoren sorgfältig recherchiert und vom Verlag auf Stimmigkeit und Aktualität geprüft. Allerdings kann keine Haftung für die Richtigkeit der Informationen übernommen werden.
Für Hinweise und Anregungen sind wir dankbar.
Zuschriften bitte an:
Bruckmann Verlag
Produktmanagement
Postfach 40 02 09
D-80802 München
E-Mail: lektorat@bruckmann.de

Produktmanagement: Joachim Hellmuth, Stephanie Iber
Textlektorat: Susanne Lücking, La Nucía (Alicante)
Korrektorat: Linde Wiesner, München
Umschlagentwurf: Studio Schübel, München
Umschlaggestaltung: fuchs-design, Sabine Fuchs, München
Grafische Gestaltung: Werner Poll, Stephansposching
Herstellung: Bettina Schippel
Repro: Repro Ludwig, Zell am See
Printed in Slovenia by Koroton, Ljubljana

Die Deutsche Nationalbibliothek verzeichnet diese Publikation in der deutschen Nationalbibliografie; detaillierte bibliografische Daten sind im Internet über http://dnb-nb.de abrufbar.

Nordpolarmeer

Grönland

Island

Nordatlantik

NORDAMERIKA

Hawaii-Inseln

Zentralamerika

Karibik

Pazifischer Ozean

Amazonasbecken

SÜDAMERIKA

Französisch Polynesien

Anden

Patagonien

Südatlantik

Neuseeland

Südpolarmeer

Antarktische Halbinsel